Deutsche Dostojewskij-Gesellschaft
Jahrbuch 2003

# Deutsche Dostojewskij-Gesellschaft

In Zusammenarbeit mit Birgit Harreß, Maike Schult und Klaus Schwarzwäller
herausgegeben von Ellen Lackner
Redaktion: Ellen Lackner

Band 10

Jahrbuch 2003

PETER LANG
Frankfurt am Main · Berlin · Bern · Bruxelles · New York · Oxford · Wien

**Bibliografische Information Der Deutschen Bibliothek**
Die Deutsche Bibliothek verzeichnet diese Publikation in der
Deutschen Nationalbibliografie; detaillierte bibliografische
Daten sind im Internet über <http://dnb.ddb.de> abrufbar.

Umschlaggestaltung:
Ellen Lackner.

ISSN 1437-5265
ISBN 3-631-51532-4
© Peter Lang GmbH
Europäischer Verlag der Wissenschaften
Frankfurt am Main 2003
Alle Rechte vorbehalten.

Das Werk einschließlich aller seiner Teile ist urheberrechtlich
geschützt. Jede Verwertung außerhalb der engen Grenzen des
Urheberrechtsgesetzes ist ohne Zustimmung des Verlages
unzulässig und strafbar. Das gilt insbesondere für
Vervielfältigungen, Übersetzungen, Mikroverfilmungen und die
Einspeicherung und Verarbeitung in elektronischen Systemen.

www.peterlang.de

Inhalt

DOSTOJEWSKIJ-TAGUNG 22.-24.02.2002
– Evangelische Akademie Meißen –
„Man nennt mich einen Psychologen" – Dostojewskij und die Abgründe der Seele

Klaus Schwarzwäller
Das Ich im Gespräch mit Gott und mit sich selbst
Der Psychologe Augustin – mit Seitenblick auf Dostojewskij (Teil 1)     7

Birgit Harreß
Verzweiflung als Ausdruck der menschlichen Existenz
Kierkegaards Schrift *Die Krankheit zum Tode* (1849)
und Dostojewskijs Roman *Die Dämonen* (1871/72)
– ein Vergleich     30

Maike Schult
Verlockende Vatertötung – Freuds Phantasien zu Dostojewskij     43

Ludolf Müller
Dostojewskij und Leontjew
Leontjews Aufsätze über Dostojewskijs Puschkin-Rede     56
Konstantin Leontjew: Unsere neuen Christen – F.M. Dostojewskij und
Graf Lew Tolstoi     59
Kommentar     90
Verzeichnis der Abkürzungen und der abgekürzt zitierten Literatur     101

DOSTOJEWSKIJ-TAGUNG 27.-29.09.2002
– Katholische Akademie Schwerte –
„Wovon wir träumen – eine Reise mit Dostojewskij"

Natalie Reber
Die Tiefenstruktur des Traums in Dostojewskijs Werk     103

Martin Herz
Mythologie und Psychoanalyse – eine Traumreise zu Dostojewskij     115

Thomas Blume
Im Zeichen Dostojewskijs
Einige unzeitgemäße Annotationen über Dostojewskij-Literatur     142

Deutsche Dostojewskij-Gesellschaft – Ziele der Gesellschaft     156

Autorenverzeichnis     159

# Dostojewskij-Tagung 22.-24.02.2002
# Evangelische Akademie Meißen

*Klaus Schwarzwäller*

## Das Ich im Gespräch mit Gott und mit sich selbst

Der Psychologe Augustin[1] – mit Seitenblick auf Dostojewskij

(Teil I)

### I. Der Rahmen

Nikolai Artemoff hat die These vorgetragen, Dostojewskij greife in der Wahrnehmung von Welt, Mensch und Wirklichkeit zurück auf die orthodoxe Liturgie. Hier wurzele er, aus ihr stammten Bilder und Wendungen, Sichtweisen und Zusammenhänge sowie insbesondere Maß und Norm des Menschlichen[2]. Ich erinnere hieran deswegen, weil ich das Werk eines Mannes vorzustellen habe, dessen Psychologie ebenfalls theologische Wurzeln hat: Augustin.

Aurelius Augustinus, 354-430, wuchs auf in Thagaste, einem kleinen Ort ca. 190 km west-südwestlich des heutigen Tunis. Er begann seine Ausbildung zum Rhetor im nahen Madaura (ca. 30 km südöstlich), d.h. er bereitete sich vor auf eine Laufbahn als Philosoph und Redner in öffentlichen Angelegenheiten und Rechtsfällen. Er studierte weiter in Karthago, wo er alsbald selber als Lehrer auftrat und eine eigene Schule errichtete, bis er 383 seine Tätigkeit nach Rom verlegte. Im folgenden Jahr erhielt er – modern geredet – einen Lehrstuhl für Rhetorik in Mailand und lebte dort für eine Weile mit Freunden in einer „Kommune" zusammen. 386 widerfährt ihm die Bekehrung zum christlichen Glauben; 387 wird er in Mailand von Bischof Ambrosius getauft. Er kehrt für ein Jahr nach Rom und 388 nach Thagaste zurück, wo er im elterlichen Haus mit Freunden in einer Art klösterlicher Gemeinschaft lebt. Als man ihn in der nördlich gelegenen Küstenstadt Hippo Regius 391 in einem Gottesdienst bemerkt, bewegt man den Widerstrebenden, das Presbyteramt zu übernehmen, also als Priester im christlichen Glauben zu unterweisen. 396 wird er dort Bischof und bleibt es bis zu seinem Tode.

Mit alledem freilich ist wenig genug gesagt. Der junge Mann fällt früh durch dreierlei auf: hohe Begabung, Sensibilität und intensive Zuwendung zum schönen Geschlecht. Mit sechzehn zieht er mit der Freundin zusammen; das ist der Beginn eines dreizehn Jahre währenden Konkubinats. Er hatte mit ihr einen Sohn, der allerdings mit sechzehn starb. In Mailand verstößt er sie auf Drängen seiner Mutter, die im Konkubinat ein Hindernis für seine Karriere erblickte und ihn zu einer Verlobung bewog[3]. In dieser Zeit erfährt er einmal mehr, daß er ohne Frau nicht leben kann, und geht ein neues Konkubinat ein. Abstrakt geredet: Ihm wird bewußt, daß ihn seine Sexualität beherrscht. Daran stört ihn dreierlei. Zum einen wird ihm die bloße sexuelle Erfüllung auf die Länge schal. Zum anderen muß er einsehen, daß er nicht Herr im eigenen Haus ist, sondern getrieben wird von seinen Leidenschaften. Die aber, zum dritten, wurden im Rahmen antiker Philosophie, da in extremem Gegensatz zum Geist, als seins-mäßig (ontologisch) wie sittlich (ethisch) minderwertig aufgefaßt. Er erkennt also sein Leben durch Schlechtes bestimmt und findet keinen Weg aus dieser Gebundenheit.

Es war seine Bekehrung, mit der er das Vermögen empfing, sein Leben neu auszurichten, nämlich einmal als er selber – und nicht länger als bloßer Diener seiner Triebe; er lebte fortan abstinent – und zum anderen in der Wendung und im Streben zu Gott, der im Rahmen der damaligen Philosophie als reiner, sozusagen ungetrübter Geist aufgefaßt wurde.[4] Damit sind wir bereits auf der Spur seiner Psychologie. Denn diese gründet einerseits in auf scharfer Beobachtung und Selbstbeobachtung beruhendem nicht minder scharfem Nachzeichnen dessen, wie dieser Weg von der Leidenschaft zur Vernunft verläuft und, insbesondere, was eigentlich Vernunft und Geist ausmacht; sie ergibt sich andererseits aber aus Grundsätzen und Einsichten des christlichen Glaubens. Sie ist somit auf der ganzen Linie zweischlächtig: anthropologisch und theologisch zugleich.

Augustins Wahrnehmungsweise war – das klang schon an – dualistisch. Dabei handelt es sich um einen Dualismus sowohl im Blick auf Seinsqualitäten als auch im Blick auf das Verhalten, d.h. es ist ein sowohl ontologischer als auch ethischer Dualismus. Dem gemäß ist ganz „oben" Gott, die Ewigkeit, das Gute, sind Geist und Vernunft in ihrem Bezug auf Gott als das höchste Gut, darunter die Seele als das zum Körper vermittelnde Vermögen. Es folgen in absteigender Reihe Tiere, Pflanzen, Stoffliches überhaupt; ganz „unten" sind reine Materie, Chaos und Grenzenlosigkeit, ist Vergänglichkeit, sind somit auch die hierher strebenden und hier uns fesselnden Leidenschaften, sind das Böse und der Teufel.[5] In unserer Leiblichkeit und zumal nach Adams Fall neigen wir nach „unten", wobei uns unsere Leidenschaften und zumal unsere Geschlechtlichkeit hier binden, also intensiv zu bekämpfen sind. Insgesamt verkehrt sich bei unserem Streben nach „unten" alles; es kommt zu etwas, was Augustin so auf eine Formel bringt: Wir erfreuen uns der Welt und benutzen dazu Gott.[6] Das jedoch ergibt eine verkehrte Welt; umgekehrt wird ein Schuh dar-

## Das Ich im Gespräch mit Gott und mit sich selbst 9

aus: In Gott uns erfreuen und die Welt in Dienst nehmen,[7] das kennzeichnet das wahre Leben. Schon hier sei vorwegnehmend erwähnt, wie er das zu Beginn seiner *Bekenntnisse* ausdrückt: „Du hast uns auf dich hin erschaffen, und unser Herz ist in Unruhe, bis daß es zur Ruhe kommt in dir."[8]

Wir könnten statt „Unruhe" auch abstrakt sagen: Spannung – wir leben in ständiger Spannung zwischen „oben" und „unten", in der ständigen Spannung aufgrund einer verkehrten Welt, bis daß – ich breche den Satz ab und verweise auf Dostojewskij: In *Der Idiot* nämlich läßt er Lisaweta Prokofjewna Jepantschina einmal sagen: „Alles ist verdreht, alle laufen mit den Beinen nach oben."[9] Man soll wohl in spannungsvoller Unruhe sein, solange man falsch ausgerichtet ist und nicht auf den Füßen läuft! Also: Bereits Augustin beobachtet und notiert, daß wir normalerweise sozusagen auf den Händen laufen – er redet insoweit von der „Grundsünde"[10] – und dadurch in einer bis ins Unerträgliche gehenden Spannung stehen. Diese Spannung nun ist nicht allein perönlich, existentiell; sie ist umfassend eingebettet, nämlich in den alles umgreifenden Gegensatz zwischen dem Gottesstaat und dem irdischen Staat, der *Civitas Dei* und der *Civitas terrena*, deren Ringen miteinander das Weltgeschehen ausmacht und bestimmt. Augustin hat mit dieser Intuition – ausgeführt in seinem Monumentalwerk *Über den Gottesstaat*[11] – den neuplatonischen Denkrahmen in einen apokalyptischen Gesamtrahmen eingezeichnet.

Diese Apokalyptik ist naturgemäß nicht lupenrein; wir werden schon etwas Mühe aufwenden müssen, sie in dem von Christfried Böttrich[12] Ausgeführten zu erkennen. Aber das ist jetzt nicht das Thema, sondern dies: Augustin hat ein aus der Apokalyptik stammendes Koordinatensystem eingeführt, durch das er die Geschichte, das Zeitgeschehen, das menschliche Leben insgesamt, auch das einzelne Menschenleben sowie die inneren Vorgänge unseres Lebens, also die Psychologie, strukturieren kann. Dieses Koordinatensystem aber birgt Dynamik: die Dynamik des Kampfes zwischen Gottes Welt und einer Welt, die an das Nichtige verfallen ist, doch damit nicht aufhört, die seine zu sein: von ihm geschaffen, auf ihn hin geschaffen und für die Augen des Glaubens Spiegel und Abglanz seiner Herrlichkeit.[13] Mit diesem ersten Schritt habe ich Person und Denkrahmen Augustins in groben Umrissen skizziert. Ich fasse zusammen:

*Angestoßen durch die eigene Biographie wie theologische Einsichten, erforscht Augustin das menschliche Leben von innen heraus. Das geschieht im intensiven Nachzeichnen unserer Geschöpflichkeit auf der Folie einer in sich verkehrten Welt und im Zusammenhang der dynamischen Spannung zwischen Gott und dem Nichtigen. Dabei werden die anthropologischen Grundzüge theologisch begründet und ist die Struktur des Wahrnehmungsrahmens apokalyptisch geprägt.*

## II. Eine Anamnese vor Gottes Angesicht

Nach meiner Kenntnis hat der durchschnittliche Dostojewskij-Leser mit *Schuld und Sühne* begonnen. Wer erinnerte sich nicht der quälenden Selbstgespräche Raskolnikows, zumal vor seiner Tat? Ja, wahrlich – wie Aristoteles mit Blick auf die Tragödie sagt – mit „Furcht und Mitleid" begleiten wir den Helden und fühlen Erleichterung, als er sich offenbart – erst vor Sonja und dann vor Porfiri Petrowitsch, dem Untersuchungsrichter. Wir spüren: Hier bricht eine schreckliche Verschlossenheit auf, und es kommt ein *Mensch* hervor, ein Mensch, der nicht länger bestimmt ist durch seinen Ehrgeiz und seine Obsessionen, sondern der – ganz am Ende – sogar so viel Freiheit erringt, daß er wohl wird lieben können.

Ein Weg, den weder der Untergrund-Mensch noch der Pfandleiher, der seine so „sanfte" Frau in den Suizid treibt, zu finden vermögen. Beide räsonieren gleichsam ohne Punkt und Komma vor sich hin – so wie wir's hundert Jahre später etwa bei Thomas Bernhard oder bei Philip Roth oder auch bei Harold Brodkey finden – und hören dann irgendwo auf, ohne daß es gerade an dieser Stelle mit Notwendigkeit sein müßte. Einsame arme Kerlchen, die sie sind, haben sie nur sich selbst als Gegenüber oder vielmehr: als Pseudo-Gegenüber und sind somit dazu verdammt, gleichzeitig sich vor sich selber in Szene zu setzen, sodann im Durchschauen dieser miesen Schauspielerei sich vor sich selber zu rechtfertigen und daraufhin in einem tendenziell endlosen Kreislauf diese Selbstrechtfertigung abermals vor sich selber zu legitimieren... Für beide ist die Katastrophe unausweichlich, auch wenn beide sie überwälzen: der Untergrund-Mensch auf Lisa und der Pfandleiher auf seine Frau. Dieses Überwälzen erbringt jedoch weder hier noch dort jene innere Reinigung, wie sie Raskolnikow in der Begegnung mit Sonja widerfährt. Eingepfercht in ihr solipsistisches – mit Karl Jaspers – „Denkgehäuse", verbleiben sie buchstäblich hoffnungslos bei sich selbst.

Ein Sachverhalt, der daran erinnert, daß Sigmund Freud, der weithin auf Selbstbeobachtung und -wahrnehmung fußt,[14] mit Nachdruck eingeschärft hat: Es gibt keine Selbsttherapie; sie ist wesenhaft ausgeschlossen. Es bedarf – in meinen Worten – der Begegnung mit einem anderen Menschen, damit sich etwas löse, zurechtrücke oder glätte. Heilung im Seelischen ist nicht zu haben ohne die Demütigung, sich einem anderen offenbaren zu müssen – offenbaren gerade in all dem, das ich nicht nur vor anderen, sondern auch vor mir selbst verberge, weil ich's nicht ertrage und nicht wahrhaben kann, daß auch das Teil meiner selbst ist. Kurz, Therapie setzt ein Gegenüber voraus und mit diesem naturgemäß auch *dessen* Fragen, in denen sich *seine* Auffassungen ausdrücken, die ihrerseits in einer bestimmten Theorie oder Weltsicht wurzeln.

Damit bin ich bei Augustin. Denn der hat mit ein und demselben Buch beides vollzogen und dokumentiert: Monolog wie Dialog. Ich meine seine *Bekenntnisse* (Confessiones), die er 397-398 abfaßte, also wenige Jahre, nachdem er das Bischofsamt angetreten hatte. Monologe sind sie, indem hier der Autor – ja, buchstäblich: – *sich* ausspricht und dabei ungeschönt zu erkennen gibt, daß er bei sich selbst verbleibt und verbleiben muß, wenn und solange er kein Gegenüber findet, das ihn nicht nur spiegelt oder ihm allerlei irrlichternde Möglichkeiten vorstellt, sondern das ihm zur Wahrheit verhilft – zu der Wahrheit, die nicht irgendwo als Satz begegnet, sondern die sich als *die* Wahrheit erweist, indem sie die Macht hat, die Wahrheit des Lebens zu sein. – Die Tragweite dieser Einsicht ist am Tage: Psychologie und Therapie, die nicht in Gottes Wahrheit gründen, vermögen somit nicht aus Irrtum und Verstrickungen, sondern nur zu sich selbst zu befreien. Das ist nicht wenig, nur: Wer ist dieses „Selbst"? Woraus wird es erkannt, so daß es, therapeutisch gesehen, sich selber Maß sein kann?[15]

Daß er die Wahrheit gefunden hat, läßt Augustin diesen Monolog halten; doch daß er mit ihm nicht bei sich selbst verbleibt, macht ihn dialogisch. In seinen *Bekenntnissen* nämlich wendet Augustin sich, indem er sie als Buch vorlegt, zwar an die Leser.[16] Aber nicht sie redet er an. Sondern vom ersten Satz an spricht er zu Gott: „Groß bist du, Herr, und hoch zu preisen", und verbleibt in der Anrufung Gottes bis zum letzten: „Von dir soll man's erbitten, in dir soll man's suchen, bei dir darum anklopfen: so, so wird man's empfangen, so es finden, so wird aufgetan werden (sc. die grundlegende Einsicht)." Kurzum, die *Bekenntnisse* sind ein einziges, ins Monumentale ausgeweitetes Gebet. Pointiert geredet: Augustins *Bekenntnisse* sind gleichsam das Protokoll der Therapie, die Gott an ihm vollzogen hat.

Erlauben Sie mir einen kleinen Umweg: Die Behauptung ist nicht ungeläufig, daß jemand Gott in der Natur findet. Mag sein oder nicht; jedenfalls bleibt man mit einem so gefundenen Gott allein in sich selbst und den allfälligen frommen Gefühlen.[17] Ein wirklicher Dialog mit Gott, gar wie ihn die *Bekenntnisse* vorlegen, ist dabei weder möglich noch vorgesehen; es geht hier vielmehr darum, im eigenen Empfinden bestätigt und erhoben zu werden. Salopp geredet, hat der Augustin der *Bekenntnisse* dergleichen hinter sich. Er hatte es zwar nicht mit der Natur, um Gott zu finden; aber er hatte die üblichen und zeitgemäßen Wege durchschritten: Philosophie, Manichäismus – eine Modesekte jener Zeit –, „einfaches Leben", auch ein gewisses Spielen mit der Christlichkeit. Bei alledem indes blieben Sinn und Ziel seines Lebens, jedenfalls jenseits von Karriere und Ruhm, offen; und die wurden ihm zunehmend fragwürdig. Er kam auf allen diesen Wegen nie über sich selbst hinaus, fand also nicht aus der Einsamkeit eines Lebens, das in Wahrheitsdrang und Leidenschaften, in Intellektualität und Verkosten von Lust zersplitterte.[18]

Augustin war also zuinnerst unzufrieden mit sich selbst und bis hin zu psychosomatischen Symptomen frustriert von seinem Beruf. Mit seiner Bekehrung vollzieht sich eine grundlegende Wende: Weg, Sinn und Ziel seines Lebens liegen auf einmal klar vor seinen Augen; er findet die Kraft zur Einheit des Lebens, einer Einheit, die er zwar immer wieder neu sich erringen muß, doch die nunmehr auch gefunden und erfahren wird. Ihm geht auf: Gott erhebt keine moralischen Forderungen, die alsdann auf uns lasten und unter denen wir, wenn wir nicht ausweichen in Heuchelei, unvermeidlich einknicken; Gott gewährt vielmehr, was er von uns erwartet: „Gib, was du befiehlst, und [dann] befiehl, was du [von uns] willst."[19] Wir stoßen hier auf eine Grundlinie in Augustins Denken überhaupt: Gott handelt zuerst – nein: er hat bereits an uns gehandelt. *Hieraufhin* tut er uns seinen Willen kund, hieraufhin legt er uns seine Gebote auf. Wir finden diese Linie nicht nur in seinen *Bekenntnissen*, sondern ebenso z. B. in seiner Auffassung von Gottes Gnade, wo sie Ausdruck findet in seiner Lehre von der Vorherbestimmung.[20] Wir stoßen auf sie insbesondere darin, daß Gott *von außen her* zu uns kommt und allein daraufhin als der an keinen Raum Gebundene auch in uns kann angetroffen werden. Doch zurück zum Faden! Es geht um die Präzisierung dessen, wie dieses Therapie-Protokoll aufzufassen ist: nämlich als die umfängliche Anamnese seines Lebensweges. Es ist eine schonungslose Anamnese ohne Retouchen. Und es ist eine bis in die letzten Winkel des Inneren leuchtende Anamnese – *sie ist als Erinnerung vor Gott zugleich gelebte Psychologie*. Dem kann so sein, weil im Grundlegenden nur noch *nachzu*zeichnen war, wie Gott vorgängig bereits gehandelt hatte.

Ich verharre an dieser Stelle; ein paar Punkte sind hier mit Blick auf Dostojewskij von Belang. So *einmal* der, daß Augustin mit diesem seinem Gegenüber, also Gott, zuallererst die Möglichkeit hatte, sein bisheriges Leben so offen auszubreiten. Denn indem Gott, vermittelt durch die Heilige Schrift und die Predigt, klar, artikuliert und unzweideutig zu uns redet, empfangen wir überhaupt die Sprache, in der Sachverhalte auf den Punkt gebracht und Wichtiges und Nebensächliches unterschieden werden können. Das mag abstrakt klingen; ich will damit sagen, daß eine bestimmte Sprache und ihre Bilder ihrerseits bestimmte Fragen eröffnen und andere ausschließen.[21] So auch hier: Indem Augustin zu Gott redet und dabei sich ganz auf Gottes Wort, wie es die Bibel tradiert, einspielt – die *Bekenntnisse* sind geradezu gesättigt von biblischen Zitaten und Anklängen; also, indem Augustin die biblische Sprache aufnimmt, wird eine in sich klare und strukturierte Schilderung seines Lebens möglich. D.h. *es ist das Gegenüber*, es ist Gott, der ihm ermöglicht, das eigene Leben als Zusammenhang wahrzunehmen und daraufhin offen auszusagen.

Ich komme zu einem *anderen* Punkt: Damit ist jede Statik ausgeschlossen, sowohl die Statik der Selbstgefälligkeit als auch die einer Resignation. Gerade bei dem im Wesen (neu)platonisch geprägten Augustin scheint es zuweilen in diese Richtung zu tendieren. In Wahrheit jedoch erbringt die biblisch und apokalyptisch geprägte Sprache nicht allein Dynamik, sondern und vor allem das, was wir heute wohl als „Prozeßcharakter" bezeichnen würden. Die Entwicklung bis zur Gegenwart und prospektiv auch über diese hinaus kann dargestellt und in ihren Unterströmungen durchschaut werden.

Damit bin ich bei einem *weiteren* Punkt: Wie bereits angedeutet, ist nunmehr ein Horizont gegeben und sind Kriterien und Begriff zuhanden, um von der Anamnese zur Analyse fortzuschreiten. Das wird dadurch befördert, daß Augustin ein scharfer Beobachter ist und dort noch nicht mit dem Fragen aufhört, wo für die meisten Menschen die Dinge abgeschlossen sind – abermals eine sich aufdrängende Parallele zu Dostojewskij. Ich gebe ein kleines Beispiel: Augustin berichtet, wie er als Halbwüchsiger sich seinen Altersgenossen angeschlossen hatte, um nachts in einem fremden Garten einen Birnbaum zu plündern. Das geschah, wie er rückblickend feststellt, in unserer Umgangssprache: aus Jux und Tollerei. So ist das eben; schon das Alte Testament weiß etwas davon, wie das Locken der bösen Buben Anziehungskraft erweist. Augustin jedoch bleibt hier nicht stehen. Er fragt weiter:

> *Was also habe ich an jenem Diebstahl geliebt, und wodurch wollte ich meinem Herrn, wenn auch auf üble und perverse Weise, gleichen? War es die Lust, jedenfalls in Betrügerei gegen das Gesetz zu handeln? Denn zu offener Gewalt reichte es bei mir nicht, so daß ich als Gefangener mir immerhin eine verkrüppelte Freiheit vorspielte, indem ich straflos tat, was nicht erlaubt ist, in einer verschwommenen Allmacht – ? Siehe, das ist jener „Knecht, der seinem Herrn davonläuft und nach Wind hascht". (Conf. II, 6,14* [22]*)*

Der letzte Satz ist in Anlehnung an Hiob 7,2 und Prediger 1,14 formuliert und gibt einen Eindruck dessen, wie Augustin durch die Bibel auf manches aufmerksam wird, hier also auf die infantilen Omnipotenz-Phantasien. Deswegen kann er auch die Fragen weitertreiben, bis daß er sich mit seinem Handeln im Spiegel der Bibel erkennt und somit in den Stand gesetzt ist, sich zu verorten und sein Tun angemessen zu werten – „angemessen" will sagen: weit über bloße Moral oder auch bloße Legalität hinaus:

> *War es denn möglich, Gefallen zu finden an Verbotenem allein deswegen, weil es nicht erlaubt war? (ebd.)*

daran sein Vergnügen und seine Freude haben aus dem einzigen Grund, daß es verboten ist. Das ist mit der Selbsterkenntnis zugleich eine allgemeine psychologische Einsicht: Wir handeln nicht einfach und schon gar nicht immer aus Gründen oder Einsicht oder um guter Ziele willen. Sondern in uns gärt es, uns Freiheit zumindest vorzugaukeln, indem wir stikum Verbote umgehen, und wir fühlen uns dabei machtvoll.[23]

Diese Einsicht – ich wende mich einem *neuen* Punkt zu – gründete in eigener Erfahrung, bitterer, schmach- und schamvoller Erfahrung: Mit ihr tritt er ans Licht der Öffentlichkeit. Die *Bekenntnisse* offenbaren mehr, als jede Enthüllungsjournaille hervorgezerrt hätte. Trotzdem fühlt man sich als Leser nicht geniert oder peinlich berührt (außer möglicherweise aufgrund einer etwas betulichen Übersetzung). Zwar, Augustin „packt aus", schonungslos und stets nachfragend und bohrend, bis

die innersten Gründe zutage liegen. Eben, es ist Anamnese vor dem ihn heilenden Gott. Jedoch, wenn ich es einmal so ausdrücken darf: Das reinigt auch den Zungenschlag und befähigt zu klaren Feststellungen. Man verstehe: Augustin sagt nicht einfach, daß Gott ihn aus der Einsamkeit seines zerrissenen Lebens herausgeholt habe, sondern er schildert dieses Geschehen selbst bis hinein in die Tiefen der Seele.
So weit die Beschreibung.

Die grundlegende Frage aber steht noch aus. Ich leite sie ein: Der Weg zu Therapie oder Seelsorge setzt voraus, daß Therapeuten oder Seelsorger das ihnen Anvertraute nicht werten. Wie ich es gerne ausdrücke – und in Dostojewskijs Romanen als Ausdruck seiner Menschlichkeit antreffe:[24] Entscheidend ist, daß jemand auch nach seiner Anamnese „stehen bleibt". Nun die Frage: Wieso konnte Augustin darauf vertrauen, daß er mit dem von ihm Bekannten – er selber wertet das meiste als Sünde – „stehen bleiben" kann, und zwar sowohl vor Gott als auch vor Menschen?

Er kann es daraufhin, daß Gott ihm bereits vergeben hat und weiterhin vergibt.[25] Genauer noch, aufgrund von Gottes Vergeben ist er überhaupt imstande, die Anamnese vorzunehmen und bis in die letzten Tiefen vorzutreiben. Ich erinnere an die vorhin herausgestellte Grundlinie. Es ist Gottes vorgängiges gnadenvolles Wirken, das Augustin beredt und zum scharfen Beobachter werden läßt, der sich nicht zu scheuen noch zu schämen braucht, selbst in den letzten Lebenswinkel und die verborgenste Motivschicht zu leuchten und das dabei Erfaßte auch zu bekennen. Daß er sich dieser Vergebung durch Gott gewiß sein konnte, erweist die Anamnese selbst. Sie breitet aus, wie er auf vielen Wegen und mit 1001 Gründen sich Gott entzog oder an ihm vorbeitappte oder seine Lust an von Gott Verbotenem fand;[26] bei alledem jedoch immer auf der Suche nach Gott und seiner Wahrheit. Und siehe da: Er fand Gott nicht; Gott war und blieb ihm entzogen. Es war wie bei Brecht:

> *Ja, renn nur nach dem Glück*
> *Doch renne nicht zu sehr*
> *Denn alle rennen nach dem Glück*
> *Das Glück rennt hinterher.*
> (Dreigroschenoper 3. Akt, VII)

Wohl aber gab sich eines Tages Gott ihm zu erkennen und krempelte damit sein Leben um:

> *Wo also habe ich dich gefunden, daß ich dich kennenlerne? Denn in meinem Gedächtnis warst du ja nicht, bevor ich dich kennenlernte. Wo also habe ich dich gefunden, daß ich dich kennenlerne, wenn nicht in dir, oberhalb meiner selbst? Und nirgendwo ist dieser Ort. Wir gehen weg und kommen wieder: Und dieser Ort ist nirgendwo. O Wahrheit, allüberall ist dein Sitz für alle, die dich befragen, und du antwortest zugleich allen, die mit Verschiedenem sich an dich wenden. Klare Antwort gibst du, doch nicht alle vernehmen klar. Alle fragen nach dem,*

## Das Ich im Gespräch mit Gott und mit sich selbst 15

*was sie wissen wollen, doch nicht immer vernehmen sie das Gewünschte. Dein bester Diener ist der, der nicht zuerst darauf aus ist, von dir zu hören, was er sich selber wünscht, sondern das zu wollen, was er von dir hören wird.*

*Spät habe ich dich geliebt, du Schönheit so alt und so neu; spät hab' ich dich geliebt! Und siehe, du warst in mir, und ich war draußen und suchte dort nach dir, und in all das Schöne, das du geschaffen hast, drang ich Mißgestalt ein. Du warst bei mir, doch ich war nicht bei dir. Das, was es gar nicht gäbe, wäre es nicht in dir [sc. das Geschaffene], hielt mich fest. Du hast gerufen und geschrien und meine Taubheit zerrissen; du hast geblitzt, geleuchtet und meine Blindheit verscheucht; du hast Duft verbreitet, und ich sog den Hauch und schnaube nach dir; ich habe gekostet und hungere und dürste nun; du hast mich berührt, und ich brenne nach deinem Frieden.*
(Conf. X, 26,37 - 27,38)

Staunend steht Augustin vor dem Wunder, daß der abwesende Gott längst bei ihm ist und ihm sich zu erkennen gegeben hat, so daß er nun mit dem Herzen und allen Sinnen nach ihm und seinem Frieden verlangt. Gott - so seine Einsicht; eine Variante der Grundlinie – ist da, immer schon. Doch ich bin draußen, tappe herum und bleibe am Vergänglichen haften, bis endlich Gottes Ruf mich ergreift.

Ich will darauf hinaus: Es ist im emphatischen Sinn eine Anamnese, nämlich das erinnernde Durcharbeiten des Weges oder vielmehr der Tatsache, daß sein Leben samt seinem Tun und Lassen immer schon umfangen war von Gott und seiner Wahrheit und dennoch in die Irre ging, bis Gott sich merklich kundtat. Das ist der tiefste Anstoß dazu, die *Bekenntnisse* bis in den letzten Seelenwinkel vorzutreiben: zu erkennen, was in uns geschieht, die wir Gott so oft so fern sind und dennoch von ihm umfaßt und geführt werden.

Ich fasse zusammen:

*Der Psychologe Augustin begegnet uns mit seinen* Bekenntnissen *im Dialog mit Gott vor aller Welt. Durch die Bibel mit Sprache begabt, arbeitet er in diesem Dialog durch, wer er ist, den Gott von der Wiege an geleitet hat, wie er in die Irre ging und schließlich ihn fand. Damit ist ein exemplarisches Durcharbeiten der Vergangenheit vorgestellt, in dessen Vollzug Einsamkeit und Zerrissenheit des Lebens beendet werden, weil alles Erinnerte unter Gott Gnade ist und darum die Person „stehen bleibt". In einem Wort: Die* Bekenntnisse *sind zugleich Psychologie im Vollzug.*

### III. Das Ziel: Gott und die Seele erkennen

Es klingt so banal: „Was immer ist, das muß zwangsläufig irgendwo sein;"[28] sonst nämlich gäb's das nicht – oder es wäre eine Phantasie oder ein Traum. Wo also ist Gott? Denn wenn er ist, dann muß er irgendwo sein.

Diese Frage steht in Augustins Frühschrift *Soliloquien*, den „Selbstgesprächen". Sie sind nicht das pausenlose Gebrabbel eines in Einsamkeit verschlossenen Menschen; in ihnen vielmehr erfolgt eine Selbstklärung in der Gestalt eines Dialogs zwischen dem Ich und der Vernunft, eine Selbstklärung jedoch nicht einfach im Blick auf sich selbst – damit wäre ein endloser Kreislauf ohne Ausweg begonnen; eine Selbstklärung vielmehr im Blick auf etwas Drittes:

> *Was willst du also wissen?*
> *...*
> *Gott und die Seele will ich erkennen.*
> *Weiter nichts?*
> *Gar nichts.*
> (Sol. I 7,1)

Was das mit der Frage zu tun hat? Dies, daß Augustin zweierlei deutlich ist: Gott entzieht sich jeder Räumlichkeit. Zugleich jedoch ist er seiner Kreatur gegenwärtig, und das zumal in unserer Seele. In ihr nämlich und mit ihr erkennen wir Gott.

Erlauben Sie einen kleinen Umweg: Hans kennt seine Grete nicht wirklich, solange er nur weiß, wer sie ist, wie sie aussieht, sich verhält usw., also solange er nur das aufsammelt und speichert, was Material wäre für das, was die Unsprache moderner Pädagogik einen „Lernprozeß" nennt. Wirklich *kennen* wird er sie erst, wenn er sich auf sie mit seiner Seele eingelassen hat. Ich erinnere in diesem Zusammenhang an die tiefe Weisheit, die in der alttestamentlichen Wendung sich ausprägt, daß ein Mann, indem er mit einer Frau schläft, diese „erkennt".

Augustin geht es um ein Erkennen, gerade auch intellektuell, das aus einem tiefen Sich-Einlassen erwächst und jenseits einer lerntheoretischen Ebene –erst beginnt. Will sagen, indem Augustin „Gott und die Seele erkennen" will, strebt er danach, Gottes so innezuwerden, wie dieser sich uns gibt und in uns wirkt, und umgekehrt hieraus sich selber wahrnehmen zu können. Mit anderen Worten: Gott ist ihm kein theoretischer noch Gegenstand, sondern lebendiges Gegenüber, und zwar ein Gegenüber, dem Anbetung und Lobpreis in Demut gebühren. Ihn im vollen Wortsinn zu erkennen vermag darum nur die glaubende Seele. Er hat das später einmal so zusammengefaßt:[29]

> *Wir haben geglaubt, um zu erkennen; denn wenn wir zuerst erkennen und danach glauben wollten, dann würden wir weder zum Erkennen noch zum Glauben imstande sein.*

In jenem „Gott und die Seele will ich erkennen" steckt also mehr und anderes, als es beim ersten Hören wohl klingt: Ich kann Gott nicht einfach erkennen, wo ich ihn vermute, so daß ich über ihn Aussagen machen und Feststellungen treffen könnte.[30] Ich erkenne ihn nur da und so, daß ich buchstäblich zuinnerst betroffen bin. Damit ist für ihn zugleich gesagt: Indem ich Gott kennenlernen will, muß ich in die Seele eindringen und sie erforschen und erfassen, weil in ihr Gott sich kundgibt. Dieses Erforschen und Erfassen ist zwar der bloßen Selbstbeobachtung zum Verwechseln ähnlich; nur mit dieser habe ich Gott nicht erfaßt – Gott läßt sich nicht greifen; wenn man danach trachtet, dann versucht man ihn.[31] Wohl aber habe ich dann etwas von dem erkannt, was Gott in uns wirkt und was dabei geschieht. Theologisch gesehen, wird damit gewahrt, daß Gott außerhalb unseres Zupackens ist und bleibt und daß man nur von ihm reden kann, indem man ihm die Seele öffnet. Anthropologisch und psychologisch betrachtet, enthält es, daß gerade im Fragen nach Gott und seinem Wirken wir in uns selber einkehren müssen und dadurch uns selber zuallererst wirklich kennenlernen.

Von zwei Seiten also bekommt Augustin „Gott und die Seele" in den Blick: indem er die Seele schildert, wie sie von Gott geführt, erleuchtet und geheilt wird – der Weg der *Bekenntnisse* –, und indem er beim Nachsinnen über Gottes Wesen auf dessen „Spuren" in der Seele stößt – der Weg von *Über die Dreifaltigkeit*. Modern geredet, bedeutet das, daß Augustin Theorie und Empirie konsequent auf einander bezieht und dadurch im Bereich der Erfahrung eine durchgängige Deckung seiner Aussagen erreicht. Ich konzentriere mich hier allein auf die Seele.

Darin sind weitreichende Voraussetzungen wirksam. Augustin ist sich ihrer nicht allein bewußt; er spricht sie aus, zudem überprüft er sie immer wieder neu in dem Spannungsfeld zwischen Gottes Wahrheit und unserer Erfahrung. Eine wesentliche Voraussetzung hat er in den Bekenntnissen einmal so vorgetragen:

*Die allmächtige Dreifaltigkeit, wer faßt sie? Und wer spricht wirklich von ihr, wenn er sie nennt? Selten ist die Seele, die beim Sprechen von ihr [wirklich] weiß, was sie redet... Ich wollte wohl, daß die Menschen diese drei Dinge in sich selbst erkennten. Weit anderes sind sie als jene Dreifaltigkeit, aber ich nenne sie, damit, wo man sich übt, man erprobe und erfahre, wie so ganz anders sie sind. Ich rede aber von diesen drei: sein, wissen, wollen. Ich bin nämlich und habe Bewußtsein und Willen; ich bin nämlich als wissender und wollender und weiß, daß ich bin und will, und will sein und wissen. Wie in diesen drei also unteilbar das Leben eines ist und ein Geist und eine Wesenheit, wie somit eine untrennbare Unterschiedenheit ist, und zwar als Unterschiedenheit, das sehe ein, wer es vermag. Jedenfalls hat er sich selbst vor Augen: da sei er aufmerksam und blicke in sich selbst hinein und sage es mir.*
(Conf. XIII 11,12)

Hier finden wir, was später in dem großen Werk *Über die Dreifaltigkeit* als *Spuren der Dreifaltigkeit* angesprochen und erforscht wird,[32] nämlich: Indem Gott den Menschen sich selbst zum Bilde schuf und sich somit in der Seele, dem Zentrum unseres Lebens, nicht nur zu erkennen gibt, sondern hier auch gegenwärtig wird (ohne doch in ihr umschlossen zu sein), macht sich diese seine Gegenwart auch strukturell geltend – dem vergleichbar, daß man beim Gehen durch den Schnee Spuren hinterläßt. Das bedeutet nicht, daß ich, indem ich mich selbst erforsche, Gott vor Augen bekäme. Wohl aber enthält es, daß das Durchforschen der Seele faßbar werden läßt, was wir in abstrakte theologische Begriffe fassen: die Trinität.[33]

Ich muß einen kleinen Schlenker machen: Die Trinitätslehre, also die Lehre von der göttlichen Dreifaltigkeit oder auch: Dreieinigkeit, ist dank unsäglicher geistlicher wie geistiger Verluderung in Kirche wie Theologie weithin verdrängt und unter einem wahren Berg von dummen Phrasen verschüttet, abgesondert von Menschen, die mit ihnen eine peinliche Ahnungslosigkeit an den Tag legen, obschon man bei ihnen Kenntnis zu erwarten hätte. Dieses Defizit ist jetzt natürlich nicht aufzufüllen; hier ist von Belang: Niemand hat – weder zuvor noch seither – diese Lehre so intensiv und umfassend reflektiert wie Augustin.[34] Ebendarum verfolgt er in gleicher Intensität die Frage – etwas platt geredet: wo und wie die Trinität gleichsam „auf die Erde nieder" komme, d. h. für uns faßbare Füllung erfahre. Damit aber ist er aus besagten Gründen bei der Seele.

Ich muß einen weiteren Schlenker vollziehen: Augustin ist gedanklich entscheidend beeinflußt durch den Neuplatonismus insbesondere Plotins.[35] Für diesen ist Grund und Inbegriff alles Seins das unnennbare Eine, das aus sich heraus das hervorgehen läßt, was wir als Vernunft (lÌgoV) bezeichnen wir könnten sagen: Gedanken und Denken. Zwischen dieser rein geistigen Welt und der körperlichen Welt vermittelt – das war schon zu erwähnen – die Seele kraft ihres, wie Augustin es einmal ausdrückt: „Sehvermögens... der Vernunft".[36] Damit ist die Seele geradezu Inbegriff des menschlichen Lebens schlechthin. Der Gedankengang bei Plotin ist, daß das jeweils Niedrigere zum Höheren und, durch dieses vermittelt, zu dem unnennbaren Einen zurückstrebt; das beginnt damit, daß es sich vom Niederen ab- und dem Höheren zuwendet. Dieses Modell nun hat Augustin – innerhalb des erwähnten apokalyptischen Horizonts – aufgegriffen und sich für sein Nachzeichnen des Bildes Gottes und der Spuren der Dreieinigkeit in uns zunutze gemacht. Dabei ist der Grundgedanke der: Indem die Seele zu sich selber kommt, bei sich selber verweilt und ihrer selbst bewußt wird – Augustin nennt das „Liebe" zu sich selbst –, wird sie an sich selbst dessen inne, was die Trinität kennzeichnet: daß der eine Gott in drei Personen existiert, und zwar als *eine* Wesenheit, die in jeder dieser Personen uneingeschränkt als Ganzes gegenwärtig ist.

Hier also haben wir den anderen Zugangsweg zur Seele vor Augen, den Augustin beschritt und in dessen Verfolg er ein so eindringlicher Psychologe wurde: die Leidenschaft, Gottes Spuren in seinen Werken und insbesondere in uns selber zu erfassen und dadurch sowohl die Schönheit und Größe Gottes als auch sich selbst erkennen zu können. „Gott und die Seele erkennen": ein Ziel von unabsehbaren Implikationen – zumal in der Ausführung durch Augustin selbst.

Ich konzentriere mich im folgenden auf ganz wenige Aspekte. Eines aber ist stets zu beachten: Augustin ist bei seinen Reflexionen in ständigem Gespräch: im Gespräch mit seiner Vernunft, im Gespräch mit Gott, im Gespräch mit den Lesern. Will sagen, sein Denken ist durchgängig dialogisch. Das jedoch hat, mehr und anderes als „Äußerlichkeit", inhaltliche Bedeutung: Zum einen bleibt auf diese Weise gewahrt, daß die Dreieinigkeit und ihr Bild in unserer Seele zweierlei sind; modern ausgedrückt: Das Realitätsprinzip bleibt in Kraft. Zum anderen verliert sich das reflektierende Ich nicht im reinen Gedanken oder auch im bloßen Räsonieren; abermals modern ausgedrückt: Die Differenz zwischen Eigen- und Fremdwahrnehmung bleibt unangetastet. Und zum dritten wird jede Aussage einer doppelten Beurteilung ausgesetzt: durch Gottes Wahrheit und durch menschliche Erfahrung; abermals in moderner Sprache: Es erfolgt eine durchgängige Rückbindung der Einsichten an Gott und an die Alltagswirklichkeit.

Ich fasse zusammen:

*Indem Augustin die Gottebenbildlichkeit als „Spur der Dreifaltigkeit" in unserer Seele auffaßt, führt der Versuch einer Erkenntnis der Dreifaltigkeit ins Erforschen der Seele. Dieses Erforschen ist in seiner Struktur dialogisch, d. h. in stetem Gegenüber zu und Bezug auf Gott wie Leser. Das bewahrt ihm Realismus.*

### IV. Die Seele als Bild der heiligen Dreifaltigkeit

Ich nehme das eben angedeutete Grundmodell auf: Somit besteht die Lebensaufgabe, die eigene Seele zu finden, sie zu „lieben" und in ihr und durch sie Gott zu „genießen", d.h. bei ihm zu verweilen und in ihm beseligt zur Ruhe zu kommen. Das mag beim ersten Hören platt klingen; aber dieser Eindruck ist unzutreffend. Das beweist besonders Augustins Auseinandersetzung mit dem Spruch am Eingang zum Delphischen Orakel: *Erkenne dich selbst!*[37] Seine Ausgangsthese lautet, daß die Seele sich immer schon kennt, und zwar so kennt, daß sie, *indem* sie ist, sich kennt und (etwas) will – wie vorhin zitiert. Er kann das auch fassen als „sein – leben – verstehen" oder als „Geist – Erkenntnis – Liebe" – stets in dem Sinne, daß das menschliche Dasein als menschliches kein bloßes Vegetieren ist, sondern ein bewußtes und ein wollendes Leben, das sich erweist in Erkennen und Streben als dem Vollzug von Leben.[38] Oder auch: Wir *sind* (NB: nicht „haben"!) Geist immer schon so, daß wir – eben als Geist – wahrnehmen und erfassen, das jedoch nicht im Sinne bloßer Eindrücke, sondern so, daß wir dabei sozusagen beteiligt sind, etwas wollen, gedanklich darum kreisen oder dergleichen.[39]

Wir erweisen uns also als Geist, indem wir die aufgrund unserer Gottebenbildlichkeit in uns bestehenden Verhältnisse – unsere innere „Relationalität" – beides: wahrnehmen und realisieren. Hier sind wir auf einem Boden, den dann fünfzehnhundert

Jahre später Kierkegaard betritt mit seiner Doppelthese, daß wir „Geist" sind, indem wir uns auf Gott orientieren, das jedoch so, daß wir in dieser Orientierung zu dieser uns ins Verhältnis setzen.[40] Das klingt abstrakt und kompliziert und ist es in der Tat, wird jedoch von Augustin her verstehbar: Wirkliches Leben habe ich nur in der Besinnung – „Verhältnis" – auf Gott; doch indem ich mich auf ihn besinne, wird deutlich, daß ich in mir selber nicht einheitlich bin, sondern immer schon in Beziehungen stehe – wie eben angedeutet.

Damit bin ich wieder beim Faden. Das bisher Ausgeführte läßt vermutlich die Frage aufsteigen, was das solle. Natürlich ist dieser Frage nachzugehen; zuvor jedoch ist noch ein weiteres sogenanntes Ternar zu nennen: „Gedächtnis – innere Schau – Wille",[41] womit ausgedrückt ist, daß etwas in uns bewußt ist oder wird nur, indem wir einen Bewußtseinsinhalt erfassen und das auch wollen. Das muß etwas ausgeführt werden:

Wir können nur wollen, was uns Ziel ist – es gibt keinen reinen, keinen leeren Willen sozusagen an sich. Ein Ziel aber ist bewußt; d. h. unsere innere Schau erfaßt etwas, was im selben Akt auch angestrebt wird – es ist ja nicht so, daß ich gleichsam mit einem Kopf voller Bewußtseinsinhalte herumliefe und jeweils ad hoc etwas herausgriffe und zum Ziel erhöbe; dergleichen ergäbe oder vielmehr: ist bloße Chaotik.[42] Das durch die innere Schau Erfaßte *will* ich also, und weil ich es will, erfasse ich's. Was aber erfasse ich durch die innere Schau? Ich verdeutliche anhand eines saftigen Pfirsichs, der mir ins Auge sticht: *Will* ich den nicht unmittelbar, also ohne innere Schau? Erkenntnistheorie wie Sinnesphysiologie stimmen darin mit Augustin überein, daß dem nicht so ist: Ich muß vom Pfirsich und seinem Wohlgeschmack, seiner Saftigkeit etc. bereits ein Bewußtsein haben. Sonst würde ich ihn allenfalls aus Neugier begehren und auch das nur aufgrund der – unbewußten, blitzschnellen – Abgleichung mit meinen Bewußtseinsinhalten. Will sagen, ich greife hier im selben Vorgang immer schon auf das in meinem Kopf Gespeicherte, also auf das Gedächtnis bzw. die Erinnerung zurück. Das jedoch geschieht ebenfalls nicht in der Weise, wie ich bei einem Bummel im Supermarkt den Blick über die aufgereihten Produkte schweifen lasse, sondern weil ich's will; das Abrufen von Gedächtnisinhalten hat also, in der Schulsprache geredet, einen *intentionalen* Zusammenhang.[43] Wo der Wille nicht gleichzeitig mit im Spiel ist, verbleibt es beim bloßen Träumen wie bei Fürst K. in *Onkelchens Traum*.[44] Das Bewußtwerden, die innere Schau ist somit immer schon ein Bewußtwerden von Gedächtnisinhalten, indem ich diese will.

Wir ermessen Gehalt und Tragweite dieser Auffassung erst, indem wir uns vor Augen führen: Für Augustin gibt es, wie notiert, somit weder ein Gedächtnis noch eine Vernunft noch einen Willen an sich, als bloßes Potential, vergleichbar einer Büchse, die ich mit Inhalten auffüllen kann. Trivial geredet: Daß einer ein gutes Gedächtnis hat, ist identisch damit, daß er viel, präzis und auf lange Zeit behält.[45] Daß es aber vieles gut behalte, bringt sich nur so zur Geltung, daß es bewußt, daß es also durch die – um Augustins Ausdruck zu gebrauchen – innere Schau aktualisiert wird. Und in dieser Aktualisierung besteht die innere Schau bzw. das Bewußtsein; d. h. es ist niemals leer; leeres Bewußtsein ist identisch mit Bewußtlosigkeit, wäre eine Art Wach-Koma. Daß also Bewußtsein *geschieht*, ist somit ein gerichteter Vorgang: Ich *will* dies oder jenes im Kopf haben oder – was im Ergebnis auf dasselbe hinausläuft – ich will dies oder jenes, was ich mir im Kopf vergegenwärtige, sehen, erreichen, tun etc. Damit ist der Wille im Spiel, und auch der ist nicht leer,[46] sondern will *etwas*. Dieses „Etwas" aber ist im Zusammenwirken von Gedächtnis und innerer Schau sein Ziel; denn mit diesem Zusammenwirken ist er immer schon – und nur so – mit im Spiel. Abermals banal gesagt: Daß ich Willen habe, ist allein der Fall, indem ich *etwas* will; indem ich nichts wollte, hätte ich auch keinen Willen.[47]

Es ergibt sich also: Indem etwas aus dem Gedächtnis aufsteigt, *ist* (nicht: wird!) es bewußt; indem es bewußt ist, *wollen* wir es bereits (nicht: entschließen wir uns, es zu wollen, o.ä.); indem wir es wollen, *ist* (abermals nicht: wird) es als Gedächtnisinhalt tatsächlich präsent. Kurz, Gedächtnis, innere Schau und Wille sind[48] stets zugleich, doch dreierlei.

Das also ist die Grundstruktur: Die Seele ist gleichzeitig auf sich selbst wie nach außen ausgerichtet. Diese Ausrichtung realisiert sich stets gleichsam in einem Kreislauf mit drei Stationen, die zwar zu unterscheiden, doch stets so gegenwärtig sind, daß sie faktisch ineinander fallen und erst in diesem Ineinander als solche gegenwärtig erscheinen. Dabei zeigt sich in vielen Variationen dasselbe Grundmuster, daß nämlich etwas bewußt ist, es aber, indem es bewußt ist, auch bereits im Blick steht, was seinerseits ein Sehen-Wollen vollzieht. Indem es geschieht, bestehen Bezüge nach außen bzw. werden sie geknüpft, insofern hierbei in Gedächtnis, Bewußtsein und Willen immer schon präsent ist oder aktualisiert wird, was außerhalb meiner selbst ist.[49] In alledem – so Augustins Grundthese – bilde sich die heilige Dreifaltigkeit zeichenhaft in uns ab. Ist das nicht reichlich konstruiert und um bestimmter theologischer Grundvoraussetzungen willen schematisiert?

Damit sind wir bei der vorhin aufgeworfenen Frage. Zur ihrer Beantwortung konkretisiere ich mit Blick auf Dostojewskijs Romanfiguren:

Denken Sie an Stawrogin aus *Die Dämonen*, jenen Mann „ohne Eigenschaften", der weder gut noch böse oder vielmehr: der nicht einmal gut noch böse war, sondern mit seinem eigenen und dann auch mit anderer Menschen Leben sein Spiel trieb, und das nur, weil er selber nicht wußte – und nun kommt das Entscheidende: Was wußte er nicht? Wer er war? oder was sein Sinnen bestimmt? oder was er wollte? Je nach Szene scheint es mal das eine, mal das andere, mal das dritte zu sein. Lisa gegenüber ist offenkundig, daß er nicht weiß, was er will, ja, daß er im Grunde gar nichts will. Pjotr Stepanowitsch wie Schatow gegenüber ist ihm, wie's scheint, völlig unklar, was er wirklich im Sinn hat, zumal ihn beide – nicht ohne Grund! – für entgegengesetzte Ziele zu ihrem Fackelträger erheben wollen. Und unter Darjas liebendem Auge wird offenbar, daß er sich selbst verborgen ist. Was er von sich selbst zu fassen bekommt – auf der Ebene des Wollens, des Erkennens und des Seins –, das sind zufällige Fragmente, defekte Facetten seines reichen Potentials, mehr jedoch nicht.

Augustin hätte gesagt: Der Mann „liebt" sich nicht selbst. Damit ist nicht auf Egoismus abgestellt; vielmehr: Indem er sich nicht selbst liebt, erweist er sich unvermeidlich als skrupelloser Egoist. Das macht, er irrt gleichsam bewußt-, ort- und ziellos in sich selber einher, zerläuft in alles Mögliche, ist sich selber eine Last und verbreitet um seine Person Trümmer, Tränen und Tod, selbst wenn er niemanden mit eigener Hand umbringt. Der Erkenntnis seiner selbst geht er geflissentlich aus dem Weg. Wenn es dahin zu kommen droht, beschimpft er – kraß im Gespräch mit Tichon[50] – sein Gegenüber als „verdammten Psychologen" und zieht sich zurück. Selbsterkenntnis will er dezidiert nicht. Er hat ein verschwommenes Bild seiner selbst und klammert sich an ihm fest. Nur ist er sich dieses Eigen„bildes" unsicher: Woran könnte er es auf seine Stimmigkeit hin überprüfen? Um Gewißheit zu erlangen, geht er zu Tichon. Aber dort muß er einsehen, daß dabei – ich glaube, man muß es im Sinne Dostojewskijs so dramatisch ausdrücken – eine Art Jüngstes Gericht vollzogen würde, aus dem er nicht ungeschoren hervorginge.

Das will er um jeden Preis vermeiden. Damit bleibt er ohne Linie,[51] ohne Klarheit, ohne Willen. Denn worin hätte diese Existenz Zusammenhalt und Kontur? Überhaupt: was *will* dieser Mann eigentlich? Jedenfalls keine der Frauen, mit denen er Techtelmechtel hat; keine Revolution; keine Freundschaften; keine ansehnliche Position. Was er jeweils zu wollen scheint, sind bloße Launen, von seiner Eheschließung bis hin zu seinen Plänen mit Darja, Launen, entsprungen dem Ungenügen an sich selbst – und wer ist er „selbst"? Abstrakt gefragt: Ist es ein wirkliches Sein, das er hat? Ist es nicht vielmehr ein in ihm selber rundherum verstümmeltes Existieren mit verkorkstem Bewußtsein und kaputtem Willen?

Ich kehre zu Augustin zurück. Ich hoffe, daß ein wenig deutlich geworden ist, wie lebensnah die von mir aufgezählten konstruierten und schematisch erscheinenden „Ternare" sind, und vor allem, was in ihrer etwas befremdenden Zuordnung zueinander steckt. Zugleich mag auch herausgekommen sein, wieso sich Augustin lange und intensiv mit der Delphischen Aufforderung beschäftigte. Deren bereits referierte Auslegung durch ihn mag hier weiterführen: Indem die Seele sich an Nichtiges verliert, hört sie auf, sich selbst zu erkennen und zu kennen – mit dem Ausdruck Hegels: ist sie entfremdet. Damit ist der Mensch sich selbst nicht allein „ein abgrundtiefes Geheimnis",[52] sondern insgesamt unbekannt. Bin ich mir unbekannt, dann höre ich auf, wirklich ich selbst zu sein, und gehe mir verloren. Dann aber bin ich völlig dem Nichtigen verfallen und – um dieses Bild wieder aufzunehmen – „laufe mit den Beinen nach oben".

Augustin erfaßt also, daß, wenn ich mir unbekannt bin, ich auch für andere unberechenbar bin, vor allem aber, daß ich mich und mein Leben an etwas ausrichte, was dessen überhaupt nicht wert ist. Indem ich das zu Papier bringe, kommen mir die beim Zappen erwischten Interviews mit manchen „VIPs" vor Augen, deren leere Gesichter die Illustrierten füllen: Trotz Glanz und Glamour und Gloria sind sie so deutlich arm dran, daß es schon anfaßt. Mit dergleichen vor Augen begreifen wir, was Augustin meint, wenn er Selbsterkenntnis und Selbstliebe und Selbstgenuß als *die* Aufgaben und Ziele benennt. Wir erkennen dabei im Vorübergehen, daß er vor eineinhalb Jahrtausenden bereits begründete, wie Liebe eine in sich zumindest leidlich heile Seele voraussetzt. Nur daß deren Beschreibung durch ihn: als „Selbsterkenntnis", „Selbstliebe" oder „Selbstgenuß" uns fremd ist und uns auf falsche Spuren führte, nähmen wir diese Wörter im heutigen Sinn.

Weiter zu jener Dreiheit! Ich hole aus: Wie der Mathematiker den Begriff „unendlich" bilden und mit ihm hantieren kann – doch das ist und bleibt Mathematik, also reine Form –, so kann ich den Begriff des Seins bilden und den des Wissens und den des Willens; ich kann sie mit allerlei Eigenschaften ausstatten, und das mag dann auch plausibel klingen. Nur handelt es sich dabei eben nicht um Mathematik – der genügt die Stimmigkeit der reinen Form. „Sein" hingegen, „Wissen" und „Wille" meinen, solange Sprache Sinn hat, Reales. Damit ist gegeben, daß das, was ich insoweit ersinne, faktisch den Anspruch erhebt, die Wirklichkeit auszusagen, und umgekehrt, daß man es anhand der Wirklichkeit müsse überprüfen können. Da reicht es durchaus nicht, etwa den „Willen" stimmig und logisch definiert zu haben – die Wirklichkeit ist in sich weder logisch noch stimmig, und eingehende Kontroversen in der Geschichte über den Willen haben aufgewiesen, daß viele gelehrte Erörterungen über den Willen nichts weiter sind als – eben: gelehrte Erörterungen, also l'art pour l'art.

Ich verbleibe beim Beispiel: Wer von uns weiß eigentlich, was das ist: Wille? Wer von uns könnte auch nur im Blick auf den eigenen Willen sagen, was präzis das ist? Geht es uns hier nicht eher, wie es Augustin mit der Zeit erging:

> *Was ist also ‚Zeit'? Wenn das niemand von mir wissen will, dann weiß ich's; wenn ich's jedoch einem Fragenden erklären will, weiß ich's nicht."*
> (Conf. XI 14,17)

Weil wir nicht so wissen, was Wille ist, daß wir immer unmittelbare Klarheit hätten, ergibt sich, daß wir im Lebensvollzug auf vieles hereinfallen, was man dem Willen andichtet oder von ihm fordert – also etwa, daß es einen Willen an sich gäbe wie ein leeres Glas. Buridans berühmter Esel, der in exakt gleicher Entfernung von zwei

Heuhaufen angeblich verhungern würde, weil er gemäß seinem Instinkt zum nächsten geht, hier aber keiner der nächste ist; dieser Esel ist eine Ausgeburt des bloßen Denkens – ein realer Esel würde lostrotten und fressen. Und etwa Triebunterdrückung aus reiner Willenskraft führt – Augustin hat's in seinen *Bekenntnissen* ausgesprochen – nur dazu, daß das Unterdrückte sich unkontrolliert aus dem Unbewußten geltend macht.

Das ist es ja, was seiner zitierten Bitte an Gott zuallererst den Rahmen verleiht: „Gib, was du befiehlst, und [dann] befiehl was du [von uns] willst." Es geht hier so weiter:

> *Du befiehlst uns Enthaltsamkeit. „Und da ich wußte", sagt jemand, „daß niemand enthaltsam zu sein vermag, wenn nicht Gott es ihm verleiht, so war auch das bereits Weisheit: zu wissen, von wem jene Gabe stammt." [Weish. 8,21] Denn durch die Enthaltsamkeit werden wir gesammelt und zur Einheit zurückgebracht, von der aus wir in vielerlei zerflossen sind. Weniger nämlich liebt dich, wer neben dir anderes liebt, das er nicht um deinetwillen liebt. O Liebe, die du immer brennst und nie erlischst, o keusche Liebe, du mein Gott, entzünde mich!*
>
> (Conf. X 29,40)

Heißt im Klartext: Was der Wille zu leisten vermag, hat er nicht aus sich selbst, sondern das stammt aus dem, was in unseren Herzen, in unseren Seelen brennt. Was dort nicht ist, das kann auch der Wille nicht herbeiführen – so wie wir bekanntlich nicht durch einen Willensakt spontan oder herzlich sein können. In den Worten Dostojewskijs:

> *Um die Welt zu ändern, sie neu zu gestalten, müssen zuvor die Menschen sich selbst psychisch umstellen und eine andere Richtung einschlagen. Bevor man nicht innerlich zum Bruder eines jeden geworden ist, kann kein Brudertum zur Herrschaft gelangen. Niemals werden die Menschen mit Hilfe einer Wissenschaft oder um eines Vorteils willen durch äußere Hilfsmittel es fertigbringen, ihr Eigentum und ihre Rechte so untereinander zu verteilen, daß niemand zu kurz komme..."*[54]

Ja, mag man einwenden, aber wir wollen doch manches ehrlich, auch wenn wir es mit einem Teil unserer Seele eigentlich nicht wollen. An dieser Stelle beginnt Augustins Konstruktion für uns lebendig zu werden. In seinem Sinne könnte man sagen – in heutiger Sprache: Insoweit sind wir uns selbst entfremdet, ist es notwendig, daß wir uns selber finden. Nur daß für ihn damit gerade nicht der Ego-Trip beginnt: auf ihm nämlich verbleibe ich bei mir selber wie der Untergrund-Mensch oder etwa Rogoshin in *Der Idiot*. Auf diesem Weg ergibt sich eine Einheit, die in Wahrheit nur brüchiges Flickwerk ist. Der von Aristoteles bis zur Verhaltenstherapie virulente Gedanke, durch mein Verhalten vermöchte ich mein Selbst zu formen, wird hier also bereits im Ansatz abgewiesen. Woraufhin?

Natürlich *auch* aufgrund von Eigenerfahrung und Eigenbeobachtung. Doch Augustin war weit davon entfernt, die eigenen Einsichten und Erfahrungen einfach zu verallgemeinern. Er mißt, was er beobachtet und erkennt, am Maß der Wahrheit – an Gott selbst. Das klingt ebenso erhaben wie irreal, ist für ihn jedoch Basis wirklichen Lebens. Denn Gott ist für ihn „innerer als mein Innerstes und höher als mein Höchstes,"[55] platt gesagt: Wer ich wirklich bin, erfahre ich von Gott. Wie? Dadurch, daß ich, *nachdem* er sich mir zu erkennen gegeben hat, in allem, was mich ausmacht, insbesondere in den Strukturen meiner Seele sein Bild erkenne bzw. als beschädigt, gar zerrüttet erkennen muß. Also – die ethische Konsequenz – geht es entscheidend um Selbstwahrnehmung, um die Wahrnehmung meiner selbst als jemand, der in und mit dem Leben in untrennbarer Einheit immer bereits weiß und will – nach innen wie nach außen; als jemand, der mit seinem bloßen Dasein immer schon auf ein Erkennen aus ist, und das von innen heraus, d. h. aus ursprünglichem Antrieb, doch immer auch nach außen gerichtet; als jemand, der, indem er Inhalte in sich trägt, somit auch Einsicht und Verstehen nicht allein hat, sondern sie auch nach außen wendet; als jemand, kurz gesagt, der zuinnerst in dieser dreifachen Einheit verfaßt und darum gleichsam aus sich selbst herausgekippt ist, wenn diese dreifache Einheit zerbrach.

Dann klaffen Einsicht und Wille auseinander und können nur mühsam und in einer Art Gewaltakt zusammengebracht werden – siehe Kirillow in *Die Dämonen*; und dieses Zusammenbringen kostet ihn das Leben. Dann spalten sich Leben und Intention, und man geht daran zugrunde, daß man nicht zu leben vermag, was man mit dem Leben sucht – siehe Nastassja Filippowna in *Der Idiot*, auch wenn ihr der Tod von fremder Hand zugefügt wurde. Dann werden Bewußtsein und Erkennen zu einem Gegensatz, der die innere Einheit bis zum Wahnsinn zerstört – siehe abermals Iwan Karamasow. Wir unsererseits kennzeichnen die innere Einheit etwa als Übereinstimmung mit sich selbst, als Ganzheit, als Authentizität, als komplettes Selbst, als voll entwickelten genitalen Typ oder dergleichen. Augustin hätte hier diesen Grundeinwand: Das alles verbleibt an der Oberfläche; denn es übergeht das Fundament: Gottes Bild in uns. Es ist unverlierbar, nur wir – wir verlieren es immer schon, indem wir nicht – mit Luther zu reden – „Gott über alle Dinge fürchten, lieben und vertrauen"; und wir haben es verloren, selbst wenn wir darin mit uns selbst (scheinbar!) übereinstimmen, sofern nicht Gott unser – mit Augustin – „höchstes Gut"[56] ist. Abwendung von Gott ist Tod.[57] Aus ihm kann nur Gott selbst uns wieder zum Leben erwecken, zumal das, wodurch wir zu unserer nie verlorenen Gottebenbildlichkeit zurückfinden, uns nur von Gott selbst so in die Seele gesenkt werden kann, daß von hier aus alles durchglüht wird: „Du mein Gott, entzünde mich!" Um es zum Überfluß eigens zu bemerken: Ein beschädigtes Leben wie eine gestörte Seele wird nach Augustin nur von Gott geheilt und bleibt heil nur, solange sie – in dem vorhin ausgeführten vollen Sinn des Wortes – Gott erkennt. In diesem Licht wäre der Weg Raskolnikows vom Vorlesen der Lazarus-Geschichte durch Sonja bis zum Ende des Epilogs noch einmal zu bedenken.

Ich fasse wieder zusammen:

*Als Ebenbild des dreieinen Gottes hat die Seele ihre Einheit im Zusammenfallen von Sein, Wissen und Wollen. Diese Einheit wird durch jede Abwendung von Gott aufgesprengt; dann sind wir in uns bis zur Krankheit in Unordnung. Heilung und Ordnung werden gefunden im „Genießen" Gottes, vermittelt durch Erkenntnis, Liebe und „Genuß" unserer Seele als Gottes Bild.*

(Der Abdruck dieses Aufsatzes wird im folgenden Jahrbuch
der Deutschen Dostojewskij-Gesellschaft fortgesetzt.)

—— Teil II erscheint im Jahrbuch 2004 ——

1  In der Forschung hat der *Psychologe* Augustin wenig Aufmerksamkeit gefunden. Im Blick auf das Folgende nenne ich hier nur drei Arbeiten: Michael Schmaus: *Die psychologische Trinitätslehre des heiligen Augustinus.* Münster 1927, Neudruck 1967; Joachim Ringleben: *Interior intimo meo.* ThSt 135. Zürich 1988; Johannes Brachtendorf: *Die Struktur des menschlichen Geistes nach Augustin.* Hamburg 1998 (mit umfänglichem Literaturverzeichnis).
2  Nikolai Artemoff: *Goldenes Zeitalter - Utopie - Apokalypse – Gottesreich in F. M. Dostoevskijs Werk.* In: *Jahrbuch der Deutschen Dostojewskij-Gesellschaft* 9, 2002, S. 119-142.
3  Augustins Verhalten erscheint uns Heutigen als schäbig, ja charakterlos. Es ist allerdings zu sehen, daß im Rahmen seiner Zeit sein Vorgehen normal war: Man heiratete die Konkubine nicht.
4  Augustin, dessen überragender Geist den folgenden tausend Jahren die Themen vorgab, hat dank seiner biographischen Erfahrungen und Umstände somit zugleich Misogynie und Rationalismus mit seiner Kehrseite, den Moralismus, in unsere westliche Tradition eingepflanzt.
5  Für uns ist kaum nachvollziehbar, daß die reine Materie, das Chaos, das Grenzenlose und das Böse zusammenfallen; wir stolpern insbesondere über die Ineinssetzung von ontologischer und ethischer Qualität. Auf die dieser Auffassung zugrundeliegenden *Erfahrungen* und *Beobachtungen* kann hier nicht eingegangen werden; immerhin bekommen wir einen Eindruck, wenn wir erwägen, was das Übergehen von Grenzen mit sich bringt.
6  Frui mundo, uti deo.
7  Frui deo, uti mundo.
8  Conf. I, 1,1, vgl. Conf. XIII 8,9: „Das nur weiß ich, daß es mir übel ergeht, wenn ich nicht bei dir bin, und das nicht nur um mich herum, sondern auch in mir selbst; und aller Reichtum, der nicht mein Gott ist, ist mir Mangel." Der Vollständigkeit halben sei notiert, daß der im Text zitierte Satz neuplatonisch geprägt ist. Die *Bekenntnisse* werden zitiert nach der 1955 bei Kösel in München erschienenen zweisprachigen Ausgabe mit der Übersetzung von Joseph Bernhart. Ich greife seine Übersetzung an manchen Stellen auf; im übrigen stelle ich in meinen deutschen Wiedergaben die Wörtlichkeit vor sprachliche Eleganz und Glätte.
9  II 9. Auf diese Feststellung hat mit besonderem Nachdruck hingewiesen Roland Opitz: *Der Idiot – Dostoevskijs Menschlichkeit.* In: Ders.: *Fedor Dostoevski – Weltsicht und Werkstruktur.* Frankfurt am Main u.a. 2000, S. 33-52, 35f.
10  Peccatum originale, zumeist als „Erbsünde" bezeichnet. Die gängige Kritik an der Erbsünde geht unrealistisch von dem ideologischen Axiom aus, wir Menschen wären als reine Individuen aufzufassen. Verhielte es sich so, wir hätten keine Namen und bräuchten sie auch nicht und unsere Kinder hätten nichts mit uns zu tun.

## Das Ich im Gespräch mit Gott und mit sich selbst 27

11  De civitate dei.
12  Christfried Böttrich: Apokalypse – Literatur der Krise. In: *Jahrbuch der Deutschen Dostojewskij-Gesellschaft* 9, 2002, S. 101-118.
13  Bes. in Conf. XII und XIII. – Brachtendorf kommt am Ende seiner Studie zu dem Schluß, Augustin habe nicht den Neuplatonismus christlich adaptiert, sondern umgekehrt den christlichen Glauben in das Schema des Neuplatonismus eingezeichnet. Das erscheint – zumal am Ende seiner Arbeit – als plausibel. Doch er übersieht dabei zweierlei: einmal den apokalyptischen Rahmen, der eine umfassende, dem Neuplatonismus in dieser Weise denkbar fremde Dynamik einbringt, und zum anderen, daß Gott und die Bewußtseinsinhalte insgesamt kontingent von außen her in uns gelangen, d. h. der Aufstieg zum Ursprung – „...donec requiescat in te" – liegt nicht im Seinsordo begründet, sondern in Gottes geschichtlichem Wirken.
14  Man denke z. B. an den *Abriß der Psychoanalyse* (1938) und vor allem an seine Traumdeutungen.
15  Vgl. dazu Conf. VII 7,11.
16  Über das dabei verfolgte Ziel gibt er Conf. X 1-5 Auskunft: den Glaubenden und zumal denen, die ihn kennen, Gottes Gnade und Wirken an ihm darzulegen, durch die allein er wurde, der er ist.
17  Wie z. B. 1799 Friedrich Daniel Ernst Schleiermacher in seinen berühmt gewordenen *Reden über die Religion an die Gebildeten unter ihren Verächtern*, in denen er – ganz im Banne der Romantik – „Religion" bestimmt als „Anschauung und Universum". In seiner Dogmatik, *Der christliche Glaube* (1821, 2. Aufl. 1830), modifiziert er zu Gefühl schlechthinniger Abhängigkeit (§§ 4f).
18  Vgl. Conf. VIII, 10,24.
19  Conf. X, 29,40.
20  Obwohl sie in seinem *Enchridium ad Laurentium* als geschlossenes System begegnet, das auch etwa in *De civitate dei* anzutreffen ist, hat er eine „Lehre" im strengen Sinn nicht vorgelegt. In immer neuen Ansätzen umkreist er den Sachverhalt, von *De libero arbitrio* über *De gratia et correptione* bis zu *De dono perseverantiae*. Fragt man nach einer durchgehenden Linie dabei, so stößt man auf die *Confessiones* als gleichsam den Ausdruck erfahrener Prädestination: Augustin ging in vermeintlicher Freiheit und Eigenbestimmung in die Irre, bis endlich Gott gleichsam die Zügel anzog, ihn stellte und zu sich wendete; vgl. auch Conf. X 26f; „Spät habe ich dich geliebt..." D.h. Initiative und Agieren liegen ganz bei Gott; wir können nur reagieren.
21  Um's weiter zu verdeutlichen: Wir erleben derzeit ein Vorherrschen der Sprache des Marktes und der zu erreichenden Rendite. Innerhalb dieser Sprache tauchen wichtige Gegebenheiten wie Vertrauen, Motivation oder Nachhaltigkeit von vornherein nicht auf und können somit weder visiert noch, wo man über sie stolpert, angemessen ausgesagt und weiter verfolgt werden.
22  Vgl. ebd. den Gesamtzusammenhang: 5,11-6,13. Augustins Darstellung dieser seiner Jugend„sünde", sein uns übertrieben anmutendes Verweilen beim Vorgang und dessen kaum nachvollziehbares Bewerten lesen sich wie ein Paradigma-Text zum Thema „Schuld-Komplex".
23  Ich bringe diese Sätze zu Papier, nachdem ich gerade aus den Nachrichten erfahren habe, daß ein Vierzehnjähriger mit dem unter Mutter geklauten Auto eine Spritztour unternommen und bei dem Versuch, einer Polizeikontrolle zu entgehen, zwei Menschen in den Tod gerissen und zwei weitere schwer verletzt hat. Jeder fragt da: Wie war das möglich? Augustin hatte darauf bereits vor mehr als eineinhalb Jahrtausenden die Antwort. – Abermals auch hier eine Parallele zu Dostojewskij: Man denke an den Duktus der Erwägungen des „Kellerloch-Menschen" im ersten Teil der Erzählung.
24  Eindringlich die Abweisung der verurteilenden, lebensfeindlichen Moral in der letzten Szene von *Netotschka Neswanowa*.
25  Conf. X 43,68f.
26  S. z.B. Conf. VIII 5,12.6,13.
27  „Und wo war ich, als ich nach dir fragte? Und du standst vor mir, ich jedoch war auch von mir selbst hinweggegangen und fand mich nicht – wieviel weniger dich!" Conf. V 2,2. Hier ist bereits deutlich, was noch auszuführen sein wird: Für Augustin führt Selbsterkenntnis zur Gotteserkenntnis.

28  Sol. I, 29,1.
29  Tractatus in Joannem 27, 9. Vgl. Sermo 43, 7,9: „Du mußt glauben, um verstehen zu können." Denn es ist der Glaube, der dem Verstehen und Begreifen allererst die Horizonte und Strukturen vorgibt, ohne die es nur ein diffuses Stochern im Nebel geben kann. Dieses Glauben, um verstehen zu können, wurde zu einer wesentlichen Grundlinie abendländischer Theologie – mit erheblicher Auswirkung für die Philosophie.
30  Ein Sachverhalt, den die Theologie, insbesondere Dogmatik zumindest der letzten Menschenalter selten ausreichend bedacht hat.
31  Conf. X 35,55.
32  *De trinitate*. Hier werden in weit ausgreifenden Reflexionen vestigia trinitatis, Spuren der Dreieinigkeit, in der Schöpfung und insbesondere in der Seele erfaßt. Der (platonische) Denkrahmen ist am Tage: Spuren (Zeichen, Bilder) verweisen nicht nur auf eine „Sache" (= *res* als der oder das Eigentliche), sondern auch auf die Wirklichkeit dessen, der oder das sie hinterläßt, und dienen zugleich dem Zweck, auf ihn bzw. es aufmerksam zu machen und zu ihm hinzuführen. So ausgeprägt in seinem „Dogmatik-Kompendium" *De doctrina christiana* (Die christliche Lehre).
33  „Augustins These lautet, daß der menschliche Geist in sich eine trinitarische Struktur aufweise, und darüber hinaus, daß Selbsterkenntnis im Sinne eines Vorwissens von sich selbst ein Wesensmerkmal des Geistes sei. Was Trinität ist, kann somit an der ‚mens humana' abgelesen werden." Brachtendorf: a. a. O., S. 16.
34  Eine Grundlinie seiner Auffassung ist für seine Psychologie von Belang: Er löst die Denkschwierigkeit, daß Gott Vater, Sohn und Heiliger Geist zugleich eines Wesens und doch drei Personen sind, durch die gedankliche Konstruktion, daß Vater, Sohn und Heiliger Geist jeweils *Beziehungen* (relationes) in Gott bezeichnen. Damit ergibt sich, daß unsere innere Dreiheit – z.B. sein, wissen, wollen – stets nur als Ganze gegeben ist, auch wenn wir diese dreifache Unterscheidung mit Grund vornehmen.
35  Daß er bekanntermaßen auch deutlich unter Aristotelischer Einfluß steht, kann hier auf sich beruhen.
36  Sol. I, 13,1.
37  De trin. X 4-6.
38  Daß die verschiedenen Dreiergruppen (Ternare) verschiedene Ebenen bezeichnen, anders gesagt: wie Augustin subtil differenziert, kann hier nicht ausgeführt und nicht einmal angedeutet werden.
39  Ich weise hin auf die sinnesphysiologische Implikation: Wir nehmen bekanntlich nicht unbeschränkt wahr, sondern nur das, was uns – warum auch immer – wichtig dünkt, etwas grob gesagt: was wir im Innersten wollen. Darum etwa wecken uns normale Geräusche nicht aus dem Schlaf; sie sind für uns ohne Interesse. Die uns wichtigen jedoch oder unregelmäßige alarmieren uns stets: Die keinen normalen Schläfer störenden zarten Laute eines neugeborenen Babys lassen die Eltern erwachen, oder das Abbrechen des Laufgeräuschs eines Nachtzugs beim Halten holt uns aus dem Schlaf. Bei der Durchfahrt etwa durch eine fremde Stadt sehen wir die Halteverbotsschilder kaum oder gar nicht, denn wir sind ausgerichtet auf Wegweiser und Straßenführung, obgleich unsere Sinne alles von uns Übergangene registrieren. Bewußtsein hingegen ohne Intention, Erkennen ohne ein Ziel führt ins Chaos. Wir wissen das einerseits von Kranken, etwa Schizophrenen, andererseits von Kindern, die in der ersten Lebensphase lernen, ihr Erkennen zu strukturieren und mit dem Erkennen zugleich zu filtern, während sie bis dahin von der Fülle der Wahrnehmungen überflutet werden. Und wie das Auseinanderfallen von Leben, Erkennen und Willen in Wahnsinn ausmündet, malt *Der Doppelgänger* vor Augen. – Auf die sinnesphysiologischen Grundlagen kann ich nicht eingehen.
40  Besonders in *Die Krankheit zum Tode*. Vgl. dazu den eindringlichen Kommentar von Joachim Ringleben: *Die Krankheit zum Tode von Sören Kierkegaard*. Göttingen 1995.
41  Die Zuordnung wechselt: „memoria – interna visio – voluntas" oder: „memoria – intellegentia –

voluntas" oder auch: „memoria – verbum – dilectio" je danach, welcher Aspekt angesprochen wird. Vgl. auch oben Anm. 31, 32 und 35.
42  Wie etwa beim Kellerloch-Menschen oder bei Stawrogin oder auch bei dem zu keiner wirklichen Entscheidung fähigen Intellektuellen Iwan Karamasow.
43  Das Wort hier nicht als (phänomenologischer) Terminus, sondern in allgemeiner Bedeutung gebraucht.
44  „Ich habe nur geträumt, immer nur geträumt und nicht gelebt. ...alles war nur in Träumen..." Kapitel XV (in der Übersetzung von E.K. Rahsin, München 1999, S. 174).
45  Es verhält sich hier also so wie bei den sogenannten Naturgesetzen, deren Sätze nur mehr tautologische (d. h. identifizierende) Aussagen sind in der *Form* eines Ursache-Folge-Verhältnisses. So sagen wir etwa, der Stein falle zu Boden aufgrund der Schwerkraft; tatsächlich jedoch erweist sich die Schwerkraft bzw. tritt sie ins Licht dadurch, daß der Stein fällt. Man könnte also sagen, daß der Stein nicht zu Boden falle wegen der Schwerkraft, sondern dies, daß er zu Boden falle, sei Schwerkraft.
46  Beiläufig bemerkt: Das hat Luther 1525 gegen Erasmus stringent bewiesen; doch sein Beweis wird bis zum heutigen Tag weithin ignoriert.
47  Man möchte sich wünschen, daß Augustins Reflexionen zumindest in theologischen Erörterungen von Handlungstheorien jedenfalls zur Kenntnis genommen würden. Die Studie z.B. von Johannes Fischer, Handeln als Grundbegriff christlicher Ethik (ThSt 127, Zürich 1983), leidet unter der Enge, die die Fixiertheit auf moderne Fragestellungen bei gleichzeitigem Übergehen Augustins mit sich bringt.
48  „Sind", nicht: „wirken". Denn es gibt, wie gezeigt, kein Gedächtnis, keine innere Schau und keinen Willen in einem formalen, leeren An-sich. Sie sind immer schon miteinander.
49  Man kann es sich dadurch verdeutlichen, daß ich auch in meinem innersten Bezug zu mir selbst Mensch unter Menschen in unserer Welt bin und bleibe und selbst dort, wo ich hiervon abstrahiere, als Geschöpf vor meinem Schöpfer stehe.
50  *Die Dämonen*, Teil II, Kap. IX, Schlußsatz.
51  Daß das Gedächtnis Kontinuität und Identität der Person, also ihre „Linie vorgibt, wird noch auszuführen sein; s.u. Abschnitt V.
52  Conf. IV 14,22.
53  Z.B. Conf. X 30,41f; 32,47ff; 37,60ff u.ö.; vgl. auch VII 7,11; VIII 5,10-12; 7,16.
54  Fjodor Dostojewski: *Die Brüder Karamasow*. München 1999, S. 495 (2. Teil, 6. Buch)
55  Conf. III 6,11, dazu Ringleben: a. a. O., Anm. 1.
56  Z.B. Sol. I 6,1.
57  Z.B. Sol. I, 3,2.

*Birgit Harreß*

## Verzweiflung als Ausdruck der menschlichen Existenz

Kierkegaards Schrift *Die Krankheit zum Tode* (1849) und
Dostojewskijs Roman *Die Dämonen* (1871 / 72) – ein Vergleich

### 1. Die geistige Verwandtschaft Kierkegaards und Dostojewskijs

Der Titel des vorliegenden Beitrags ist insofern trügerisch, als man meinen könnte, zwischen Kierkegaard (1813-1855) und Dostojewskij (1821-1881) bestünde eine genetische Verbindung. Dem ist aber nicht so. Obwohl beide Schriftsteller Zeitgenossen waren, haben sich der Däne und der Russe niemals kennengelernt: weder persönlich noch über ihre Werke. Die von beiden beherrschte Sprache, das Deutsche, baute ihnen keine Brücke, da ihre Werke zu Lebzeiten nicht hierin übersetzt wurden. Wenn der Vergleich doch vorgenommen und für effektiv gehalten wird, so geschieht das deshalb, weil hier das häufig auftauchende Phänomen der geistigen Verwandtschaft vorzufinden ist. Beide Schriftsteller sind überzeugte Christen, die durch das Fegefeuer des Zweifels gegangen sind, die ihren Halt nicht in einer Staatskirche fanden, sondern in der persönlichen Beziehung, in der liebevollen Hinwendung zu Jesus Christus. Alle Not, die sie in ihrem Werk darstellen, war ihnen selbst vertraut. Beiden war es aber auch wichtig, ein Selbst in christlichem Sinne zu werden. Und das erschien jedem von ihnen um so entscheidender, als sie in einer Epoche lebten, in welcher der Idealismus seine höchste Stufe erreicht hatte, um schließlich im Materialismus diametral verkehrt zu werden. Die Bedrohung des Menschen im 19. Jahrhundert, sich im Idealismus im reinen Geist zu verströmen und im Materialismus unerbittlich auf das eigene Ich zurückverwiesen zu werden, war beiden bekannt.

Unter den fünf großen Romanen Dostojewskijs nehmen *Die Dämonen* eine Sonderstellung ein. Die christliche Weltsicht, die hier vorzufinden ist, scheint in einem unversöhnlichen Gegensatz zu der pessimistischen Menschengestaltung zu stehen, aus der Tod und Verderben für den Kosmos hervorgehen. Und doch fordert der Autor seiner Leserschaft eine eindeutige Stellungnahme ab. Gerade in einer Zeit der Verzweiflung ist es ihm wichtig, wie sich das Individuum zu Gott bekennt. Diese Sicht finden wir auch bei Kierkegaard, der in seiner bedeutendsten und zugleich schwierigsten Schrift das Dilemma eines Daseins aufzeigt, das an der Verzweiflung als der *Krankheit zum Tode* leidet. Kierkegaards Anspruch besteht darin, eine Phänomenologie der Sünde zu entwickeln und gleichzeitig eine weltanschauliche

Anthropologie. Dieses Modell soll es uns ermöglichen, die Gestalten der Verzweiflung in Dostojewskijs Roman zu ergründen und von hier aus zu hinterfragen, worin der russische Autor deren Überwindung sieht. Wie für Kierkegaard ist für Dostojewskij dort, wo die Verzweiflung am größten ist, auch das Wunder der Erlösung am größten. Gäbe es die Selbsterlösung, käme der Person Jesu Christi keine absolute Bedeutung zu. Doch gerade in dieser absoluten Bedeutung liegt der Weg: für Rußland und die ganze Christenheit.

## 2. Rußlands Krankheit

Auf für ihn ungewöhnliche Weise steckt Dostojewskij in dem Roman *Die Dämonen* die erzählte Zeit breit ab: Sie orientiert sich an der Lebensgeschichte des gealterten Träumers Stepan Werchowenski und umfaßt damit ein halbes Jahrhundert (ca. 1820 - 1870). Anders sieht es mit der Dauer der unmittelbaren Vordergrundhandlung aus, die ganze vier Wochen beträgt. Diese setzt mit der Rückkehr der Drosdows in die Gouvernementsstadt N. in den letzten Augusttagen ein und schließt mit der Obduktion Stawrogins, der sich Ende September erhängt hat. Die Wirkung des Erzählten wird durch die Nähe des Erzählers zum Geschehen potenziert. Anton Lawrentjewitsch, ein Ich als Augenzeuge, schreibt drei Monate nach der besagten Obduktion das Erlebte nieder und versteht sich dabei als Chronist.[1] Er hat all die Menschen gekannt, die aus Sankt Petersburg oder aus dem Ausland in die Gouvernementsstadt strömten und dort auf so verhängnisvolle Weise ums Leben kamen: Marja Stawrogina und ihren Bruder, den Hauptmann Lebjadkin, Lisa Tuschina, Schatow, Kirillow und schließlich – Stawrogin. Sein nächster Vertrauter, der besagte Stepan Trofimowitsch Werchowenski, stirbt auch, allerdings außerhalb der Stadt. Denkt man noch an den unbekannten neunzehnjährigen Selbstmörder, dessen Tod die lebenslustigen Städter unterhält,[2] und an Schatows Frau Marie, die zur Entbindung nach N. kommt und kurze Zeit darauf mit dem Neugeborenen stirbt, so tut sich vor der Leserschaft eine Welt von Tod und Finsternis auf, die von apokalyptischer Dimension ist. Anton Lawrentjewitsch zeigt, wie die bisher so unauffällige Stadt in einen Ausnahmezustand versetzt wird, den die meisten Einwohner, sogar die seriöse Offizierswitwe Warwara Stawrogina, begrüßen. Der Wahnsinn, der zu regieren beginnt, wird von allen für richtig und normal gehalten. Jeder wundert sich, bisher anders gelebt zu haben. In einer fulminanten Massenszene, dem Fest des Gouverneurs, führt Dostojewskij alle Einwohner auf engstem Raum zusammen. Das Zusammenbrechen sämtlicher moralischer Schranken gipfelt in einem Brand in der Vorstadt. Auf diese Weise wird auch die arme Bevölkerung in den Krieg hineingezogen, mit der eine kleine Gruppe sich auserwählt Meinender die Romanwelt überzieht.

Was die Gouvernementsstadt als Handlungsort auszeichnet, ist ihre Stellvertreterfunktion. Sie könnte überall in Rußland liegen und bietet zugleich einen repräsentativen Querschnitt durch die russische Gesellschaft. Hier ist die Obrigkeit (Gouverneur, Adelsmarschall) ebenso zu finden wie die Intelligenzia, der Klerus wie die Kaufmannschaft, Händler, Arbeiter, ehemalige Leibeigene, Offiziere und Hebammen. Kurz gesagt: Die Stadt N. ist ganz Rußland. Der zeitpolitische Bezug, den Dostojewskij herstellt, ist jedem Leser in Rußland klar. Die in der Gouvernementsstadt N. agierende Fünfergruppe unter ihrem suspekten Führer Pjotr Werchowenski ist ein Abbild der „Netschajewzy", denen zum Zeitpunkt der Veröffentlichung gerade der Prozeß gemacht wurde.[3] Netschajew selbst, dessen Grundimpuls glühender Haß und dessen politisches Ziel die allgemeine Erhebung im Land waren, befand sich zu Beginn der Veröffentlichung des Romans noch auf freiem Fuß. Er wurde im Oktober 1872 in Zürich verhaftet und an Rußland ausgeliefert. Im November und Dezember 1872 schloß Dostojewskij den Roman ab. Der Prozeß gegen den Rädelsführer fand dann im Januar 1873, also nach Erscheinen des Romans, statt.

Dostojewskij entsetzte an den Ereignissen die metaphysische Dimension. Für ihn war das Wirken der „Netschajewzy" kein Spuk, der mit der Aburteilung der Gruppe vorüber war, sondern das Symptom einer Krankheit, von der ganz Rußland befallen war. In einer Schlüsselszene des Romans bittet der sterbende Träumer Stepan Trofimowitsch die Bibelverkäuferin Sofja Matwejewna, ihm aus dem Lukasevangelium die Geschichte vom besessenen Gerasener[4] vorzulesen. Diese Geschichte, die in Auszügen das zweite Motto des Romans darstellt, erklärt dessen gesamte Konzeption: Die Dämonen sind die Widersacher Jesu, die einen Menschen dann vom Glauben losreißen, wenn er sich nicht mehr an Gott hält. Der Zustand der Besessenheit resultiert folglich aus einem Vorgang, an dem der Befallene selbst beteiligt ist. Dieser kann nur frei werden, wenn er sich Gott überantwortet. Im Angesicht des Todes erkennt Stepan Trofimowitsch, daß es jetzt ums Ganze geht. Der Kranke in der Heilungsgeschichte – das ist ganz Rußland, die Dämonen – das sind all die Ideen, die seit Jahrzehnten und Jahrhunderten aus dem Westen ins Land kamen und die Menschen von ihrer einstigen Wurzel, dem Glauben, getrennt haben, und die Schweine schließlich, in welche die Dämonen fahren, um mit ihnen ins Wasser gerissen zu werden – das sind jene Teile der Intelligenzia, die im Sinne des Glaubens unrein sind. Einem Rationalismus verfallen, der Gott und Satan längst säkularisiert hat, sie zu Vorurteilen erklärt oder zu psychologischen Phänomenen, setzen diese Menschen im Sinne Max Stirners ihr Ich absolut[5] und werden damit unfähig, Kirche im eigentlichen Sinne, Sobornost, zu bilden.[6] Von daher gesehen ist die Wahl des Romantitels kühn: In der Hochzeit des Realismus stellen Dämonen, böse Geister, eine Provokation der aufgeklärten Intelligenzia dar. Wer aber Dostojewskij kennt, weiß, daß kaum ein Autor so bewußt wie er seine Titel formuliert hat.

Was die weltliche Dimension betrifft, ist dem Autor der Verlauf der besagten Krankheit bekannt. Nach der Offenbarung an Johannes entwirft er in seinen großen Romanen das Bild der heranbrechenden Endzeit. Während die übrigen Kulturen längst geistlich abgestorben und innerlich zersetzt sind, befindet sich Rußland im Stadium des Befalls. Hier, im Osten, wird die entscheidende Schlacht zwischen den Mächten des Lichts und der Finsternis geschlagen. Während das Volk demütig und vertrauensvoll die Sobornost lebt, verzehrt sich die von Gott abgefallene Intelligenzia nach einer Führergestalt, um ihr die Weltherrschaft zu übertragen. Im Gegensatz zu dem Heilskönig aus dem Hause Davids, dem Messias oder Christus, ist der Herrscher der Welt der Antimessias oder Antichrist, der von den Ungläubigen geradezu vergötzt wird. Die Figur, die in dem Roman am ehesten um die Bedeutung des Antichrist weiß, die fest an ihn glaubt und seine Herrschaft durchsetzen will, ist Pjotr Werchowenski. Von all seinen Konfiguranten sträflich unterschätzt, gelingt es ihm, die Gouvernementsstadt binnen weniger Wochen in den Ausnahmezustand zu versetzen. Er, der als Kind unter tiefer metaphysischer Angst gelitten hat,[7] kompensiert diese durch einen kuriosen Akt der Selbstaufblähung. Dabei ist ihm an einer großartigen Führergestalt gelegen, die seine Schwächen kompensiert. So wie Christus Herr über die Gemeinde ist, so soll der Führer, der *Iwan-Zarewitsch*, Herr über die Fünfergruppe sein. Pjotr Werchowenski ist deshalb so erfolgreich, weil seine ganze Mitwelt von der Krankheit der Verzweiflung befallen ist. Die Vormachtstellung des Ichs wird von Liputin ebenso gepflegt wie von Wirginski, von der Gouverneursgattin wie von Lisa Tuschina. Sie alle blähen ihr Ich bis zur Erschöpfung auf und sehnen sich nach einem Götzen, der ihre Schwächen kompensiert. *Die Dämonen* sind wie kein anderer Roman Dostojewskijs durch die konstante Situation des Wartens gekennzeichnet. Objekt der Erwartung ist Nikolai Stawrogin, der als Verkörperung der Lieblosigkeit und Amoral eine geradezu satanische Schönheit ausstrahlt. Im gesamten ersten Teil warten alle auf Stawrogin. Im zweiten Teil bekommen alle, die etwas von ihm erwartet haben (Schatow, Kirillow, Pjotr Werchowenski, Lisa Tuschina), eine Antwort, im dritten Teil schließlich entlädt sich die Enttäuschung über die Vergeblichkeit des Wartens in der Gewalt. Denn Stawrogin hat sich verweigert, die Herrschaft über die Welt anzutreten.

*3. Die Dämonen im System der großen Romane*

Das System der großen Romane Dostojewskijs basiert auf fünf Werken: *Schuld und Sühne* (1866), *Der Idiot* (1869), *Die Dämonen* (1871/72), *Der Jüngling* (1875) und *Die Brüder Karamasow* (1879/80). Diese Werke, die Dostojewskijs Stellung im Kanon der Weltliteratur begründen, werden durch eine Idee zusammengehalten: die Idee von der Neuwerdung des Menschen. Gemäß dem Evangelium geht es Dostojewskij um den ganzen Menschen als ein Individuum, das aus Leib, Seele und Geist besteht. Während der „alte Mensch", also der Mensch in seinem natürlichen Zustand, bestrebt ist, frei nach seinem Willen und seiner Verantwortung zu wirken, lebt der „neue Mensch" nach der Einsicht, daß er nichts aus sich selbst, alles aber aus Gottes Willen heraus zu erschaffen vermag. Durch die Nachfolge Jesu Christi wird er befähigt, geistlich und gottgerecht zu sein. Damit entsteht aus dem „alten Menschen" ein „neuer Mensch": Er wird zum zweiten Mal „geboren". Dostojewskij sieht in der besagten Neuwerdung den alleinigen Weg, um Rußland vor dem Untergang zu retten. Um die Wechselwirkung der drei Wesenheiten zu zeigen, überträgt er die drei Entwicklungsstufen des Menschen, das heißt die leibliche, die seelische und die geistliche, auf verschiedene Figuren. Mittels der christlichen Trichotomie veranschaulicht er die innere Bewegtheit geistlich ringender Menschen. Um die Spannung zu verdeutlichen, werden mindestens drei Figuren präsentiert, von denen zwei Figuren den „alten Menschen" verkörpern, eine dritte hingegen den „neuen Menschen", der den beiden anderen die Wiedergeburt im christlichen Sinn aufzeigt. Die Handlung eines jeden der fünf großen Romane ist um solch einen Wandlungsprozeß zentriert, der entweder vollzogen wird oder scheitert.

*Die Dämonen* nehmen insofern in dem System der fünf großen Romane eine Sonderstellung ein, als der Held, Nikolai Stawrogin, alle drei Wesenheiten in sich überprüft und seine Ideen an ergebene Anhänger weitergegeben hat. Was sein Denken widersprüchlich bestimmte und ihm jegliches Leben nahm, soll nun in anderen Früchte tragen. Während die Neuwerdung in den anderen großen Romanen gelingt, endet sie hier in der Ausweglosigkeit. Alle Wesenheiten erscheinen geradezu entartet. So wird die leibliche Seite des „alten Menschen" in Pjotr Werchowenski verkörpert, einem pervertierten Triebmenschen, der äußerlich einem abstoßenden Reptil gleicht,[9] ständig beim Essen und Trinken gezeigt wird und der aus der Vernichtung anderer höchsten Lustgewinn zieht. Die seelische Seite des „alten Menschen" wird in Kirillow verkörpert, der letztlich an seinem reinen Intellekt scheitert. Sein Wunsch sich umzubringen, um den Eigenwillen als Zeichen seiner Göttlichkeit zu präsentieren, ist, seiner Logik gemäß, sinnlos, wenn das eigentliche Gegenüber fehlt, dem die Demonstration gilt. Dostojewskij zeigt, daß der „alte Mensch" ganz auf die tierische Stufe zurückfällt, wenn er dem Eigenwillen die Vorherrschaft in seinem Leben einräumt. Kirillow gibt wenige Minuten vor seinem Selbstmord wilde Schreie von sich und beißt Pjotr Werchowenski in den Finger. Jeder dieser Anhänger, Pjotr Werchowenski wie Kirillow, lebt die todbringenden Ideen Stawrogins aus. Das betrifft selbst Schatow, der den „neuen Menschen" verkörpern soll. Er vermag nur, den Glauben zu denken, nicht aber, ihn zu leben. Von Stawrogin befragt, ob er an Gott glaube, antwortet Schatow, er werde glauben.[10] In Wahrheit aber hat er in seiner grenzenlosen Bewunderung Stawrogin zum Abgott erhoben und damit zum Antichrist.

So plastisch die Vertreter der drei Wesenheiten auch gezeichnet sein mögen, so gering ist ihre Fähigkeit zu wahrer Neuwerdung. Keiner von ihnen ist in der Lage, seine Fixierung auf den Menschen preiszugeben und sich Gott bedingungslos zu öffnen. Aber was ist mit Stawrogin, der in seine drei Anhänger die besagten Dämonen eingepflanzt hat, um an lebenden Menschen das Gedeihen seiner ausweglosen Gedanken zu beobachten? Wo steht er im Prozeß der Neuwerdung? Dostojewskij hatte geplant, daß der Held vor dem Priester Tichon eine Beichte ablegt, in der er jenem sein schrecklichstes Verbrechen gesteht: die Schändung eines Mädchens, die in die Verzweiflung und schließlich in den Selbstmord führte. Seinem von stauros (Kreuz) abgeleiteten Namen gemäß, sollte Stawrogin das Kreuz auf sich nehmen, indem er sein Verbrechen allseits publik macht, also ein öffentliches Geständnis ablegt. Aus dieser Möglichkeit der Läuterung wurde nichts, da Dostojewskijs Herausgeber, Michail Katkow, aus Bedenken vor der Zensur das Kapitel Bei Tichon ablehnte. Der Autor, der den halben Roman auf dieses Kapitel hinorientiert hatte, mußte sich nun für seinen Helden ein anderes Ende ausdenken. Ein Schreibpause von mehreren Monaten war die Folge des unvorhergesehenen Verdikts.[11]

Dostojewskij läßt seinen großen Sünder im Selbstmord scheitern, behält sich aber die Möglichkeit der Neuwerdung für eine andere Figur vor: Stepan Trofimowitsch, Vater des Mörders Pjotr Werchowenski, geistiger Brandstifter allenthalben, Sünder und schließlich Geheiligter. Wie es zu dem überraschenden Ende des Romans kommen konnte, sei mit Hilfe der Kategorien erklärt, die Sören Kierkegaards Phänomenologie der Sünde bereithält.

*4. Sören Kierkegaard und die Dialektik der Verzweiflung*

Für unseren Gedankengang von Bedeutung ist, daß beide Schriftsteller das Ziel anvisieren, daß der Mensch nur dann ein Selbst werden kann, wenn er eine Einheit aus Leib und Seele im Geist darstellt. Kierkegaard, der sich weder als Philosoph noch als Theologe, sondern als religiöser Schriftsteller verstand, entwickelt in seiner Schrift *Die Krankheit zum Tode* eine Phänomenologie der Sünde.[12] Das, was wir für Dostojewskij als ganzen Menschen ausmachten, nämlich als die Trichotomie von Leib und Seele auf der einen und Geist auf der anderen Seite, wird von Kierkegaard als „Synthese" gesehen: „Der Mensch ist eine Synthesis von Unendlichkeit und Endlichkeit, von dem Zeitlichen und dem Ewigen, von Freiheit und Notwendigkeit..."[13] Während diese Synthese ein „Verhältnis zwischen Zweien" darstellt und damit „noch kein Selbst" ist,[14] liegt es in der Bestimmung des Menschen, ein Selbst zu sein, nämlich als Geist ein reflektiertes Verhältnis zu sich aufzunehmen. Nur indem er sich auf Gott bezieht, der als Mensch in die Welt gekommen ist, vermag der Einzelne, zu sich selbst zu kommen, sich anzunehmen und zu bejahen. Wenn er sich hingegen von Gott abwendet, verliert er sich. Wenn er Gott verneint, verneint er sich selbst und beginnt, sich zu hassen. Was nun einsetzt, ist die Dialektik der Verzweiflung, die zu einem wahren Teufelskreis eskaliert: Von einem bestimmten Punkt der Selbstverachtung an ist es dem Menschen unmöglich, noch an Gott zu glauben. Umgekehrt führt die Ablehnung Gottes zur Selbstverachtung und konsequent zur Zerstörung der eigenen Person wie der anderen. In der Verzweiflung sind beide Pole, Gott und Mensch, negativ miteinander verbunden. Ursache der Verzweiflung ist der Mensch, weil er die Erlösung nicht nur für unmöglich hält, sondern sie schon gar nicht mehr will.

Verzweiflung ist für Kierkegaard „eine Krankheit, deren Ende, deren Ausgang der Tod ist".[15] Damit ist nicht die physische Auslöschung gemeint, sondern das geistliche Absterben. Und der Autor geht weiter, indem er betont, daß jeder Mensch durch das Fegefeuer der Krankheit gegangen sei: „Und auf jeden Fall hat kein Mensch gelebt und lebt auch kein Mensch außerhalb der Christenheit, ohne daß er verzweifelt ist, und ebenso in der Christenheit niemand, sofern er kein wahrer Christ ist; und sofern er dies nicht ganz ist, ist er doch etwas verzweifelt."[16] Bemerkenswert ist hier die Allgemeingültigkeit der Aussage. Wer verzweifelt ist, muß das nicht bemerken. Geheilt werden von der Krankheit kann er aber nur, wenn er sich diese eingesteht. Dann ist sie nicht nur Mangel, sondern auch Vorzug: „Ist Verzweiflung ein Vorzug oder ein Mangel? Rein dialektisch ist sie alles beides. /.../ Die Möglichkeit dieser Krankheit ist des Menschen Vorzug vorm Tiere; auf diese Krankheit aufmerksam sein ist des Christen Vorzug vor dem natürlichen Menschen; von dieser Krankheit geheilt sein des Christen Seligkeit."[17] So furchtbar es ist, der Verlorenheit anheimzufallen, so wunderbar ist die Rettung.

Der „alte Mensch" befindet sich immer im Zustand der Verzweiflung. Selbst wenn er sich verbal zum Christentum bekennt, den Glauben aber nicht lebt, ist er von der Krankheit zum Tode befallen. Um ein „neuer Mensch" und damit ein „wahrer Christ"[18] zu werden, muß er die Verzweiflung nicht nur erlebt, sondern auch für sich angenommen haben. Sie zu ignorieren, würde den geistlichen Tod bedeuten: „Verzweiflung ist nämlich /.../ diejenige Krankheit, von der gilt: es ist das größte Unglück sie nie gehabt zu haben – eine wahre Gottesgabe sie zu bekommen, wiewohl sie die allergefährlichste Krankheit ist, wenn man sich von ihr nicht heilen lassen will."[19]

Kierkegaard unterscheidet vier „Gestalten" der Krankheit zum Tode, die sich alle von der eingangs bestimmten Synthese herleiten lassen. Während das Selbst gebildet ist aus Endlichkeit und Unendlichkeit, ist sein Werden gebildet aus Möglichkeit und Notwendigkeit. Versucht der Mensch, einen der beiden Pole zu umgehen, verfällt er der Verzweiflung.

Die erste Gestalt, die Kierkegaard beschreibt, ist die „Verzweiflung der Unendlichkeit". Wer an ihr leidet, erträgt nicht die Mitwelt, wie sie ist, sondern versucht, fortwährend zu transzendieren. Auch sich selbst vermag er nur in überhöhtem Sinne anzunehmen: „Die Verzweiflung der Unendlichkeit ist daher das Phantastische, das Grenzenlose /.../. Das Phantastische ist überhaupt dasjenige, was einen Menschen dergestalt ins Unendliche hinausführt, daß es ihn lediglich von ihm selber fortführt und ihn dadurch abhält zu sich selbst zurückzukehren."[20] Wer vor den vermeintlichen Ansprüchen des Unendlichen derart in sich zusammensinkt, wird nie die Gnade Gottes erkennen können. In Dostojewskijs Roman ist diese Gestalt der Verzweiflung in Schatow zu finden. Schatow wünscht sich selbst „zum Teufel"[21], gerät über den Ausführungen zum „Gottesträgervolk"[22] in rauschartiges Entzücken und kündigt

Stawrogin an, daß er glauben werde. Sein großes Mißtrauen der Welt und vor allem sich selbst gegenüber, sein Bestreben, andere Menschen ikonengleich zu verehren, und schließlich sein Gefühl, an allem schuld zu sein, führt ihn von Gott fort. Schatows Haltung ist nicht von Demut gekennzeichnet, nicht von christlicher Nächstenliebe, sondern von dem Verlangen, seine endliche Erscheinung zu verlieren.

Die zweite Gestalt ist die „Verzweiflung der Endlichkeit"[23]. Wer an ihr leidet, hat jeglichen Kontakt zum Göttlichen aufgegeben und sich dem Irdischen zugewandt, das von ihm götzenhaft verehrt wird. Treffend stellt Kierkegaard fest, daß diese Gestalt der Verzweiflung eine im Alltagsleben häufige Erscheinung ist, die als völlig normal gilt und deshalb niemandem auffällt: „Auf diese Form der Verzweiflung wird man nun in der Welt so gut wie gar nicht aufmerksam. Solch ein Mensch hat, gerade dadurch daß er sich selbst verloren hat, die Vervollkommnungsfähigkeit gewonnen, um im Handel und Wandel so richtig mitzugehn, ja um sein Glück zu machen in der Welt. /.../ Es ist so weit davon, daß ihn jemand für verzweifelt ansähe, daß er vielmehr gerade ein Mensch ist wie es sich schickt. Überhaupt hat die Welt, wie natürlich ist, keinen Sinn für das wahrhaft Entsetzliche."[24] Wahrhaft problematisch wird die Verzweiflung der Endlichkeit, wenn der Erkrankte sich selbst zum Götzen nimmt. Eugen Drewermann setzt die Verzweiflung der Endlichkeit mit der Schizoidie gleich und stellt fest: „Da man nicht glauben kann, daß es einen Gott gibt oder einen Menschen, der einen liebt und beschützt, erklärt der Schizophrene sich selbst für Gott; da er Gott ist, ist er von keinem Gott mehr abhängig, und die Unsicherheit der Ungeliebtheit und des Mißtrauens verschwinden; die Welt verliert ihre Feindseligkeit, da man sie selbst geschaffen hat und jederzeit untergehen lassen kann."[25] An dieser Selbstvergötzung leidet in Dostojewskijs Roman Kirillow, der den „Menschgott"[26] apostrophiert und durch seinen Selbstmord ein Zeichen setzen möchte, daß Gott tot sei. Sein bis zum Tod unbewußt geäußerter Wunsch zu leben straft ihn Lügen.

Die dritte Gestalt ist die „Verzweiflung der Möglichkeit"[27]. Sie kennzeichnet ein Dasein, das sich nur für das interessiert, was ihm zur Wahl steht. Ist ihm das begehrte Objekt zugänglich, verliert es das Interesse: „Die Möglichkeit erscheint so dem Selbst größer und größer, mehr und mehr wird möglich, weil nichts wirklich wird. Zuletzt ist es als ob alles möglich wäre, aber eben dies geschieht, wenn der Abgrund das Selbst verschlungen hat."[28] Was diese Erkrankung so gefährlich macht, ist, daß der Mensch unwirklich zu werden beginnt. Die Vorstellung gilt ihm als das eigentliche, das Wirkliche als das uneigentliche. Fatal ist solch eine Welthaltung auch für die Gottesbeziehung. Wenn diese ihrer Notwendigkeit entkleidet und stets nur auf die Möglichkeit hin in die Zukunft projiziert wird, muß der gottlose Mensch nach einem Halt suchen, der ihm auf seiner endlosen Suche eine Ruhepause bietet. Drewermann schreibt dazu: „Ohne Gott flüchtet sich die menschliche Freiheit in eine Bindungslosigkeit, die doch nur das Gegenstück zu einer verzweifelten Suche nach einem Menschen darstellt, der Gott ersetzen könnte."²⁹ In den *Dämonen* ist Lisa Tuschina an der Verzweiflung der Möglichkeit erkrankt. Mit einem Herzen, das „in der Oper erzogen wurde"³⁰, verzehrt sie sich so lange nach Stawrogin, bis sie mit ihm eine Nacht verbracht hat. Obwohl er sie zu bleiben bittet, läßt sie ihn zurück. In der Verzweiflung der Möglichkeit liegt begründet, daß sie Interesse an allem verliert, was ein konsequentes Handeln erforderte. Ein weiterer Vertreter dieser Gestalt ist Stepan Trofimowitsch, der die Generation der Väter in dem Roman verkörpert. Der ursprünglich als Held konzipierte Träumer hat sich zeitlebens nach einem Ideal verzehrt, das niemals in die Realität umgesetzt werden konnte – und durfte. In seinen Schülern, zu denen Stawrogin, Schatow, aber auch Lisa gehörten, hat er eine krankhafte Sehnsucht geweckt, die durch nichts gestillt werden konnte. Von seiner Bedeutung für die Romanhandlung her gesehen, ist Stepan Trofimowitsch eine furchtbare Figur. Daran ändert auch nichts die naive Verharmlosung im Erzählvorgang.³¹ Nachdem das Fest des Gouverneurs zu einem Inferno ausgeartet ist, beschließt der Held, der selbst zu den geistigen Brandstiftern gehört, seinen ehemaligen Wohnort zu verlassen und sich ein letztes Mal zu inszenieren, indem er auf die „Landstraße" zieht³². Erst im Sterben, als er vor der Bibelverkäuferin Sofja Matwejewna die Beichte ablegt, bekennt er, daß er sein Leben lang gelogen hat. Auf seine Bitte hin, irgendwo das Neue Testament aufzuschlagen, stößt sie auf die Botschaft, die das Wort an die Gemeinde von Laodizea richtet: „Ich kenne deine Werke, daß du weder warm noch kalt bist. Ach, daß du kalt oder warm wärest! Weil du aber lau bist und weder warm noch kalt, werde ich dich ausspeien aus meinem Munde."³³

Die vierte Gestalt, die Kierkegaard beschreibt, ist die „Verzweiflung der Notwendigkeit"³⁴. Sie kennzeichnet ein Dasein, das sich aus Angst vor der Vergänglichkeit nach Dauer und Stabilität sehnt. Aus Angst vor dem lebendigen Fluß des Lebens erlegt sich der Verzweifelte Gesetze und Prinzipien auf, wird zum Deterministen: „Das Selbst des Deterministen vermag nicht zu atmen, denn es ist unmöglich einzig und allein das Notwendige zu atmen, welches rein und bloß des Menschen Selbst erstickt."³⁵ In Dostojewskijs Roman leidet Pjotr Werchowenski an dieser Gestalt der Verzweiflung, die ihm vorgaukelt, alles kontrollieren zu können und damit die Angst zu verlieren. Wie im Rausch stellt er Stawrogin seinen totalitären Staatsgedanken dar, dem dieser als *Iwan-Zarewitsch* vorstehen soll. Als Stawrogin diesen Gedanken ironisiert, droht und bettelt Pjotr Werchowenski: „Warum lachen Sie, und so boshaft? Jagen Sie mir keine Angst ein! Ich bin jetzt wie ein Kind, mich kann man zu Tode erschrecken mit einem einzigen solchen Lächeln."³⁶ Da nach Pjotrs Meinung das Zwangsregime nur mit der kriminellen Persönlichkeit Stawrogins aufzurichten ist, bedeutet für ihn dessen Fortgang eine existentielle Bedrohung der besonderen Art.

Das Grundproblem einer jeden Gestalt der Verzweiflung liegt für Kierkegaard darin, daß ein Mensch nie so blind in der Lüge leben kann, daß er seine göttlichen Wurzeln ignoriert: „Wie eitel und eingebildet die Menschen auch sein mögen, sie haben doch meist eine sehr niedrige Vorstellung von sich selbst, das heißt, sie haben keine Vorstellung davon was Geist sein heißt, das Absolute, das ein Mensch sein kann..."[37] Ein so instabil geführtes Dasein wird ständig am Abgrund gelebt und muß dessen gewahr sein, daß dieser Abgrund es einholt: „Indes die Angst wohnt gleichwohl im Grunde, und ebenso wohnt die Verzweiflung auch im Grunde, und wenn die Betörung der Sinnestäuschungen aufhört, wenn das Dasein zu wanken beginnt, so zeigt sich alsogleich auch die Verzweiflung als das, was im Grunde gewohnt hat."[38] Der Übergang zur Erlösung ist nur möglich, wenn der „alte Mensch" abstirbt, sich eine neue Existenzgrundlage schafft und damit zum Selbst im eigentlichen Sinne wird.

In dem Roman *Die Dämonen* hat Stawrogin versucht, sich der Verzweiflung zu entledigen. Das Vorhaben, in seiner Heimatstadt N. die Ehe mit Marja bekanntzugeben, entspricht seinem Wunsch nach Erlösung durch Buße. Doch der Versuch, sich aus eigener Kraft vom Alten loszureißen, muß mißlingen, da er einem instabilen Selbst entspringt. Stawrogins Scheitern kann man mit den folgenden Worten Kierkegaards kommentieren: „Kein abgeleitetes Selbst vermag doch dadurch, daß es auf sich selber sieht, sich mehr zu geben als es selber ist; es bleibt doch das Selbst vorne und hinten, in der Selbstverdoppelung wird es doch zu nicht mehr und nicht weniger als zum Selbst. Insofern arbeitet das Selbst mit seinem verzweifelten Streben, es selbst sein zu wollen, sich in das gerade Gegenteil hinein; es wird eigentlich kein Selbst /.../. Das Selbst will verzweifelt ganz die Befriedigung genießen, daß es sich zu sich selber macht, daß es sich selber entwickelt /.../. Und doch ist es letzten Endes ein Rätsel, was es unter sich selbst verstehe; eben in dem Augenblick, da es ganz nahe daran zu sein scheint, das Gebäude fertig zu haben, kann es das Ganze willkürlich in ein Nichts auflösen."[39] Auch Stawrogin wird zum Irrläufer seiner Selbstverdoppelung: Der Held, der als „alter Mensch" gelebt hat, geht auch als solcher in den Tod.

*5. Die Erwartung Dostojewskijs*

Kierkegaard stellt fest, daß Verzweiflung dann dämonisch wird, wenn sich der Mensch ganz mit der Rolle identifiziert, die ihm die Autarkie, die Loslösung von Gott, verspricht. Der Endpunkt der Verzweiflung ist dann erreicht, wenn sich der Mensch gegen die Verzweiflung erhebt und sich eher auslöscht, als den Sinn der Verzweiflung für sich anzunehmen: „O, dämonischer Wahnsinn, am allermeisten rast er bei dem Gedanken, daß es der Ewigkeit in den Sinn kommen möchte, sein Elend von ihm zu nehmen."[40] Kommen wir von diesem Aspekt der Verzweiflung zu dem zweiten Motto des Romans, das einen Auszug der Geschichte vom besessenen Gerasener wiedergibt: „Es war aber dort auf dem Berg eine große Herde Säue auf der Weide. Und sie baten ihn, daß er ihnen erlaube, in die Säue zu fahren. Und er erlaubte es ihnen. Da fuhren die bösen Geister von dem Menschen aus und fuhren in die Säue; und die Herde stürmte den Abhang hinunter in den See und ersoff. Als aber die Hirten sahen, was da geschah, flohen sie und verkündeten es in der Stadt und in den Dörfern. Da gingen die Leute hinaus, um zu sehen, was geschehen war, und kamen zu Jesus und fanden den Menschen, von dem die bösen Geister ausgefahren waren, sitzend zu den Füßen Jesu, bekleidet und vernünftig, und sie erschraken. Und die es gesehen hatten, verkündeten ihnen, wie der Besessene gesund geworden war."[41] Die Deutung dieser Bibelstelle wurde bereits genannt. Es ist der Sünder selbst, Stepan Trofimowitsch, der sie vornimmt. Diese Heilungsgeschichte liefert eine wichtige Interpretation für die Vorgänge im Roman. Letztlich sagt sie auch viel über die christliche Weltordnung aus, die durch die Beseitigung der für Rußland schädlichen Elemente wiederhergestellt wird.

Aber die Geschichte spricht noch mehr an. Sie äußert sich zu der Entscheidung jedes einzelnen Menschen für oder wider die Krankheit zum Tode. Der Besessene in der Heilungsgeschichte kommt nicht zu Jesus, sondern dieser kommt zu ihm. Der Kranke, der in ihm den Sohn Gottes erkennt, wehrt ihn ab, will nicht gequält werden. Jesus muß sich an die Dämonen selbst wenden, um dem Besessenen Frieden zu schenken.

In Dostojewskijs Roman wird Jesus von den meisten Figuren nicht erkannt. Der Held Nikolai Stawrogin verkörpert wie keine andere Figur die Dialektik der Verzweiflung, einen Menschen, dem das Losgelöstsein von Gott selbstverständlich geworden ist. Die Exposition zeigt, wie er die einzelnen Stadien der Verzweiflung durchläuft: die Verzweiflung der Unendlichkeit und der Endlichkeit, der Möglichkeit und der Notwendigkeit. Als er in die Handlung eintritt, gibt es für ihn nur noch die Wahl zwischen dem Glauben, der sich in der Beichte manifestieren müßte, und der Verzweiflung der Notwendigkeit, die im Selbstmord endet. Er entscheidet sich für Letzteres. Es ist ihm nicht möglich, sich von der Macht loszureißen, die ihn gesetzt hat, er gewinnt kein Selbst, sondern verliert es endgültig. Der Selbstmord vollzieht nur noch eine Nichtung, die lange schon in Gang gesetzt ist. Stawrogins wichtigste Kontaktpersonen sind verzweifelte Menschen, die von ihm mit in den Abgrund gerissen werden. Gemäß dem Tat-Ergehen-Zusammenhang erntet der Mensch die Früchte seiner Taten:[42] Schatow, Kirillow und Lisa Tuschina verlieren ihr Leben, Pjotr Werchowenski muß fliehen. Alle diese Menschen gehen unter, weil sie die Polarität des menschlichen Daseins nicht akzeptieren.

Dostojewskij sieht sein Land am Rande des Abgrunds, er führt seiner Leserschaft vor, welchen Verlauf der Zerstörungsprozess nimmt, wenn der einzelne sich nicht als Selbst vor Gott erkennt, begünstigt durch neue Ideen, die den selbstherrlichen und

Verzweiflung als Ausdruck der menschlichen Existenz                    41

zugleich selbstzerstörerischen Einzelnen auf ein Podest heben. Die eigentliche Möglichkeit der Neuwerdung, das „Entweder-Oder", um mit Kierkegaard zu sprechen, entweder warm oder kalt, das wird stellvertretend für viele Stepan Trofimowitsch angeboten. Es liegt bei der Leserschaft, sich darauf einzulassen.

1   Fedor Dostoevskij: *Polnoe sobraniečsoinenij v tridcati tomach.* Leningrad 1972-1990, Bd.10, S.7.
2   Ebd., S. 254 ff.
3   Vgl. Astrid von Borcke: *Die Ursprünge des Bolschewismus. Die jakobinische Tradition in Rußland und die Theorie der revolutionären Diktatur.* München 1977, S. 281-326.
4   Dostoevskij: a.a.O., S. 498 f.
5   „Gott und die Menschheit haben ihre Sache auf Nichts gestellt, auf nichts als auf Sich. Stelle Ich denn meine Sache gleichfalls auf *Mich*, der Ich so gut wie Gott das Nichts von allem Andern, der Ich mein Alles, der Ich der Einzige bin." (Max Stirner: *Der Einzige und sein Eigentum.* Stuttgart 1981, S. 5. = Universal-Bibliothek, 3057).
6   *Sobornost',* ein Begriff, der in der Philosophie Aleksej Chomjakovs eine wesentliche Bedeutung spielt, meint die mystische Gemeinschaft der Gläubigen. Sie bedarf nicht der institutionellen Bindung, sondern ist schon dort gegeben, „wo zwei oder drei versammelt sind" in Jesu Namen (vgl. Mt. 18,20). Siehe auch Ernst Benz: *Geist und Leben der Ostkirche.* München 1971, 2.Aufl., S.131ff.
7   Stepan Trofimovič erinnert sich, dass Petr als Kind stets ängstlich war und vor dem Zubettgehen sein Kissen bekreuzte, „um in der Nacht nicht zu sterben". (Dostojewskij: aaO, S 75).
8   Eph. 4, 22-24.
9   Petr Verchovenskij ähnelt einer Schlange, dem Tier also, das einen Archetyp des Begehrens darstellt. Dostojewskij a.a.O., S. 144.
10  Ebd., S. 201
11  W. Komarowitsch: *Die inneren Motive für die Weglassung der Beichte.* In: *Der unbekannte Dostojewskj.* Hg. René Fülöp-Müller und Friedrich Eckstein. München 1926, S. 373-385.
12  Vgl. Cornelio Fabro: *The Problem of Desperation and Christian Spirituality in Kierkegaard.* Kopenhagen 1962.
13  Sören Kierkegaard: *Die Krankheit zum Tode. Der Hohepriester –der Zöllner – die Sünderin.* Gütersloh 1992, 4. Aufl., S. 8.
14  Ebd.
15  Ebd., S. 13.
16  Ebd., S. 18.
17  Ebd., S. 10.
18  Ebd., S. 18.
19  Ebd., S. 22.
20  Ebd., S. 26 f.
21  Dostojewskij: a.a.O., S. 195.
22  Ebd., S. 200.
23  Kierkegaard: a.a.O., S. 29.
24  Ebd., S. 30
25  Eugen Drewermann:*Strukturen des Bösen.* Bd. 3: *Die jahwistische Urgeschichte in philosophischer Sicht.* Paderbord 1988, S.473.
26  Dostoevskij: a.a.O., S. 189.

27  Kierkegaard: a.a.O., S. 32
28  Ebd., S. 33
29  Drewermann: a.a.O., S. 476
30  Dostoevskij: a.a.O., S. 40
31  Vgl. SlobodankaVladiv: *Narrative Principles in Dostoevskiy's Besy. A Structural Analysis.* Bern, Frankfurt am Main, Las Vegas 1979.
32  Dostoevskij: a.a.O., S. 480
33  Offb. 3, 15 f.
34  Kierkegaard: a.a.O., S. 34
35  Ebd., S. 37
36  Dostoevskij: a.a.O., S. 326
37  Kierkegaard: a.a.O., S. 40
38  Ebd., S. 41.
39  Ebd., S. 69 f.
40  Ebd., S. 73.
41  Lk. 8, 32-36.
42  Vgl. Birgit Harreß: *Mensch und Welt in Dostojewskijs Werk. Ein Beitrag zur poetischen Anthropologie.* Köln, weimar, Wien 1993, S. 202 ff.

*Maike Schult*

# Verlockende Vatertötung – Freuds Phantasien zu Dostojewskij

## *1. Woher ein Dichter seine Stoffe nimmt*

„Uns Laien", sagt Freud, „hat es immer mächtig gereizt zu wissen, woher diese merkwürdige Persönlichkeit, der Dichter, seine Stoffe nimmt, (...) wie er es zustande bringt, uns mit ihnen so zu ergreifen, Erregungen in uns hervorzurufen, deren wir uns vielleicht nicht einmal für fähig gehalten hätten." Gesteigert werde unser Interesse nur dadurch noch, daß der Dichter selbst, wenn wir ihn befragen, keine oder zumindest keine befriedigende Antwort darauf gibt. Und selbst wenn er es täte und uns in das Wesen der poetischen Gestaltungskunst einführte, es würde uns nichts helfen, würde nichts nützen, würde nichts dazu beitragen, uns selbst zu Dichtern zu machen.[1]

Was macht einen Menschen zum Dichter, was läßt ihn Künstler werden? Wie findet ein Schriftsteller den Erzählstoff für seine Werke? Und schließlich: Wie gelingt es ihm, diesen Stoff so zu gestalten, daß er uns andere, die Laien, die Leser, die Liebhaber der Literatur, ergreifen und erregen kann?

Mit diesen Fragen, verehrte Damen und Herren, treten wir ein in den Raum der sogenannten psychoanalytischen Literaturwissenschaft, in das geheimnisvolle und nicht unumstrittene Labor ‚seelenzergliedernder' Betrachtung literarischer Werke und ihrer Schöpfer, die ihr Instrumentarium von Freud übernommen und sich seit den siebziger Jahren als interdisziplinärer Forschungszweig in den Gewölben westdeutscher Universitäten ausgebreitet hat.[2]

Mit dem Begriffsrepertoire der Psychoanalyse versucht diese philologische Teildisziplin, den verborgenen Anteil *unbewußter* Phantasien freizulegen, die den Autor bei seinem Schaffensprozeß bestimmen, innerhalb der Textwelt verschlüsselt zur Sprache kommen und sich schließlich im Vorgang der Rezeption des Werkes durch den Leser widerspiegeln. Psychoanalytische Literaturwissenschaft fragt damit nach der Entstehung von Dichtung. Historisch nach ihrem Ursprung in Religion, Ritus, Mythos und Magie. Psychologisch nach den Gründen für die Entwicklung der besonderen verbalen Kreativität, durch die sich der Schriftsteller – und die Schriftstellerin – von ihren Mitmenschen unterscheiden. Denn auch wenn für Joseph Beuys galt *„Jeder Mensch ein Künstler!"*, so ist doch offensichtlich: Nicht jeder von uns übt einen künstlerischen Beruf aus, mag er auch den eigenen mit viel Kreativität und Phantasie gestalten. Die Frage lautet daher zunächst:

Was macht das Schreiben für gewisse Menschen zu einer Lebensnotwendigkeit, während andere sich mit ihren Träumen und Tagträumen oder mit ihrer Lektüre fiktionaler Werke begnügen und nicht dem Drang oder Zwang gehorchen müssen, ihre Phantasien zu gestalten und der Öffentlichkeit mitzuteilen?[3]

Diesem Erkenntnisinteresse entsprechend widmete sich die psychoanalytische Literaturwissenschaft in einer ersten Phase vor allem der biographischen Erforschung einzelner Künstlerpersönlichkeiten, untersuchte die lebensgeschichtlichen Hintergründe eines Werkes und beschränkte sich weitgehend auf psychobiographische Deutungen, die den Text als Symptom für das individuelle Unbewußte eines Autors verstehen. Demnach sind es verdeckte Konflikte und Neurosen, Traumata und unterdrückte sexuelle Phantasien, die den Schreibimpuls auslösen und sich als wiederkehrende Figuren und Motive im Werk niederschlagen. Schon Freud hat es in der eingangs zitierten Schrift *Der Dichter und das Phantasieren* (1908) gereizt, „eine erste Aufklärung über das Schaffen des Dichters zu gewinnen"[4] und herauszufinden, was einen Schriftsteller in seiner Entwicklung von anderen unterscheidet und was ihn „seine Stoffe" finden läßt. Diese literaturtheoretische Abhandlung, „eine ganze Ästhetik in nuce",[5] bestimmt literarische Kreativität als eine sozial akzeptierte Form der Sublimierung unbewußter Energien. Wie das Kind im Spiel und der Jugendliche im Tagtraum erschaffe sich der Dichter im Schreiben eine eigene, eine fiktionale Welt, eine Phantasiewelt des Spiels – des *Lust-* oder *Trauerspiels* – mit Figuren und Schau*spielern*. Tagtraum und Dichtung sind also für Freud Fortsetzung und Ersatz des kindlichen Spiels. Kinderspiel und Tagtraum Vorformen der Dichtung, deren latenter Gehalt mit den Methoden der Traumanalyse entschlüsselt werden kann. Und so wird es zu einem eigenen reizvollen Spiel für den Interpreten, die Kindheit eines Schriftstellers zu erforschen, dunkel-verborgene, traumatische Erlebnisse zu erhellen und in den fiktionalen Texten nach uneingestandenen Wünschen und verdrängten Ereignissen zu suchen, die der Autor in Szene gesetzt und so im doppelten Sinne ‚verarbeitet' hat – die Kinderstube als Stoffarsenal der fiktionalen Phantasiewelt.

In dieser phantasierten Welt nun kann nach Freud Genuß bereiten, was in Wirklichkeit peinlich, anstößig und abstoßend wäre. Hier kann es eine Lust sein und Lust bereiten zu lügen, zu stehlen, zu morden – oder anderen dabei zuzusehen. Freud lenkt damit den Blick auch auf den Komplizen des Autors, den Leser, diesen heimlichen Mitwisser verbotener Phantasien. Wenn ein Dichter sein Spiel inszeniert und uns seine Träume erzählt, empfinden wir, so Freud, eine hohe ästhetische Lust:

> *Der Dichter (...) besticht uns durch rein formalen, d.h. ästhetischen Lustgewinn, den er uns in der Darstellung seiner Phantasien bietet. Man nennt einen solchen Lustgewinn, der uns geboten wird, um mit ihm die Entbindung größerer Lust aus tiefer reichenden psychischen Quellen zu ermöglichen, eine Verlockungsprämie oder eine Vorlust. Ich bin der Meinung, daß alle ästhetische Lust, die uns der*

*Dichter verschafft, den Charakter solcher Vorlust trägt, und daß der eigentliche Genuß des Dichtwerkes aus der Befreiung von Spannungen in unserer Seele hervorgeht. Vielleicht trägt es sogar zu diesem Erfolge nicht wenig bei, daß uns der Dichter in den Stand setzt, unsere eigenen Phantasien nunmehr ohne jeden Vorwurf und ohne Schämen zu genießen.*[6]

Wir lesen und lieben, so ließe sich folgern, einen Dichter wie Dostojewskij nicht wegen seiner philosophischen Ideen und erbaulichen Gedanken allein. Wir lesen ihn *auch*, weil es uns lockt und schaudert und doch heimlich Vergnügen bereitet zuzusehen, wie man sich erniedrigt und einander beleidigt, Mädchen betrügt und schändet, wie man eine Wucherin mit der Axt erschlägt oder den eigenen Vater tötet.[7]

Wir lesen und teilen die Phantasien des Dichters in einem Gefühl von Lust und Entlastung, nicht die einzigen zu sein, die tief in ihrem Inneren solche Wünsche beherbergen, und Dostojewskij, der „Machiavelli des Romans", wie Horst-Jürgen Gerigk ihn genannt hat, mag eben davon etwas geahnt haben und hat – ganz ohne Freud zu kennen – gezielt „Machtmittel" eingesetzt für sein Spiel mit dem Leser: Verbrechen, Sexualität, Komik, Politik, Religion und Krankheit.[8]

Doch dieselben Geheimnisse und Geständnisse, die wir im Roman genießen, stoßen uns ab, wenn wir sie einander im Alltag entbergen, lösen Schuld- und Schamgefühle aus, wenn man sie vertraulich an uns heranträgt, ja lassen ihre Enthüllung distanz- und würdelos erscheinen. Was in der gebundenen Form eines Werkes eine fesselnde, eine faszinierende Wirkung ausüben kann, verstört, wenn es uns zu nahe kommt, kränkt das Bild, das wir uns von einem Autor gemacht haben, gefährdet – vielleicht – auch unser Bild von uns selbst.

## 2. Der Vater der Psychoanalyse als Literat und Liebhaber der Literatur

Der russisch-orthodoxe Dichter und der jüdische Wissenschaftler sind einander nie begegnet. Als Dostojewskij 1881 in Petersburg stirbt, präpariert sich Freud gerade für sein Medizinexamen an der Universität Wien, das er am 30. März mit Promotion abschließt. Er ist keine 25 Jahre alt. Im Unterschied zu Dostojewskij ist Freuds Biographie wenig spektakulär und auffällig; sein Leben sei, wie er selbst sagte, „äußerlich ruhig und inhaltslos verlaufen und mit wenigen Daten zu erledigen."[9] Oder in den Worten seines Biographen Peter Gay: „Er wurde geboren, er studierte, er reiste, er heiratete, er praktizierte, er hielt seine Vorlesungen, er publizierte, er disputierte, er alterte, er starb."[10]
Sigismund Schlomo Freud wird 1856 – Dostojewskij befindet sich noch immer in sibirischer Verbannung – in der mährischen Stadt Freiberg im heutigen Tschechien geboren. Seine Mutter ist die dritte Ehefrau des armen jüdischen Wollhändlers

Jacob Freud. Acht Kinder schenkt sie ihrem Mann, ihr erstes, ihr liebstes: Sigmund. 1860 zieht die Familie wegen wirtschaftlicher Schwierigkeiten ins katholische Wien, wo Freud fast achtzig Jahre seines Lebens verbringt. Wie für den gebürtigen Moskauer Dostojewskij St. Petersburg die Stadt war, der er sich in einer besonders intensiven, wiewohl ambivalenten Weise verbunden fühlte, so ist Wien die Stadt Freuds. Er ist ihr in einer Art Haßliebe zugetan, findet sie abscheulich, prüde und bigott und weigert sich dennoch, sie zu verlassen. Erst 1938, nach dem Einmarsch der deutschen Truppen und dem Verhör seiner Tochter Anna durch die Gestapo, entschließt er sich zur Flucht. Ein Jahr später, im September 1939, drei Wochen nach Beginn des Zweiten Weltkriegs, stirbt Freud im Londoner Exil.

Ein Grund für seine hartnäckige Weigerung, trotz der offenkundigen Gefahr Österreich zu verlassen, war seine große Liebe zur deutschen Sprache. Freud beherrschte sie meisterhaft. Sie ist ihm, der als Psychologe und Analytiker die Unbehaustheit der Seele erforschte, das Haus, das er zeitlebens bewohnt, das ihm Heimat ist und Halt gibt, als andere Gewißheiten fragwürdig werden. Die Literatur wird zur Hauptquelle seiner Inspiration, Kreativität und Schaffenskraft:

> *Literatur, so darf man wohl sagen, war für Freud eine primäre Quelle der Inspiration und seiner geistigen Kreativität und Produktivität, und sie war es, wie Freud bewußt war, weil sie kraft ihrer größeren Nähe zum Unbewußten an psychische Schichten rührt, welche dem rationalen Diskurs der Wissenschaft unzugänglich bleiben müssen.*[11]

Sein wissenschaftliches Œuvre enthält mehr Zitate von Dichtern als Verweise auf wissenschaftliche Autoritäten; vielfach verband er auch seine klinischen Untersuchungen als Arzt und Mediziner mit literarischen Analysen, erprobte seine Thesen an Werkinterpretationen und legte Studien vor zu Shakespeare, Goethe, E.T.A. Hoffmann, Ibsen, Stefan Zweig oder eben Dostojewskij. Doch Freud hatte nicht nur eine umfassende Kenntnis der Weltliteratur, er war auch ein großer Stilist. Ein Schriftsteller, ein „Novellen- und Romanschreiber", wie er von sich selber sagt,[12] und für Peter Gay „der literarischste aller Psychoanalytiker"[13] – ein sehr produktiver zumal, der im Laufe seines Lebens ein beeindruckendes Gesamtwerk hervorgebracht hat. 1930 erhielt er für seine schriftstellerischen Qualitäten den Frankfurter Goethe-Preis, die wichtigste literarische Auszeichnung der Weimarer Republik; und 1964 richtete die Deutsche Akademie für Sprache und Dichtung in Darmstadt ihm zu Ehren den Sigmund-Freud-Preis für wissenschaftliche Prosa ein.

Seiner eigenen wissenschaftlichen Leistung aber, seinen bahnbrechenden Einsichten in die Triebstruktur und unbewußte Motivation des Menschen, mit denen Freud unser Denken über uns selbst und unsere zwischenmenschlichen Beziehungen revolutionierte und uns in sprachlich schönem Gewand die Kränkung zufügte, nicht Herr im eigenen Hause zu sein, hat man im deutschen Sprachraum echte Anerkennung lange verweigert. Mit der Machtergreifung Hitlers 1933 wurde die Psychoanalyse als „zersetzende jüdische" Wissenschaft verunglimpft und Freuds Bücher verbrannt – eine wohl nur als pathologisch zu verstehende Form der Rezeption.[14]

Die Irritation und Verunsicherung, die sein Menschenbild hervorriefen, seine schonungslose Offenlegung unserer unbewußten Antriebe provozierten von Anfang an Ablehnung und Empörung: Nachdem Kopernikus die Sonne, nicht die Erde, nicht den Menschen als Mittelpunkt des Universums ausgemacht hatte, und nach Darwin – der Mensch ist nicht Krone der Schöpfung, sondern stammt vom Affen ab –, wurde die menschliche Selbstachtung durch Freud noch einmal empfindlich erschüttert: Wir sind nicht Herr in unserem Hause, lautete ihre dritte Kränkung; wir können uns nie vollkommen selbst erkennen, uns nie ganz kontrollieren, wir sind Kinder der Triebe, nicht der Vernunft, und manche Leiche liegt in unserem Keller. Und dennoch: Aufhalten konnte das den Einfluß der neuen psychoanalytischen Bewegung, ja Weltanschauung nicht. Fast alle Bereiche des Kultur- und Geisteslebens erhielten von ihr neue Impulse, neue Erklärungs- und Deutungsmöglichkeiten und eine Sprache, ein Begriffsrepertoire, das längst unseren Alltag erobert und uns – vielleicht – ein wenig freier, ein wenig toleranter gemacht hat.

Im Bereich von Kunst und Literatur konnte die Psychoanalyse nicht nur den bis dahin vernachlässigten Anteil unbewußter Gestaltungskraft am Schaffensprozeß herausstellen und wertvolle Hilfen zur Entschlüsselung von Figuren und ihren Konflikten leisten, sondern auch Bewegungen wie Dadaismus oder Surrealismus mit anstoßen. Zwar hat Freud keine Ästhetik im eigentlichen Sinne hervorgebracht, doch sein Konzept vom Unbewußten, seine Methode der freien Assoziation und seine Wiederentdeckung der Träume hatten enormen Einfluß auf die moderne Kunst- und Literaturtheorie, ermutigten Bildhauer, Maler und Schriftsteller, den absurden und scheinbar unlogischen Gedanken und Bildern in ihrem Inneren mehr Aufmerksamkeit zu schenken und einen verborgenen Sinn darin zu entdecken.[15]

Freud selbst hatte verschiedene psychoanalytische Interpretationen von Kunstwerken vorgenommen und die in den 1890er Jahren entwickelten Grundzüge der Psychoanalyse bereits in der *Traumdeutung* (1899/1900) auf literarische Texte übertragen. In dieser Schrift liefert Freud die wohl heute bekannteste und folgenreichste, wiewohl noch immer umstrittene Adaption der Ödipus-Thematik.[16]

Am Beispiel des von Sophokles gestalteten antiken Mythos und Shakespeares *Hamlet* macht er die scheinbar chaotischen Traumproduktionen einer Deutung zugänglich, indem er sie als Ausdruck unbewußter Wünsche und Ängste versteht. Damit gelingt es ihm, nicht nur Hamlets rätselhaftes Zögern, sondern auch die zeitlos faszinierende Wirkung dieser Werke auf den Leser zu erklären: Hamlets Skrupel, seinen Onkel zu ermorden, würden erst verständlich, wenn man sich klarmache, daß dieser durch die Ermordung von Hamlets Vater die ödipalen Wünsche des Sohnes realisiert hatte. Eben darum gelinge es Hamlet nicht, seinen Racheplan gegen den Oheim umzusetzen – seine Schuldgefühle für den als Kind phantasierten Vatermord hinderten ihn daran. Obwohl der Rezipient über die Hintergründe und den Charakter des Helden im unklaren bleibe, gerate er doch in seinen Bann, ja die Unklarheit steigere sogar noch die Wirkung: Der Leser sei fasziniert, weil er den Helden nicht durchschaue, weil er *unbewußt* angesprochen, mit den eigenen verdrängten Wünschen konfrontiert werde und im Akt der Rezeption eine Katharsis, eine Reinigung und psychische Entlastung von Schuld und Angst erfahre. Freud begründet also die bis dahin literaturwissenschaftlich kaum zu deutenden Phänomene des Textes und die entlastende Wirkung dieser Tragödien mit der Wirkmacht verborgener ödipaler Phantasien. Damit hatte der ‚Vater der Psychoanalyse' ein lebenslanges Leitmotiv für sich entdeckt: *die Vatertötung*.[17]

### 3. Eine merkwürdige Persönlichkeit – Dostojewskij und die Vatertötung

„Wer wünschte nicht den Tod seines Vaters?" bricht es beim Prozeß aus Iwan Karamasow plötzlich heraus, und es scheint nur eine Frage der Zeit gewesen zu sein, bis Freud den ‚Vermächtnisroman' Dostojewskijs als weiteres Paradebeispiel der Ödipussituation entdeckt. In ihm, dem „großartigsten Roman, der je geschrieben wurde" und der seinem Autor einen Platz sichere „nicht weit hinter Shakespeare",[18] konkurriert der alte Karamasow nicht nur mit Dmitrij um die sexuelle Gunst der begehrten Gruschenka, sein despotisches Verhalten hat ihn auch bei allen anderen Söhnen so verhaßt gemacht, daß er schließlich von einem von ihnen ermordet wird.

Anfang 1926 hatten Fülöp-Miller und Eckstein den Analytiker Freud gebeten, zu einem Zusatzband der bekannten Piper-Gesamtausgabe eine Einführung in die Psychologie des *Karamasow*-Romans und ihres Autors zu schreiben. Damit gehört der Essay *Dostojewski und die Vatertötung* (1928) zu den ersten Versuchen, einen Künstler und sein Werk psychoanalytisch zu deuten.[19] Eine wirkliche Werkanalyse ist der Artikel allerdings nicht. Vielmehr muß Freud „vor dem Problem des Dichters die Waffen strecken"[20] und wendet sich statt dessen der ‚merkwürdigen Persönlichkeit' des Dichters zu mit der Frage, wie dieser auf seinen ‚Stoff', die Vatertötung, verfiel.

Die Abhandlung besteht aus zwei Teilen. Im ersten befaßt sich Freud mit Dostojewskijs Charakter, seinen Schuldgefühlen, den epileptischen Anfällen, der „Ödipussituation", seiner „femininen Komponente", „Kastrationsangst" und „latenten Homosexualität"; im zweiten widmet er sich speziell der Spielleidenschaft. Insgesamt ist er mit Aufbau und Artikel wenig zufrieden, glaubt seine Ansichten bereits von Neufeld vorweggenommen[21] und fühlt sich vor allem vom Erscheinungsort des Beitrages gehemmt. In einem Brief an Theodor Reik entschuldigt er sich für die schwache, ungeliebte Arbeit – aber wie solle er in einem solchen Werkband der begeisterten Dostojewskij-Gemeinde erklären, daß er den von ihr bewunderten Autor für neurotisch hält? So habe er denn aus Rücksicht auf das Publikum nur andeuten können, daß hinter Dostojewskijs Spielleidenschaft sein Kampf gegen die Onanie vermutet werden müsse. Wer den Artikel kennt, weiß indes, daß uns diese Rücksichtnahme nun auch nicht mehr wirklich trösten kann.

Im Handstreich destruiert Freud auf wenigen Seiten liebgewonnene Dostojewskij-Bilder:

Erstens: *Dostojewskij ist kein Ethiker.*

Sittlich sei nur, so Freud, wer auf Versuchung reagiert, ohne ihr nachzugeben. Wer aber wie Dostojewskij abwechselnd sündigt und dann in seiner Reue hohe sittliche Forderungen aufstellt, habe das Wesentliche an der Sittlichkeit, Triebverzicht im Interesse der Mitmenschen, nicht erkannt. Nach den heftigsten Kämpfen, ärgert sich Freud, lande Dostojewskij wieder bei der Unterwerfung unter die weltliche wie die geistliche Autorität, bei der Ehrfurcht vor dem Zaren und dem Christengott und bei einem engherzigen russischen Nationalismus –

> *eine Station, zu der geringere Geister mit weniger Mühe gelangt sind. Hier ist der schwache Punkt der großen Persönlichkeit. Dostojewski hat es versäumt, ein Lehrer und Befreier der Menschen zu werden, er hat sich zu ihren Kerkermeistern gesellt; die kulturelle Zukunft der Menschen wird ihm wenig zu danken haben.*[22]

Zweitens: *Dostojewskij als Sünder, Sadist und Masochist.*

Ein Verbrecher im eigentlichen Sinne sei der Schriftsteller nicht, doch ließen die Wahl seiner Stoffe und das Ensemble gewalttätiger, mörderischer, eigensüchtiger Charaktere ähnliche Neigungen in seinem Inneren vermuten, auf deren Auslebung der Dichter dankenswerter Weise weitgehend verzichtete. Seine Spielsucht und das Gerücht von der Verführung einer Minderjährigen zeigten zwar auch im Privaten einen starken Destruktionstrieb, doch sei es diesem seinen Mitmenschen und Lesern gegenüber reizbaren, quälsüchtigen und intoleranten Menschen immerhin gelungen, seine Triebe durch das Schaffen von Weltliteratur in produktive Bahnen zu lenken: „in kleinen Dingen Sadist nach außen, in größeren Sadist nach innen, also Masochist, das heißt der weichste, gutmütigste, hilfsbereiteste Mensch."[23]

Freud diagnostiziert der komplizierten Persönlichkeit Dostojewskijs bei aller Intelligenz und Liebesfähigkeit eine schwere neurotische Störung, die sich neben der Spielsucht in seinen epileptischen Anfällen geäußert habe – eine als „Hysteroepilepsie" zu bezeichnende schwere Form von *Hysterie*, die bereits in der Kindheit begonnen habe.[24] Bei seiner Ursachenforschung stößt der Psychologe – man ist geneigt zu sagen: erwartungsgemäß – auf die traumatische Erfahrung der Vatertötung. Ausgeführt hätten den von Dostojewskij heimlich ersehnten Tod des herrschsüchtigen Vaters zwar dessen leibeigene Bauern, indem sie den Arzt und Gutsbesitzer 1839 bei einem Streit auf dem Felde erschlugen, doch habe Dostojewskij allein für seine ödipale Phantasie starke Schuldgefühle entwickelt und in der Folge epileptische Anfälle bekommen. Ausgesetzt hätten diese nur im sibirischen Straflager – aber da war Dostojewskij ja vielleicht auch gestraft genug. Am Ende seines Lebens dann habe der Dichter den Stoff aus der Kinderstube literarisch verarbeitet. Doch wiewohl Freud Die Brüder Karamasow ausgesprochen schätzte, liebe er den Autor selbst nicht sonderlich, gesteht er in dem Brief an Reik: Seine Geduld mit Neurotikern erschöpfe sich in der Analyse.[25]

So weit, so kränkend Freud zu Dostojewskij. Doch ehe wir uns nun zu sehr erregen und ergreifen lassen, sei rasch geklärt: In diesem Falle irrt sich Freud. Dank der Nachforschungen eines Gennadij Fjodorow, Joseph Frank oder Geir Kjetsaa läßt sich heute sagen:

> *Daß dieser (Vater), ein grausamer und harter Mann, von seinen Leibeigenen ermordet wurde, wie lange Zeit angenommen wurde, kann heute nicht mehr als gesichert gelten. Freuds Deutung (...), die Nachricht vom Tod des Vaters habe, da im Unterbewußtsein gewünscht, in dem sado-masochistisch disponierten Dostoevskij eine affektive Epilepsie ausgelöst, wäre damit die Grundlage entzogen. Auch die Annahme, Dostoevskijs epileptische (...) Anfälle – und damit seine Selbstbestrafung – hätten im sibirischen Zuchthaus ausgesetzt, kann als widerlegt gelten. Die Anfälle setzten vielmehr erst in Sibirien ein und wurden 1857 ärztlich als Epilepsie erkannt.*[26]

„Nun ist es gefährlich, wenn die Realität solche verdrängte Wünsche erfüllt", hatte Freud im Hinblick auf die Vatertötung gesagt.[27] Nur: Die Realität sah hier eben anders aus, und so leicht, wie Freud es sich vielleicht gewünscht hatte, ist das eben nicht mit der Deutung von Kindheitserlebnissen *in absentia*, also in Abwesenheit des Analysanden.

Können wir uns also beruhigt zurücklehnen und wie Julius Meier-Graefe sagen: „Der Versuch wirft erheiterndes Licht auf die Methoden dieser Forschung"?[28] Der Ehre halber sei gesagt: Freud war keineswegs der einzige, der diesem Irrtum aufgesessen ist. Viele seiner Zeitgenossen – nicht nur Analytiker – glaubten an das Bild vom Vatermörder und Kinderschänder und vertraten dabei ihre Vermutungen weit weniger vorsichtig. Manches hat sich inzwischen geklärt durch neues Archivmaterial, sorgfältigeres Forschen, unaufgeregteres Deuten. Und doch bleibt vielleicht eine leise Gekränktheit über die „Entzauberung des ‚prophetischen' und ‚heiligen' Dichters" zurück[29] und die ungute Frage: Sagt es auch etwas über uns, wenn wir Gefallen finden an dieser ‚merkwürdigen Persönlichkeit'? Was an Dostojewskijs Figuren fesseln und begeistern kann, erscheint manchem vielleicht inakzeptabel, sobald die Schwächen und Versäumnisse den Schöpfer selbst betreffen könnten: „Die Destruktion der Dichterpersönlichkeit zum Reaktionär und zur menschlichallzumenschlichen Person, dessen Krankheit eben nicht heilig, sondern vielmehr neurotisch und hysterisch gewesen sei, kam einer Desillusionierung gleich (...)"[30]

## 4. Ein Fazit für uns Laien

Kreativität ist lebensgeschichtlich bedingt. Von dieser Grundannahme gehen alle psychoanalytischen Kreativitätskonzepte aus. Die schöpferischen Fähigkeiten eines Menschen werden bestimmt von kreativitätsfördernden Faktoren in der frühen Kindheit und von Konflikt- und Notsituationen, aus denen das Subjekt einen produktiven Ausweg sucht. Das heißt: Kreativität kann sich besonders dort ausprägen, wo einem Kind Freiraum gewährt wird für spontane Einfälle, freie Assoziationen, Spiele, Träume, Phantasien. Und wo dieses Kind oder der spätere Erwachsene in der Lage ist, Traumatisches, Quälendes und Kränkendes, das ihm widerfährt, produktiv umzusetzen. Solch prägenden Erlebnissen gehen diese Konzepte nach, forschen nach den lebensgeschichtlichen Ursachen für den Drang, das Leben schreibend bewältigen zu wollen, und betonen dabei in besonderer Weise die *unbewußte* Dimension – zwischen dem Autor und seinem Text wie zwischen Text und Leser: Ein Autor kann Zusammenhänge gestalten, die eher vom Leser als von ihm selbst erkannt werden; Textelemente können Wirkung ausüben, erregen und ergreifen, wie es bei Freud hieß, ohne daß sich der Autor, der Leser oder auch der Interpret dessen bewußt wären; Texte erreichen nicht nur unseren Verstand, sondern appellieren auch an unsere Emotionen und evozieren Affekte – Zustimmung oder Ablehnung, Empörung und Erstaunen.

Freuds Dostojewskij-Interpretation ist sicher erstaunlich, vielleicht auch empörend, und wir müssen ihr, wie andere für uns erweisen konnten, nicht zustimmen. Wir dürfen sie ablehnen als ein klassisches Beispiel dafür, wie schnell Psycho*biographie* zur Psycho*pathologie* gerät, wenn ein Interpret den Lockungen seiner eigenen Thesen nicht widerstehen kann und zu eilig, zu unreflektiert vom Werk auf das Leben, von fiktionalen Figuren auf den Autor schließt und Lebensgeschichte als reine Krankengeschichte wahrnimmt. Freuds Dostojewskij-Deutung ist ein Irrtum, eine Fehlleistung, eine Dostojewskij-*Phantasie*.[31]

Hat sich damit die von Freud angestoßene psychoanalytische Literaturwissenschaft als ganze ad absurdum geführt, sollten wir sie nicht in unseren Interpretations- und Deutungsversuchen tunlichst meiden? Seien wir milde in unserem Urteil: Mit ihren einhundert Jahren ist die Psychoanalyse eine noch verhältnismäßig junge Wissenschaft, eine sehr ‚weibliche' übrigens und dynamische, die in der kurzen Zeit ihres Bestehens manche Häutung erlebte, Selbstkritik zuließ und Orthodoxien überwand.[32] Die Methode, von den Werken auf das Leben eines Künstlers zu schließen, hat sie nicht ‚erfunden', nicht allein vertreten und inzwischen selbst als inadäquat erkannt:

Zwar spiegeln die Werke mitunter innere Konflikte eines Autors, doch bilden sie diese eben nicht einfach ab, sondern spielen mit ihnen, variieren sie, verwandeln sie im Dienst der eigenen Abwehr, aber auch durch Zugeständnisse an die literarische Tradition oder die Lust am Fabulieren.

Für die junge Psychoanalyse war die Literatur einfach ein Feld, auf dem sie die Tragfähigkeit ihrer Thesen prüfen konnte. Anfangs in der Regel von Analytikern ohne philologische Ausbildung betrieben und stark von einem therapeutischen Interesse gelenkt, verlagerte sich der Schwerpunkt mit der Zeit von Fragen der klinischen Theorie hin zu schaffenspsychologischen, aber auch formalästhetischen, kam der Anteil bewußter Gestaltung stärker zur Geltung, wurde das literarische Werk nicht mehr nur als Steinbruch psychologisch-analytischer Erkenntnisse gebraucht. Entsprechend versuchen neuere Künstlerbiographien, defizitär-denunziatorische Verzerrungen zu vermeiden und die Ebenen sorgfältiger zu trennen – ein psychologisch interessanter Autor muß nicht zwangsläufig auch literarisch bedeutsam sein. In einer zweite Phase verschob sich zudem die Aufmerksamkeit grundsätzlich vom Dichter hin auf seinen Text und weiter zum Leser, dem hier eine aktive Rolle in der Produktion von Bedeutung zugeschrieben wird.

Psychoanalytische Textarbeit mißt der unbewußten Kommunikation besonderen Wert zu. Davon ausgehend, daß Menschen kein Geheimnis für sich behalten können und es erzählen, ohne auch nur ein Wort zu sagen, analysiert sie die im Text beschriebenen Formen nonverbaler Kommunikation. „Wessen Lippen schweigen, der schwätzt mit den Fingerspitzen", sagt Freud.[33] Und wer hätte eindrücklicher als Dostojewskij gezeigt, wie Mimik, Gestik, Gesichtsverfärbungen, Schaum vor dem Mund und ‚tierisches' Gebaren dem manifesten Textgehalt einen Subtext beilegen können mit einer latenten Botschaft, die von der bewußt geäußerten Selbstwahrnehmung des Helden oder innerfiktionalen Deutungsversuchen stark abweichen kann? Brüche und Unstimmigkeiten werden somit zu wichtigen Textsignalen – seien es nun dem Autor selbst nicht bewußte Bruchstellen, an denen sein eigenes Konfliktpotential aufscheint. Oder seien sie gezielt von ihm eingesetzt, um den Leser auf eine falsche Fährte zu locken oder zum Miterätseln des verborgenen Sinnpotentials aufzufordern und zu einem ‚Lese-Analytiker' zu machen, der sich mit seinem Buch auf die Couch legt, Assonanzen entdeckt, Äquivalenzen verknüpft und Assoziationen frei walten läßt.[34]

Auf diesem Gebiet sind sicher noch Entdeckungen zu machen, und solange traditionelle Literaturtheorien den Anteil bewußter Kalkulation, Planung und Gestaltung eines Werkes eher *über*schätzen, zu wenig die *unbewußten* Kommunikationsstrukturen zwischen Autor, Text und Leser, aber auch der Figuren untereinander bedenken und nicht genügend das hohe Maß an *Subjektivität* bei der Lektüre und die enorm vielfältigen Weisen individueller Rezeption würdigen, kann psychoanalytische Literaturwissenschaft durchaus eine wertvolle Ergänzung bleiben. Ihr Verdienst liegt vielleicht gerade darin, in eben dem subjektiven Verstehen eines Textes keine Störung zu sehen, die es durch verbindliche Interpretation zu beseitigen gilt, sondern zur Selbstreflexion aufzufordern, zu einem Fragen „nach (...) Wirklichkeit, wie sie nun einmal ist, und nicht wie sie sein sollte."[35]

Menschen verstehen ein und denselben Text unterschiedlich. Das gilt in der Literaturwissenschaft wie in anderen Geisteswissenschaften auch: Hermeneutische Aussagen über Texte sind keine objektiven Feststellungen. Sie sind Sinnkonstruktionen. Und man wird nicht leugnen können, daß es der Psychoanalyse als Therapieform gelungen ist, Sinn- und Deutungsangebote zu machen, die vielen evident und heilsam geworden sind. Manche Bedenken scheinen darum eher gefühlsmäßiger Art zu sein und von der Angst vor Entwertung eigener Ideale und Entzauberung geschätzter Kunst- und Leseerlebnisse bestimmt.

*„Both read the Bible day & night.*
*But thou read'st black where I read white".*

So dichtete schon der Engländer William Blake (1757-1827).[36]

*„ Wir lesen die Bibel Nacht und Tag,*
*doch wo ich weiß les', liest du schwarz."*

Wir wissen das – aber nicht immer wissen wir es zu schätzen.

Freud und Dostojewskij. Der Psychologe, der ein großer Stilist war, und der Schriftsteller, der zu Recht gerühmt wird für seine ‚korrekte' Menschengestaltung und seine fiktionalen ‚Psychobiographien'.[37] Beide brillante Beobachter und differenzierte Deuter einer komplexen, ambivalenten Welt.[38] Geht es um illusionslose Auseinandersetzung mit dem Menschen und seinem Selbstbild, so stehen Dostojewskijs psychologische Romane und Freuds Fallgeschichten einander in nichts nach. Der Blick in die „Abgründe der Seele" meint bei beiden mehr und anderes als ein naiv-romantisches Erschauern. Und doch: Im Vergleich mit dem Psychologen Sigmund Freud, dem einzigen Psychologen unserer Reihe im wissenschaftlichen Sinne, zeigt sich nur um so deutlicher der Dichter, der Künstler Dostojewskij. Ein Schriftsteller, wie Freud es dann eben doch nicht war, einer, der mit seinem Konfliktmaterial spielen, es mehr gestalten als begreifen möchte, der gehört, aber nicht durchschaut werden, der ‚verarbeiten', aber nicht eigentlich geheilt werden will.[39]

„Man nennt mich einen Psychologen." sagt Dostojewskij, „Das ist nicht richtig. Ich bin nur ein Realist im höheren Sinne (...)"[40] Oder – so läßt sich mit Walter Schönau schließen: „Die Kenntnisse der Seele, über die der Künstler verfügt, scheinen doch grundsätzlich anderer Art zu sein als die des Psychologen."[41]

Erst im Kontrast entlarvt sich eben das Klischee.

Dieser Beitrag ist die überarbeitete Fassung meines Vortrags „‚Verlockungsprämie' und ‚Vatertötung' – Freuds Phantasien zu Dostojewskij", den ich am 24.02.2002 im Rahmen der Tagung „‚Man nennt mich einen Psychologen' – Dostojewskij und die Abgründe der Seele" an der Ev. Akademie Meißen gehalten habe.

1 Sigmund Freud: Der Dichter und das Phantasieren. In: Ders.: GW, Bd. 7. Frankfurt am Main 1993, S. 213-223, hier: 213. Der Aufsatz basiert auf einem Vortrag, den Freud am 6.12.1907 in Wien gehalten hat. Eine Zusammenfassung erschien am nächsten Tag in der Wiener Tageszeitung *Die Zeit*. Die vollständige, von Freud selbst besorgte Fassung wurde 1908 in Berlin veröffentlicht.
2 Walter Schönau: Einführung in die psychoanalytische Literaturwissenschaft. Stuttgart 1991, S. VIII. Dagegen spiele sich von C.G. Jung herleitende mystisch-archetypische Literaturbetrachtung anders als in den USA keine große Rolle.
3 Ebd., S. 12.
4 Freud: a.a.O., S. 213.
5 Schönau: a.a.O., S. 20.
6 Freud: a.a.O., S. 223.
7 Auf die Frage nach Dostojewskij antwortete mir einer meiner Theologiestudenten: „Dostojewskij? – Das ist doch der Typ, der die Oma erschlägt." Immerhin: Elementarstes bleibt im Gedächtnis.
8 Horst-Jürgen Gerigk: Die Gründe für die Wirkung Dostojewskijs. In: Dostoevsky Studies, Bd. 2. 1981, S. 3-26. Ders.: Dostojewskij, der „vertrackte Russe". Die Geschichte seiner Wirkung im deutschen Sprachraum vom Fin de siècle bis heute. Tübingen 2000, S. 11. Die Formel vom „vertrackten Russen" hat Freud in einem Brief an Stefan Zweig geprägt.
9 Hans-Martin Lohmann: Sigmund Freud. Reinbek bei Hamburg 1998, S. 7.
10 Peter Gay: Freud. Eine Biographie für unsere Zeit. Frankfurt am Main 1989, S. 6.
11 Lohmann: a.a.O., S. 129.
12 Ebd., S. 128.
13 Gay: a.a.O., S. 300.
14 Schönau: a.a.O., S. 59.
15 Anthony Storr: Freud. Freiburg im Breisgau u. a. 1999, S. 90.
16 Man wendet sich z. B. gegen die der Psychoanalyse anhaftende unhistorische Sicht auf das Seelische, wenn diese meine, unsere Psychen – von Ödipus über Dostojewskij bis heute – seien im Kern unveränderlich, ewig gleichbleibend geblieben.
17 Das Motiv vom Vatermord ist z. B. für *Totem und Tabu* (1912-13) und *Der Mann Moses und die monotheistische Religion* (1939) grundlegend, ‚Vater-Sohn-Konflikte' spielten auch zwischen Freud und seinen Schülern eine Rolle.
18 Sigmund Freud: Dostojewski und die Vatertötung (1928). In: Ders.: GW, Bd. 14. Frankfurt am Main 1991, S. 399-418, hier: 399.
19 Ursprünglich erschienen in: René Fülöp-Miller und Friedrich Eckstein (Hrsg.): Die Urgestalt der Brüder Karamasoff. München 1928, S. XI-XXXVI. Vgl. auch: Editorische Vorbemerkung. In: Sigmund Freud: Schriften zur Kunst und Literatur. Frankfurt am Main 1987, S. 269-270.
20 Freud: GW, Bd. 14, S. 399.
21 Jolan Neufeld: Dostojewski. Skizze zu seiner Pychoanalyse. Leipzig v. a.1923. Dieser deutet Dostojewskijs Beteiligung an der Petraschewskij-Verschwörung als Folge des Ödipus-Komplexes.

22 Freud: GW, Bd. 14, S. 400.
23 Ebd., S. 401.
24 Freud ist Wissenschaftler genug, vieles hier im Bereich vager Vermutungen zu belassen. Er nimmt an, daß die Anfälle in die Kindheit zurückreichen, doch erst nach dem Tod, der ‚Ermordung' des Vaters die epileptische Form annahmen. Freud kannte auch die Angaben darüber, daß die Anfälle überhaupt erst im Lager begonnen haben könnten: Freud: GW, Bd. 14, S. 404-405.
25 Freud (1987), S. 270. Eine Vater-Sohn-Thematik, z. B. in Form der abwesenden, schwachen Väter, ist auch für Werke wie *Die Dämonen* bedeutsam. Die Frage ist aber: Haben Dostojewskijs Figuren eine echte Genese, machen sie eine wirkliche Entwicklung durch, wird ihr Verhalten mit traumatischen Vorerlebnissen erklärt? Das, scheint mir, ist für eine psychoanalytische Textarbeit kritisch zu prüfen. Grundsätzlicher noch: Läßt sich bei literarischen Figuren überhaupt von gewonnenen Einsichten sprechen?
26 Reinhard Lauer: Geschichte der russischen Literatur. Von 1700 bis zur Gegenwart. München 2000, S. 368. Das Motiv der „Selbstbestrafung" soll erklären, warum Dostojewskij die grausame Scheinhinrichtung und die unverhältnismäßig schwere Bestrafung so widerspruchslos akzeptiert und keinen Groll gegen „Väterchen" Zar empfunden hat. Die negative Charakterzeichnung des Vaters ist in der Forschung umstritten.
27 Freud: GW, Bd. 14, S. 410.
28 Julius Meier-Graefe: Dostojewski der Dichter. Berlin 1926, S. 508 (in bezug auf Neufeld).
29 Stefan Klessmann: Deutsche und amerikanische Erfahrungsmuster von Welt. Eine interdisziplinäre, kulturvergleichende Analyse im Spiegel der Dostojewskij-Rezeption zwischen 1900 und 1945. Regensburg 1990, S. 159.
30 Ebd.
31 Storr: a.a.O., S. 96. Dennoch hat dieses Dostojewskij-Bild einen nicht unerheblichen Einfluß auf die westliche Rezeption ausüben können: „The Freudian view (elaborated by later writers) has favored the reduction of Dostoevsky's novels to autobiographical documents and has emphasized the morbid, and even the pathological and criminal themes in Dostoevsky." In: René Wellek (Hrsg.): Dostoevsky. A Collection of Critical Essays. Englewood Cliffs/N.J. 1962, S. 9.
32 Bereits 1907 hatte der Musikwissenschaftler Max Graf vor der Einseitigkeit pathopraphischer Betrachtung gewarnt und gefordert, den künstlerischen Menschen in seiner Ganzheit, nicht nur in seinen krankhaften, neurotischen Aspekten wahrzunehmen. Solange man nur die „Hemmungen" im dichterischen Prozeß betrachte, nicht aber die positiven, produktiven Kräfte, sei keine wirkliche Einsicht in den Schaffensprozeß zu gewinnen. Dieser Einschätzung stimmte Freud prinzipiell zu. Vgl. Schönau: a.a.O., S. 10-11.
33 Zitiert nach: Schönau: a.a.O., S. 44.
34 So verrät nach Neuhäuser die wippende Fuß der *Sanften* ihre Empörung und Auflehnung. Rudolf Neuhäuser: F. M. Dostojewskij. Die großen Romane und Erzählungen. Interpretationen und Analysen. Wien u.a. 1993, S. 112.
35 Schönau: a.a.O., S. 48.
36 Zitiert nach: Schönau: a.a.O., S. 46.
37 Vgl. z. B. Louis Breger: Dostoevsky. The Author as Psychoanalyst. New York und London 1989.
38 Man denke an das Bild des Hallenser Malers Otto Fischer-Lamberg, das zur Zeit des Nationalsozialismus ein Bekenntnis ablegte zu Freud, van Gogh, Strindberg und Dostojewskij: *Die vier Evangelisten* (1935). Staatliche Galerie Moritzburg in Halle. Abgebildet ist es in: *Dostojewski ist mein Freund*. Lindenau-Museum Altenburg 1999, S. 6. – Für den amerikanischen Philologen Frederick J. Hoffman ist Dostojewskij darum ein „Vorgänger" Freuds. Vgl. Schönau: a.a.O., S. 187.
39 Schönau: a.a.O., S. 4 und 37.
40 Das bekannte Diktum, das der Tagung ihren Namen gab, steht unter dem Stichwort *Ich*, Notierte Gedanken aus den Jahren 1880 und 1881, in: Fjodor M. Dostojewski: Tagebuch eines Schriftstellers. Notierte Gedanken. München und Zürich 1996, S. 618-619.
41 Schönau: a.a.O., S. 26.

*Ludolf Müller*

# Dostojewskij und Leontjew

Leontjews Aufsätze über Dostojewskijs Puschkin-Rede

Am 8. Juni 1880 hielt Dostojewskij bei der Puschkinfeier, die aus Anlaß der Enthüllung des Puschkindenkmals in Moskau gehalten wurde, eine Rede über Puschkin, die von den Zuhörern mit beispiellosem Enthusiasmus aufgenommen und bald danach, am 13. Juni, in der konservativen Zeitung *Moskowskije Wedomosti (Moskauer Nachrichten)* veröffentlicht wurde.

Nach der Veröffentlichung wurden alsbald auch kritische Stimmen laut. Scharfe Kritik kam von westlerisch-liberaler Seite. Der Petersburger Professor Gradowski betrachtete es als sinnlose Träumerei, wenn Dostojewskij erwarte, daß Rußland der Welt Westeuropas ein neues und entscheidendes Wort zu sagen habe. Statt sich als Lehrmeister Europas aufzuspielen, solle das politisch und zivilisatorisch rückständige Rußland bescheiden bei Europa in die Lehre gehen.

Aber überraschender Weise meldete sich scharfe Kritik auch von rechts. Sie kam von dem in seinen Anschauungen über Kirche und Staat, über Rußland und die Orthodoxie äußerst konservativ eingestellten Schriftsteller und Publizisten Konstantin Leontjew.

Der russische Philosoph Wladimir Solowjow, der Leontjew persönlich gekannt, geschätzt und, trotz erheblicher Meinungsverschiedenheiten, sogar geliebt hat, hat fünf Jahre nach Leontjews Tod in einem Artikel für das große Konversationslexikon Brockhaus-Jefron dessen Leben folgendermaßen beschrieben:

„Leontjew (1831-1891), ein Publizist und Erzähler, ein origineller und talentierter Prediger äußerst konservativer Ansichten, stammte von Gutsbesitzern im Gouvernement Kaluga ab. Er studierte an der Moskauer Universität Medizin, war während des Krimkrieges Militärarzt, danach Haus- und Landarzt im Gouvernement Nishni-Nowgorod. Nach kurzem Aufenthalt in Petersburg trat er in das Asiatische Departement des Außenministeriums ein und lebte zehn Jahre lang (1863-1873) in der Türkei, wo er verschiedene konsularische Ämter innehatte... Nachdem er den Abschied genommen hatte, verbrachte er mehr als ein Jahr auf dem Athos und kehrte darauf nach Rußland zurück, wo er größtenteils in seinem Dorf lebte. In Jahre 1880 war er... zweiter Redakteur des „Warschawski Dnewnik" und wurde danach zum

Zensor in Moskau ernannt. 1887 nahm er wiederum den Abschied und ließ sich in dem Kloster Optina Pustyn nieder. Nachdem er unter dem Namen Kliment heimlich Mönch geworden war, siedelte er nach Sergijew Possad über, wo er am 12. November 1891 starb."

Im Weiteren gibt Solowjow in diesem Artikel eine vorzügliche Darstellung und Kritik der Weltanschauung und des Werkes Leontjews (auf deutsch zugänglich in Band 6, 1965, der deutschen Gesamtausgabe der Werke Solowjows, S. 296-302). Sehr gut unterrichtet über Leben, Werk und Weltanschauung Leontjews Iwan von Kologriwof in seinem Buch *Von Hellas zum Mönchtum* (Regensburg 1948).

Leontjew hatte an den Feiern in Moskau im Juni 1880 nicht teilgenommen. Er las die Berichte darüber in den Zeitungen, und er las auch die Rede Dostojewskijs in den *Moskowskije Wedomosti*. Er gab zu, daß er sich, wenn er unter den Zuhörern gewesen wäre, vielleicht auch von dem Rednertalent Dostojewskijs und von der allgemeinen Begeisterung hätte hinreißen lassen. Aber die Lektüre der Rede enttäuschte ihn nicht nur – sie empörte ihn, und er setzte sich alsbald hin und schrieb drei Artikel darüber, die er in dem erzkonservativen *Warschawski Dnewnik*, dessen Mitarbeiter er bis kurz zuvor gewesen war, veröffentlichte. Da diese in Warschau erscheinende Zeitung im übrigen Russischen Reich kaum gelesen wurde, hat Leontjew diese drei *Briefe*, wie er sie nannte, zusammen mit einem weiteren Aufsatz (über eine Erzählung Tolstois) als Broschüre in Moskau neu herausgegeben. Er war der Überzeugung, daß er verpflichtet sei, der großen Gefahr, die der Orthodoxie, wie er sie verstand, von Seiten dieses neuen, von zwei großen Schriftstellern propagierten, verfälschten Christentums drohte, öffentlich entgegenzutreten.

Die kleine Schrift nimmt in der Geschichte der Rezeption und der Interpretation Dostojewskijs eine bedeutende Stelle ein. Sie ist der Beginn der bis heute nicht abgeschlossenen Diskussion um die Religion Dostojewskijs. Man hielt ihn zu Lebzeiten und hält ihn zum Teil auch heute noch für einen Vertreter und Verkünder des orthodoxen Christentums, und er hielt sich wohl auch selbst für einen solchen. Dem wird von Leontjew mit großer Schärfe und mit gewichtigen Argumenten widersprochen. Der Artikel erregte Aufsehen. Unter anderen äußerte sich Wladimir Solowjow, der Dostojewskij, allerdings etwas halbherzig, gegen die Vorwürfe Leontjews in Schutz nahm und in seinen *Drei Reden über Dostojewskij* die Diskussion um die Religion Dostojewskijs fortführte.

Auch für den, der die scharfe Verurteilung der Religion Dostojewskijs durch Leontjew nicht mitvollziehen kann, behalten dessen Aufsätze bis heute Interesse und Gültigkeit. Sie zeigen in ihrem Zweifel an der Orthodoxie Dostojewskijs, daß die religiöse Synthese, die dieser geschaffen hat, mehr ist als eine Restauration der überkommenen Theologie und Frömmigkeit der Russischen Orthodoxen Kirche.

Aber nicht nur um Dostojewskijs willen besitzen diese Aufsätze Interesse. Sie zeigen eindringlich die publizistische Meisterschaft, die geistige Unabhängigkeit, die politische und religiöse Leidenschaft eines Mannes, der in den großen weltanschaulichen Auseinandersetzungen in Rußland in der zweiten Hälfte des 19. Jahrhunderts, im Zeitalter Dostojewskijs, Tolstois und Solowjows, eine selbständige Stellung einnahm und ein gewichtiges Wort zu sagen hatte.

Meiner Übersetzung der drei Aufsätze liegt der Text des Zweitdrucks, in der Broschüre aus dem Jahre 1882, zugrunde. Die Preußische Staatsbibliothek in Berlin besitzt ein Exemplar dieses Büchleins und hat mir freundlicherweise eine Kopie davon zur Verfügung gestellt. Da meine kommentierenden Anmerkungen recht ausführlich geworden sind, habe ich sie nicht als Fußnoten unter den Text, sondern im Anschluß an ihn an dessen Ende gestellt.

In einem zweiten Aufsatz sollen der in Anmerkung 120 genannte, in der Broschüre fehlende Textteil und weitere Äußerungen Leontjews über Dostojewskij gebracht werden und die Notizen, die Dostojewskij sich für eine Entgegnung auf den Angriff Leontjews gemacht hat.

Konstantin Leontjew

## Unsere neuen Christen. - F. M. Dostojewskij und Graf Lew Tolstoi

Aus Anlaß der Rede Dostojewskijs bei der Puschkinfeier und der Erzählung des Grafen Tolstoi *Wovon leben die Menschen*. Moskau, 1882 [1]

*Vorwort*

Meine zwei in diesem Büchlein vereinten Äußerungen über unsere zwei bedeutenden Schriftsteller sind nicht gleichzeitig entstanden, wie auch die Umstände, die sie hervorgerufen haben, nicht zur gleichen Zeit eingetreten sind.

Meine Betrachtung der Rede Dostojewskijs wurde unter meinem Namen in der fast niemandem bekannten Zeitschrift *Warschawski Dnewnik* (*Warschauer Tagebuch*) im Sommer 1880 gedruckt, meine Besprechung der Erzählung des Grafen Tolstoi erschien kürzlich im *Grashdanin* (*Der Bürger*), unter dem Pseudonym „Ein russischer Laie".

Wer weiß, wie schwer es in Rußland jetzt geworden ist, Mittel für die Unterstützung jener richtigen und klaren Grundsätze zu finden, die man gewöhnlich (und ganz richtig!) als konservativ[2] bezeichnet, der wird verstehen, warum ich mich entschlossen habe, diese meine zwei Artikel in einer kleinen Broschüre zusammen herauszugeben.

Geschrieben wurden diese meine Artikel aus verschiedenen Anlässen zu verschiedener Zeit; in ihnen sind die anderen Schöpfungen der gleichen Autoren nicht im einzelnen und aufmerksam betrachtet, was nötig wäre, wenn ich mein Lob und meinen Tadel in allgemeiner Weise und ausführlicher begründen wollte. Und sowohl der Graf Tolstoi wie auch Dostojewskij verdienen unstreitig eine ernstere Untersuchung; die Gedanken von begabten Vertretern eines großen Volkes in einer bestimmten Epoche seines Lebens sind sogar dann interessant und lehrreich, wenn sie uns als fehlerhaft erscheinen. All dies stimmt...

Aber wenn wir immer nach Vollständigkeit streben, bei unserer Arbeit immer Vollkommenheit erwarten, dann werden wir auch jenen geringen Nutzen nicht bringen, den wir bringen könnten, wenn wir etwas weniger streng gegen uns selbst wären.

Außerdem habe ich ja in meinem Artikel *Über die universale Liebe* sowohl die Romane Dostojewskijs wie auch das *Tagebuch eines Schriftstellers* erwähnt, und in diesen Werken habe ich eine Bestätigung der Meinungen gefunden, die ich aus Anlaß der berühmt gewordenen Rede bei der Puschkinfeier ausgesprochen habe.³

Diese Rede Dostojewskijs war beinahe sein *letztes Wort*...⁴ Danach hat er nichts Bemerkenswertes mehr vollbringen können. Vielleicht hat der Verstorbene gerade dank dieser Rede jene höchste Stufe der Popularität erreicht, die er überhaupt erreichen konnte...

Was die Erzählung des Grafen Tolstoi *Wovon leben die Menschen?*⁵ angeht, so ist auch sie eine überaus charakteristische und ernste Erscheinung. Charakteristisch deswegen, weil in ihr die Ansicht des Autors von der *christlichen Moral* klarer als zuvor zum Ausdruck gekommen ist. Etwas Ähnliches hat auch Lewin im letzten Teil der *Anna Karenina* schon gepredigt...⁶ Aber wir haben in keiner Weise das Recht, Lewin mit dem Grafen Tolstoi selbst gleichzusetzen. Wir haben keinen Grund, alle Meinungen des Helden des Romans, auch wenn er mit einiger Liebe geschildert wird, dem Autor dieses Romans zuzuschreiben. Wenn wir jedoch beachten, daß *dieser Zug* in *Krieg und Frieden*⁷ und in anderen frühen Werken des Grafen Tolstoi viel weniger bemerkbar war als in den Überlegungen, die Lewin (im letzten Teil der *Anna Karenina*) anstellt, und daß er in jener letzten seiner Erzählungen, über die ich schreibe, schon allein an der Auswahl der Motti, die er darüber gesetzt hat, völlig klar geworden ist, dann denke ich, daß wir Anlaß haben, uns mit ihr sozusagen speziell zu beschäftigen und zu behaupten, daß diese in ihrer Art reizende Erzählung eine beinah ebenso charakteristische Erscheinung ist wie die Rede Dostojewskijs.

*Ernstzunehmen* ist diese Erscheinung aber schon deswegen, weil *im Verlauf eines Sommers* die Erzählung *Wovon leben die Menschen?* schon zum *vierten Mal gedruckt wird*. Zuerst erschien sie in der Zeitschrift von Frau Istomina *Detski Otdych* (*Kindererholung*); dann kam sie als Einzelveröffentlichung mit hübschen Zeichnungen heraus; dann, gleichfalls als Einzelveröffentlichung, ohne Zeichnungen, in einer billigen Ausgabe; und vor kurzem hat man sie zum *vierten* Mal gedruckt als großes Album, mit den gleichen Zeichnungen, aber auch sie jetzt in großem Format.

Das heißt: Sie gefällt, sie interessiert; es heißt: sie ist sehr populär geworden... Und bemerken wir es! ? sie gilt als nützlich für das Kindesalter, also für das Lebensalter, in dem:

> „...noch neu sind
> alle Eindrücke des Lebens..."⁸

Es ist sehr wichtig zu wissen, ob diese Eindrücke *richtig sind*, ob sie streng sind oder nur *lieb* und *trügerisch*!...

Nach meiner Meinung ist der Eindruck dieser Erzählung eben dies: lieb und rührend, aber trügerisch. Und ebenso ist nach meiner Meinung die Rede Dostojewskijs (ich habe mich entschlossen, sie hier abzudrucken, damit meine Einwendungen klarer werden) eine flammende, inspirierte, sozusagen *schöne*, aber im Grund völlig lügenhafte[9] Rede; denn man darf doch einfach nicht so unbedacht und grob, wie Dostojewskij es getan hat, die *objektive Liebe des Dichters*, die Liebe *des guten Geschmackes*, der Buntheit, Vielfalt, Antithese und sogar *tragischen* Kampf fordert, verwechseln mit der *moralischen* Liebe, mit dem Gefühl der Barmherzigkeit und mit dem Streben nach allgemeiner, einförmiger Sanftmut...[10]

Wie sehr Tolstoi und Dostojewskij sich auch unterscheiden mögen nach der Art ihres künstlerischen Talentes und der Auswahl der Gegenstände für ihr Schaffen und nach so vielem anderen – in *einem* stimmen sie überein – sie sind in der letzten Zeit Prediger jenes einseitigen Christentums geworden, das man ein „sentimentales" oder „rosarotes" Christentum zu nennen sich erlauben darf.

Diese Schattierung des Christentums ist sehr vielen bekannt; es ist dies eine Art „Häresie", die nicht ausformuliert ist, sich nicht zu einer organisierten häretischen Kirche gesammelt hat,[11] die aber bei uns in der gebildeten Gesellschaft heutzutage sehr weit verbreitet ist.

Von dem einen *schweigen*; das andere *ignorieren*; das dritte völlig *verwerfen*; sich mancher Dinge *schämen*, und nur das *als heilig und göttlich anerkennen*, was den der Orthodoxie fremden Begriffen des europäischen *utilitaristischen Fortschrittes* am nächsten kommt – das sind die Züge jenes Christentums, dem jetzt viele russische Menschen dienen und als dessen Verkünder leider an der Neige ihrer Jahre unsere literarischen Autoritäten hervorgetreten sind.
Man hätte von ihrem Geist etwas Tieferes und Eigenständigeres erwarten können...

K. Leontjew

## Über die universale Liebe.

### Aus Anlaß der Rede F.M. Dostojewskijs bei der Puschkinfeier [12]

Wäre es jetzt[13] nicht an der Zeit, aufzuhören, über Puschkin zu schreiben und über all die, die bei seiner Moskauer Totenfeier[14] geglänzt und mitgewirkt haben? Es reicht!... Die russische Gesellschaft hat ihre zivilisierte Reife[15] bewiesen, hat Puschkin ein billiges Denkmal errichtet; auf gut europäisch hat sie es mit Kränzen geschmückt, auf europäisch diniert, auf europäisch bei den Diners Speechs gehalten. Gemäß ihrer Gewohnheit hat sich unsere Intelligenz, nun gerade aus diesem Anlaß, nichts Eigenartiges ausgedacht, nicht einmal[16] so etwas, was sich sogar die altgewordenen Franzosen[17] aus Anlaß irgendeiner Überschwemmung im fernen Spanien ausdenken könnten... Zu Füßen des Monuments des großen, schöpferischen Russen ist kein einziges junges und originelles Talent entdeckt worden – weder in der Redekunst noch in der Poesie; Reden gehalten und Gedichte rezitiert und überhaupt mitgewirkt haben hier immer nur Leute von gestern, mit seit langem festgelegten Ansichten, Leute, die seit langem bekannt sind; geglänzt haben Leute, deren Jugend unter den früheren Bedingungen dahingegangen ist, unter Bedingungen, die mehr denjenigen glichen, unter denen Puschkin selbst sich entwickelt hat. Ob sich alle diese Talente der alten Ordnung und ihren Überresten gegenüber feindlich oder freundlich verhalten – das ist ganz gleichgültig; sie alle sind mit dieser geschmähten Vergangenheit verbunden sowohl durch ihre Eindrücke (das heißt durch den Inhalt ihrer Werke),[18] wie auch durch ihre geistigen Kräfte, mit denen sie sich um die Wiedergabe dieses Inhaltes, der durch das russische Leben gegeben war, bemühten... Keine Spur von etwas Neuem! ... Weder Erfindungsgabe hinsichtlich der Form der Ehrung, noch irgendein überraschender, frischer Gedanke, der entweder noch nie ausgesprochen worden wäre oder der lange vergessen gewesen sei und nun neu zum Leben erweckt werden möchte... Vieles von dem, was aus diesem Anlaß gesagt und geschrieben worden ist, ist gewiß irgendwo und irgendwann schon gesagt und geschrieben worden, durch ebendieselben Personen oder durch andere, und viel besser und vollständiger. Nur ein Mensch hat sich, dem Vernehmen nach, aus Anlaß der Puschkinfeier völlig originell ausgedrückt: Graf Lew Tolstoi... Es hieß in der Presse, er habe die Teilnahme an der Feier abgelehnt mit den Worten: „Das alles ist eine einzige Komödie." Ich meine nicht, daß es so war. Warum Komödie?... Wahrscheinlich waren viele aufrichtig in ihrem Wunsch, das Andenken Puschkins zu ehren... Diese Unabhängigkeit des Grafen Tolstoi und seine kapriziöse Mißachtung unserer Gegenwart gefällt mir sehr, aber ich sehe keine Notwendigkeit, ihm darin zuzustimmen, daß dies alles Verstellung und Komödie sei. Ich bin bereit, an die Aufrichtigkeit zu glauben; nur möchte ich bei all dem mehr nationale Farbe, mehr Geist und Tiefe sehen. All das ist vielleicht auch von großer Wärme; aber es ist warm wie Dampf, der nicht in irgendeine Form geschlossen ist. Warm, heiß, stoßweise, aber schnell verflogen, und nichts ist geblieben! ... Alles nur Hoffnungen, alles Träume, und durchaus keine lieblichen Träume! Ganz richtig schrieb man im Westnik Jewropy[19] (Bote Europas) (irgendwo habe ich das gelesen), daß auch in jener „Demut", die man schon ziemlich lange zum Unterscheidungsmerkmal des Slawismus[20] machen möchte, viel von einer Art Eigenlob und Stolz enthalten sei, die vorläufig durch nichts gerechtfertigt seien... Doch genug hiervon. Von allem, was auf der Feier gesagt und deklamiert worden ist, hat am meisten die Rede F. M. Dostojewskijs mir gefallen und mich zum Nachdenken veranlaßt. Zugegeben – auch in dieser Rede ist ein beträchtlicher Teil der Gedanken nicht besonders neu und gehört nicht ausschließlich Herrn Dostojewskij. Von der russischen „Demut, Geduld, Liebe" haben schon viele gesprochen, Tjutschew hat diese unsere Tugenden in glänzenden Versen besungen.[21] Die Slawophilen haben dasselbe in Prosa dargelegt. Um den „allgemeinen Frieden" und die „Harmonie" (wiederum im Sinne von Wohlergehen und nicht im Sinne von poetischem Kampf[22]) haben sich unglücklicherweise sowohl bei uns wie im Westen viele bemüht und bemühen sich noch immer: Victor Hugo, der innere Fehden und Königsmord besingt,[23] Garibaldi, der sich durch kriegerische Taten Ruhm verschafft hat, die Sozialisten, die Quäker, auf seine Weise Proudhon; auf seine Cabet; auf seine Fourier und auf ihre G. Sand.

Im Programm der *Russkaja Mysl*[24] (*Der russische Gedanke*) verspricht man gleichfalls ein „*Reich des Guten und der Gerechtigkeit auf Erden*", das *angeblich* Christus selbst versprochen hat. In den eigenen Werken des Herrn Dostojewskij wird der Gedanke der Liebe und des Verzeihens schon lange und mit viel Gefühl und Erfolg ausgeführt. All das ist nicht neu; neu aber war in der Rede des Herrn Dostojewskijs, daß er dieses halb christliche, halb utilitaristische *Allversöhnungsstreben* dem *vielseitigen*[25] *und dämonisch-prachtvollen Genius Puschkins* zuschrieb. Aber wie dem auch sei – rechnen muß man vor allem sowohl mit dem Namen des Autors wie auch mit dem Effekt, der durch seine Worte erzielt worden ist; dies um so mehr, als dieser nicht allzu neue Gedanke von der „Demut" der Slawen und ihrer Bestimmung zur Versöhnung (die, da wir vorläufig nichts Besseres aufzuweisen haben, die Besonderheit unseres Stammes ausmachen) in jenem Teil unserer Gesellschaft verbreitet ist, der sich weder von der Liebe zu Europa trennen will noch sich mit den letzten dürren und abstoßenden Ergebnissen seiner Zivilisation untertänig aussöhnen kann. So weit ist unsere Demut zum Glück noch nicht gediehen.

Über diese Rede möchte ich heute sprechen.

Ich weiß nicht, was ich empfunden hätte, wenn ich *dort* gewesen wäre ...[26] Aber aus der Ferne ist der Mensch kaltblütiger. Ich finde, daß die Rede des Herrn Dostojewskij, die danach in den *Moskowskije Wedomosti* (*Moskauer Nachrichten*) gedruckt worden ist, in der Tat einen erschütternden Eindruck machen mußte, wenn man dem

Redner darin zustimmte, daß die Berufung zur *kosmopolitischen Liebe*, die er für ein Erbteil des russischen Volkes hält[27], eine gute und erhabene Bestimmung ist. Ich aber muß gestehen, daß ich vieles, sehr vieles an dieser Idee nicht begreifen kann... Diese allgemeine Versöhnung ist selbst in der Theorie mit vielem so ganz *unversöhnbar*.

Erstens kann ich nicht begreifen, *wofür* man *den zeitgenössischen Europäer lieben* kann. Zweitens ist lieben und lieben ein Unterschied... Wie lieben? – Es gibt eine Liebe der *Barmherzigkeit*, und es gibt eine Liebe des Entzückens; es gibt eine *moralische* Liebe und eine *ästhetische* Liebe. Und sogar diese beiden stark voneinander unterschiedenen Gattungen von *Zuneigung* muß man sehr sorgfältig unterteilen in mehrere Arten. Die moralische Liebe, das heißt der aufrichtige Wunsch nach dem Wohl eines anderen, das Mitleid oder die Freude über fremdes Glück und so weiter, kann *religiöser Herkunft* und sie kann *natürlicher* Herkunft sein, das heißt, sie kann (ohne jeden Einfluß der Religion) *herkommen* von großer natürlicher Güte oder ausgebildet sein durch irgendwelche humanen Überzeugungen. Die sittliche Liebe, die religiöser Herkunft ist, ist schon deswegen besser als die natürliche, weil die natürliche nicht jeder Natur zugänglich ist, sondern nur der, die in dieser Hinsicht glücklich begabt ist; aber zur religiösen Liebe oder zur Barmherzigkeit kann auch die hartherzigste Seele durch lange Anstrengungen eines asketischen Kampfes gegen den eigenen Egoismus und die Leidenschaften gelangen. Dafür könnte man viele Beispiele auch aus dem heutigen Leben anführen. Aber lebendige Beispiele und biographische Einzelheiten würden hier viel Platz einnehmen. Ich will dieses Thema hier nicht weiter entwickeln und die Gefühle der Liebe oder der Sympathie nicht weiter unterteilen. Darüber könnte man ein ganzes Buch schreiben.[28] Ich wollte hier an all das nur *erinnern*. Ich begnüge mich mit der, wie man sagen könnte, groben Unterscheidung von moralischer Liebe und ästhetischer Liebe. Wir bedauern einen Menschen oder er gefällt uns – das ist ein großer Unterschied, obwohl diese beiden Gefühle manchmal auch gleichzeitig bestehen können.[29] Versuchen wir einmal, diese beiden Gefühle auf die Mehrzahl der zeitgenössischen Europäer anzuwenden. Wie nun – sollen wir sie bedauern oder sollen wir von ihnen entzückt sein? – Wie sollten wir sie bedauern?! Sie sind so von sich selbst überzeugt und hochmütig; sie haben vor uns und vor den Asiaten[30] im praktischen Leben doch so viel voraus? Sogar die Mehrheit der armen europäischen Arbeiter unserer Zeit sind so stolz, so kühn, so gar *nicht demütig*, sie denken so hoch von *ihrer vermeintlichen* persönlichen Würde, daß man Mitleid mit ihnen unmöglich aufgrund einer ersten spontanen Gefühlsregung haben kann, sondern höchstens aufgrund kalten Überlegens, wenn man sich mit Anstrengung daran erinnert, daß sie es *in ökonomischer Hinsicht* vielleicht tatsächlich *schwer haben*. Aber auch von einem philosophischen Standpunkt aus könnte man sie bedauern, das heißt so, wie man beschränkte und irrende Menschen bedauert. Mir scheint: Um einem zeitgenössischen[31] Europäer gegenüber jenes unmittelbar das Herz ergreifende Mitleid, jene sittliche Liebe, von der ich oben gesprochen habe, zu empfinden, dazu muß man ihn in irgendeiner erniedrigenden Situation sehen: als Besiegten, als Verwundeten, als Gefangenen, und auch dann nur bedingt. Ich habe als Militärarzt am Krimkrieg teilgenommen.[32] Auch damals haben unsere Offiziere, sogar die der Kosaken, ihren Untergebenen nicht erlaubt, schlecht mit den Gefangenen umzugehen. Sie selbst aber, die Vorgesetzten auf unserer Seite,[33] sind bekanntlich mit ihren Feinden fast zu liebenswürdig umgegangen, sowohl mit den Engländern wie auch mit den Türken und den Franzosen. Aber hier gab es einen großen Unterschied. Vor den Türken wollte sich niemand aufspielen. Und ihnen gegenüber trat die russische Gutherzigkeit tatsächlich in all ihrer Reinheit in Erscheinung. Anders verhielt es sich mit den Franzosen. Diese trockenen Prahler waren damals die Sieger, und sogar in Gefangenschaft waren sie sehr ungezwungen, so daß sich ihnen gegenüber (anders als im Verhältnis zu den Türken) eine klägliche und verächtliche Seite des russischen Charakters – ein Verlangen, die eigene Delikatesse[34] unter Beweis zu stellen, ein kriecherisches und eitles Verlangen, die Billigung dieser Masse von selbstüberzeugten Coiffeurs[35] zu erhalten, von denen Herzen[36] einmal so gut gesagt hat: „Er war nicht sehr dumm, wie fast alle Franzosen, und nicht sehr klug, wie fast alle Franzosen." Man muß hier notwendig unterscheiden, und es ist ein großer Unterschied, ob man zu einem besiegten chinesischen Mandarin oder einem indischen Paria freundlich ist oder ob man sich vor einem französischen „troupier"[37] und einem englischen Matrosen erniedrigt. In Bezug auf Asiaten als Götzendiener wie auch auf Mohammedaner erweisen wir uns in solchen Fällen wirklich als jene guten Samariter, die Christus allen als Beispiel vor Augen gestellt hat.[38] Bezüglich der Europäer aber stammt diese Gutmütigkeit aus sehr verdächtiger Quelle, und ich gestehe, ich bin geneigt, sie zu verachten. Dabei muß ich an eine Äußerung von Herrn Sissermann denken.[39] In einer seiner politischen Revuen empörte sich Herr Sissermann über unsere vielleicht wirklich zu weit gehende Koketterie gegenüber den türkischen Gefangenen (von denen so viele äußerst brutal mit Serben und Bulgaren umgegangen waren)[40] und stellte uns die Deutschen als Beispiel hin, die mit den überaus zahlreichen von ihnen gefangengenommenen Franzosen fast gar nicht sprachen und überhaupt nichts mit ihnen zu tun haben wollten. Auch ich bin der Meinung, daß die Deutschen richtig gehandelt haben. Gerade so muß man mit Franzosen umgehen. Die Barmherzigkeit ihnen gegenüber, die im Falle des Unglücks geboten ist, muß eine verhaltene, trockene, gleichsam pflichtmäßige und kühl-christliche Barmherzigkeit sein. Was die Türken und andere Asiaten angeht, deren zeitweilige Selbstsicherheit in unserer Zeit bei einem tiefblickenden Menschen keinen Unwillen, sondern eher so etwas wie Mitleid erwecken kann – so soll man es dabei natürlich nicht bis zur Überreichung von Blumensträußen und ähnlichen derartigen russischen Dummheiten kommen lassen, aber man soll doch, wenn sie sich im Zustand der Erniedrigung und des Unglücks befinden, etwas freundlicher zu ihnen sein. Übrigens – zu Blumensträußen. Wenn ein russischer Kleinbürger, Soldat oder Bauer gefangene Türken abführt und, indem er sich an die von deren Landsleuten begangenen Grausamkeiten erinnert, bei sich denkt: „Ach, vielleicht haben diese Türken, die ich hier sehe, so etwas nicht getan; warum soll ich sie kränken?" – dann glaube ich an diese rechtgläubige[41] russische Gutmütigkeit. Ich verstehe, daß jene Seite der Lehre Christi, die eben von der Vergebung, das heißt von der höchsten Erscheinungsform dieser sittlichen Liebe, spricht, dem russischen Volk leichter verständlich ist als irgendeinem anderen Volksstamm. Gewiß – auch dem Mann aus dem einfachen russischen Volk kann man hier etwas ankreiden. Bei dem einen ist es Faulheit; bei dem anderen ist alles schwach entwickelt, auch die Rachsucht und der Stolz finden keinen Ausdruck; der dritte weiß selbst nicht, was er zu tun hat; dem vierten ist alles gleichgültig, außer seinen persönlichen Interessen. Aber das sind schon feine psychologische Nuancen. Und der Verbreitung des Christentums haben nicht nur hohe Motive gedient, sondern alle möglichen – denn „die Kraft Gottes ist auch in unseren Schwächen zu erkennen".[42] Aber wenn unser Europäer aus Charkow oder unsere Französin aus Kaluga[43] sich einem verzagten und düsteren Muselmanen gegenüber in Liebenswürdigkeit ergehen, dann falle ich in Versuchung...[44] Ich weiß, dieser europäische Pjotr Iwanowitsch oder diese französische Agafja Sidorowna[45] tun das nicht so ganz einfachhin; ich habe die tödliche Furcht, daß es ihnen, wenn auch nur halbbewußt, durch den Kopf geht: Die Zeitungen, die öffentliche Meinung im Westen „was sind wir doch für liebe und zivilisierte Leute!" Dann muß man sich doch wirklich sagen: „Was geht es uns an, was Europa über uns denkt?" Wann werden wir das endlich begreifen?

So gibt es also, sage ich, eine Menschenliebe hauptsächlich von zweierlei Art: eine *sittliche* oder *mitleidige* und eine *ästhetische* oder *künstlerische*. Nicht selten treten sie, wie ich gesagt habe, gemischt auf. In der Puschkin-Rede des Herrn Dostojewskij werden diese beiden Gefühle, die völlig verschiedenartig sind und die in der Praxis des Lebens außerordentlich leicht voneinander getrennt werden können, überhaupt nicht unterschieden. Das aber ist sehr wichtig. Lermontow und andere Offiziere, die im Kaukasus gedient haben, kämpften gegen Tscherkessen und töteten sie und waren doch gleichzeitig von ihnen begeistert und ahmten sie sogar häufig nach.[46] Genau die gleiche Beziehung zu den Bergbewohnern sehen wir bei den altgläubigen Kosaken, die Graf Lew Tolstoi beschrieben hat.[47] Der gleiche Romanschriftsteller hat uns Beispiele eines ebensolchen zwiespältigen Verhaltens des russischen Adels zu den Franzosen in der Epoche der Napoleonischen Kriege dargestellt. Die Russen hatten an den Tscherkessen, die ihre Gegner waren, ästhetisches Wohlgefallen. Der russische Adel der Zeit Alexanders I. begeisterte sich für die damaligen Franzosen und schadete ihnen doch gleichzeitig strategisch (und folglich auch *persönlich*) auf Schritt und Tritt.

Die Rede des Herrn Dostojewskij ist sehr gut zu lesen, aber wer *den Autor selbst gesehen* und wer *gehört hat, wie er spricht*, der wird das Entzücken, das die Hörer ergriffen hat, leicht verstehen... Der klare, scharfe Verstand, der Glaube, die Kühnheit der Rede... All dem kann ein Herz schwer widerstehen. Aber kann man denn eine neue nationale Kultur allein auf *gutem* Empfinden zu den *Menschen* erbauen ohne besondere, bestimmte, gleichzeitig *materielle* und sozusagen *mystische*[48] Gegenstände des Glaubens, die außerhalb der Menschheit stehen und höher sind als sie? – das ist die Frage.

Der Kosmopolitismus der Orthodoxie besitzt einen solchen Gegenstand[49] in der lebendigen[50] Persönlichkeit des gekreuzigten Jesus. Der Glaube an die Göttlichkeit des unter Pontius Pilatus gekreuzigten Zimmermanns aus Nazareth, der gelehrt hat, daß alles auf Erden ungewiß und alles nicht wichtig, alles sogar unreal ist und daß die Wirklichkeit und die Ewigkeit erst anbricht, wenn die Erde und alles, was auf ihr lebt, untergegangen ist – dieser Glaube ist jener unseren Sinnen zugängliche mystische Stützpunkt, auf dem der riesige Hebel der christlichen Predigt bisher angesetzt hat und noch immer ansetzt. Nicht den vollen und weltumspannenden Triumph der Liebe und der allgemeinen Gerechtigkeit auf Erden versprechen uns Christus und seine Apostel; sondern im Gegenteil so etwas wie den *Mißerfolg* der Predigt des Evangeliums auf dem Erdball, denn *die Nähe des Endes* soll zusammenfallen mit den letzten Versuchen, alle zu guten Christen zu machen...

Denn wenn sie werden sagen: Es ist Friede, es hat keine Gefahr, so wird sie das Verderben schnell überfallen... und werden nicht entfliehen. (1. Thess. 5, 3)

Und weiter:

Jesus aber antwortete und sprach zu ihnen: Sehet zu, daß euch nicht jemand verführe.
Denn es werden viele kommen unter meinem Namen und werden sagen: 'Ich bin Christus' und werden viele verführen.
Auch werdet ihr hören *Kriege und Geschrei von Kriegen*. Sehet zu und erschrecket nicht; *denn das muß alles geschehen*; aber dies ist noch nicht das Ende.
*Denn es wird sich empören ein Volk wider das andere und Königreich wider Königreich, und werden sein Hunger, Pestilenz und Erdbeben hin und wieder. All dies aber ist der Anfang der Wehen.* (Matth. 24, 4-8).
*Und dieweil die Ungerechtigkeit wird überhandnehmen, wird die Liebe in vielen erkalten.*
Wer aber beharret bis ans Ende, der wird gerettet werden. *Und es wird gepredigt werden das Evangelium vom Reich auf dem ganzen Erdkreis zu einem Zeugnis über alle Völker; und dann wird das Ende kommen.*
*Wenn ihr nun sehen werdet den Greuel der Verwüstung (davon gesagt ist durch den Propheten Daniel), daß er steht an der heiligen Stätte – wer das liest, der merke darauf...* (Matth. 24, 12-15)

Und so weiter...

Sogar Herr Gradowski[51] ist in seiner schwachen Erwiderung auf Herrn Dostojewskij auf den richtigen Gedanken gekommen, das Kommen des Antichrist zu erwähnen und die Tatsache, daß Christus nicht die allgemeine *Harmonie* (den allgemeinen Frieden) prophezeit hat, sondern die allgemeine Zerstörung. Ich habe mich sehr gefreut über diese Bemerkung unseres gelehrten Liberalen.

Obwohl Herr Gradowski das offensichtlich mit einem Lächeln auf den Lippen geschrieben hat und obwohl er mit dieser Erwähnung des „Weltendes" dem Christentum einen Stich versetzen wollte, aber sei's drum, mag er; doch der Hinweis auf diese *wesentliche Seite der christlichen Lehre ist hier sehr angebracht.*

So ist also die Prophezeiung einer allgemeinen Versöhnung *der Menschen in Christus*[52] keine orthodoxe Prophezeiung, sondern irgendsoeine beinah häretische. Die Kirche verspricht diesen Frieden nicht, wer aber „die Kirche nicht hört, der sei dir wie ein Heide und ein Zöllner"[53] (das heißt: er sei dir fremd als ein Mensch, der durch sein Beispiel Schaden stiftet, natürlich nur solange er sich nicht bessert und sich nicht bekehrt).

Aber kehren wir zurück zu den Europäern... Bevor man zum Beispiel anfängt, Gambetta[54] zu lieben (der schlimmer ist als ein Heide, denn ein Heide glaubt doch wenigstens an Dämonen, die er für Götter hält, Gambetta aber glaubt wahrscheinlich an nichts als an sich selbst und sein republikanisches Frankreich) – bevor man anfängt ihn oder überhaupt die europäischen Liberalen und Radikalen zu lieben, muß man die Kirche *fürchten*.

Der Anfang der Weisheit (das heißt des wirklichen Glaubens) ist die *Furcht,*[55] die Liebe ist nur die *Frucht.* Man darf die Frucht nicht für die Wurzel und die Wurzel nicht für die Frucht halten. Man kann gerade diesen Vergleich hier sogar mit Erfolg weiterführen. Denn in der Tat wird die Frucht oder ein Teil der Frucht (der Same) in die Erde versenkt, so daß sie unsichtbar wird und *umgeboren wird* zur Wurzel und zu den anderen Teilen einer Pflanze. In diesem Sinn kann ich sogar Gambetta liebgewinnen!... Auf welche Weise?... Sehr einfach. Man erzählt, einer der leidenschaftlichsten und gewiß nicht zaghaften Girondisten (ich glaube, es war Isnard)[56] verbrachte auf der Flucht vor der Guillotine einige Tage im Untergrund und wurde durch die Qualen der *Furcht* zum Christen. Und wenn nun Gambetta infolge irgendeiner derartigen Erschütterung „Christus anziehen"[57] wollte und wenn er, da er ja schon seit seiner Kindheit einen unheilbaren Haß gegen den Papismus hegt, nun nicht zu den Jesuiten ginge, sondern zu einem russischen oder griechischen Geistlichen und zu ihm sagen würde: „Mein Vater, ich habe jetzt begriffen, daß ich bisher nichts begriffen hatte. Ich habe begriffen, daß die Republik Unsinn ist, Freiheit eine abgenutzte Platitüde; daß unsere Nation keiner Beachtung mehr wert ist[58] und ich mir selbst so dumm und so niedrig vorkomme, daß ich vor Scham und Traurigkeit sterben möchte! Belehren Sie mich... Bekehren Sie mich!... Ich weiß, daß ein Christ Ihrer Lehre gegenüber der *Anstrengung* des Willens und der Bescheidenheit des Verstandes bedarf... Ich bin bereit, alles anzunehmen, sogar das, was mir zuwider ist und dem die abscheuliche Abgestumpftheit meiner vom Glauben an den Fortschritt erzogenen Vernunft nicht zustimmen kann. Ich bin im Prinzip entschlossen, jedes Mitgefühl mit dieser lächerlichen liberalen Vernunft für einen Fehler, für 'tentation' [59] zu halten... und so weiter." [60] Und er würde sich die Myronsalbung[61] spenden lassen und kommunizieren; gequält von geistlichem Durst[62] würde er in seiner französischen Sprache sagen: „Als Deines mystischen Mahles Teilhaber nimm mich heute an... nicht wie Judas, sondern wie den Räuber..." [63] und er würde die Prosphora[64] nehmen und voller *Furcht, eine Sünde zu begehen*, die Krümel auf seiner Handfläche sammeln und bedauern, daß die Kirchenordnung es ihm an *diesem Tage*[65] nicht erlaubt, nach dem Empfang der heiligen Mysterien die rechte Hand des Geistlichen, der ihn aus einem hochmütigen republikanischen Phrasendrescher zu einem rechtgläubigen Menschen gemacht hat, zu küssen...

In einem solchen Fall also verstehe ich, daß es möglich wäre, Gambetta mit ganzem Herzen und mit ganzer Seele lieb zu gewinnen, „wie sich selbst"... [66] Ihn liebgewinnen – gleichzeitig sittlich und ästhetisch. Liebgewinnen – mit Entzücken des Geistes und mit Rührung des Herzens... Jetzt aber muß ich gestehen, daß ich, obwohl ich mich berechtigt fühle, mich nicht weniger als irgendjemanden anders einen russischen Menschen zu nennen, beim besten Willen weder Rührung noch Entzücken empfinden kann, wenn ich an diesen energischen Luftschiffer[67] denke. Dabei ist er ja wohl noch der stärkste und unterhaltsamste unter allen gegenwärtigen Bürgern der allereuropäischsten Nation des westlichen Europa.

Oder nehmen wir ein näherliegendes Beispiel. Es ist schwer, sich vorzustellen, daß irgendeiner unserer gemäßigten Liberalen „bestrahlt" würde vom „Licht der Wahrheit".[68] Aber trotzdem wollen wir uns den umgekehrten Prozeß vorstellen. Bilden wir uns ein, daß nicht die Furcht einen von ihnen, wie Isnard, zur Weisheit geführt hätte, sondern die Weisheit hätte ihn durch eine Reihe von klaren Schlußfolgerungen zur Furcht geführt, aber *nicht im Geist der Zeit* (mit welchem ein „lebendiges" [69] Denken rechnen muß, den sie aber in keiner Weise zu achten verpflichtet ist). Zugegeben – es ist schwer, sich das vorzustellen. Dafür, daß *in unserer Zeit* ein Mitglied unserer beklagenswerten Intelligenzschicht das wird, was man allgemein einen Mystiker[70] nennt – dafür bedarf es eines Geistes von anderem Kaliber, als wir ihn bei solchen Professoren und Feuilletonisten finden. Aber nehmen wir an... nehmen wir an, ein Liberaler käme durch menschliche Weisheit zur Furcht Gottes... Denn ich sagte ja schon: Die Kraft des Herrn ist nicht selten auch in unseren Schwachheiten zu erkennen..." [71] Die Gradowskis und Co. sind schwach – aber Gott ist stark. Sie sind durch Weisheit zur Furcht gekommen und haben sich gedemütigt; sie leben jetzt in der sehnsüchtigen Unruhe eines schüchternen Proselytismus... zu schreiben haben sie ganz aufgehört... Wie wären sie dann alle anziehend und lieb!... Wieviel achtungsvolle und warmherzige Nachsicht würden diese bescheidenen Menschen dann in uns wecken...

Aber jetzt *darf* man sie gar *nicht lieben*... jetzt ist nicht erlaubt, sich mit ihnen zu versöhnen! Gutes wünschen darf man ihnen nur in dem Sinne, daß sie sich besinnen und sich ändern mögen, das heißt im Sinne des *höchsten*, idealen *Heilsgutes*. Und wenn Unglück sie trifft, wenn sie Verfolgung oder irgendeine andere irdische Strafe erdulden, so kann man sich über diese Art von Bösem sogar ein wenig freuen in der Hoffnung auf ihre sittliche Heilung. Der verstorbene Metropolit Filaret fand, daß harte körperliche Bestrafung von Verbrechern für ihre geistliche Besserung außerordentlich nützlich sei, und deswegen trat er für körperliche Bestrafung ein.[72]

Und Herr Dostojewskij selbst führt fast in allen seinen Werken, die doch erfüllt sind von so aufrichtigem Gefühl und von Liebe zur Menschheit, fast den gleichen Gedanken aus, wenn auch vielleicht unfreiwillig, geleitet von einem gewissen hohen Instinkt.

Bestrafte Verbrecher, Mörder, wollüstige, käufliche und beleidigte Frauen erscheinen bei ihm so oft als Vertreter des brennendsten religiösen Gefühls.[73] Leiden, Gewissensbisse, Furcht, Entbehrungen und Bedrückungen, eine Folge der Bestrafung durch das irdische Gesetz und persönlicher Kränkungen, öffnen vor ihrem Geist andere Perspektiven... Dagegen blieben sie ohne „Verbrechen und Bestrafungen"[74] gewißlich in leerem Stolz und tierischer Grobheit stecken... Ohne Leiden gibt es keinen Glauben und keine auf den Glauben an Gott gegründete Liebe zu den Menschen; *Ursache für die Hauptleiden im Leben der Menschen aber sind nicht so sehr die Natur als vielmehr die anderen Menschen.* Wir sehen zum Beispiel nicht selten, daß ein kranker Mensch, wenn er umgeben ist von der Liebe und der Aufmerksamkeit seiner Nächsten, die freudigsten Gefühle empfindet; dagegen wird schwerlich ein gesunder Mensch zu finden sein, der dadurch glücklich wäre, daß niemand etwas von ihm wissen will... Darum fordern sowohl die Poesie des irdischen Lebens wie auch die Bedingungen der Errettung im Jenseits in gleicher Weise nicht irgendsoeine *stets vorhandene* Liebe, die ja auch unmöglich ist, und keine beständige Boshaftigkeit,... sondern, objektiv gesprochen, einen gewissen *angesichts der höheren Ziele gleichsam harmonischen Kampf*[75] *der Feindschaft mit der Liebe.* Sollte der Samariter jemanden haben, zu dem er barmherzig sein und dem er die Wunden verbinden konnte, so mußte es Räuber geben. Gewiß ist es ganz natürlich, hier zu fragen: „Wer soll denn die Rolle des Räubers auf sich nehmen, wenn das nicht lobenswert ist?" Die Kirche antwortet darauf nicht mit *einem moralischen Ratschlag, den sie einer bestimmten Person erteilen würde*, sondern allein mit einer allgemein-historischen Prophezeiung. „*Es wird Räuber geben*", denkt die Kirche; natürlich sagt sie nicht: „Sei du ein Räuber, damit der Samariter Gelegenheit hat, Liebe zu bekunden!" Sie sagt nur: „Viele sind berufen;[76] *überall wird das Evangelium gepredigt werden,*[77] *aber wenige sind auserwählt,*[78] nur, *die sich Gewalt antun,*[79] kommen hinein in das Himmelreich, weil auch die beste, sanfteste, großmütigste *Natur* eine Gabe der *Gnade*, eine Gabe *Gottes* ist. Uns gehören nur: *Glaube,*[80] *Anstrengung, Gebet gegen den Kleinglauben und die Schwäche, Selbstverachtung und Reue.*"

„Selig, wer beharret bis ans Ende."[81]

Christus, ich wiederhole es, stellte die Barmherzigkeit oder die Güte als *persönliches Ideal* hin; nirgends hat Er den Triumph einer *jeden Menschen einschließenden Brüderlichkeit auf dem Erdball* versprochen... Für eine solche Brüderlichkeit sind vor allem Zugeständnisse in allen Richtungen nötig. Es gibt aber Dinge, die man nicht *zugestehen darf.*[82]

II [83]

Die Meinungen F. M. Dostojewskijs sind sehr wichtig – nicht nur deswegen, weil er ein begabter Schriftsteller ist, sondern noch mehr deswegen, weil er ein überaus einflußreicher und sogar ein überaus *nützlicher* Schriftsteller ist.

Seine Aufrichtigkeit, sein stürmisches Pathos, das voll ist von Güte, Keuschheit und Ehrlichkeit, seine häufigen Erwähnungen des Christentums – all das kann auf die Leser, besonders auf junge *russische* Leser, im höchsten Grade wohltuend wirken (*und wirkt auch so*). Wir können natürlich nicht zusammenzählen, wie viele junge Männer und Frauen er von der dürren *politischen Bosheit des Nihilismus* abgebracht und ihren Geist und ihr Herz in eine völlig andere Richtung gelenkt hat; aber ganz gewiß sind ihrer sehr viele!

Er spricht gleichsam unaufhörlich zu ihnen zwischen den Zeilen, spricht teilweise auch unmittelbar selbst, wiederholt es durch den Mund seiner handelnden Personen, stellt es dar durch die Handlung seiner Romane; er mahnt sie: „Seid nicht boshaft und dürr! Seid nicht eilfertig bemüht, das bürgerliche Leben nach euren Vorstellungen umzubauen; beschäftigt euch zuvor mit dem Leben eures eigenen Herzens; erzürnt euch nicht; *ihr seid gut auch so, wie ihr seid*; bemüht euch, noch besser zu sein; liebt, verzeiht, habt Mitleid, glaubt an Gott und an Christus; betet und liebt. Wenn die Menschen selbst gut, freundlich, edelmütig und mitleidsvoll sein werden, dann wird auch das bürgerliche Leben unvergleichlich erträglicher werden, und die Ungerechtigkeiten und Drangsale dieses bürgerlichen Lebens werden gemildert werden unter dem heilsamen Einfluß persönlicher Wärme."

Ein so hochgestimmtes Denken, das noch dazu fast immer mit dem Lyrismus einer tiefen Überzeugung ausgedrückt wird, *muß* auf die Herzen wirken. In dieser Hinsicht kann man auf Herrn Dostojewskij eine Bezeichnung anwenden, die heutzutage fast außer Gebrauch gekommen ist: Er ist ein bemerkenswerter *Moralist*. Das Wort „Moralist" paßt zur Art seiner Tätigkeit und zum Charakter seines Einflusses viel besser als die Bezeichnung *Publizist* – sogar auch dann, wenn er nach der Art und Weise seiner Schriftstellerei nicht Erzähler, sondern Denker und Lehrmeister ist, wie zum Beispiel in seinem prächtigen *Tagebuch eines Schriftstellers*.[84] Er ist viel mehr mit der *psychischen Struktur seiner Personen* beschäftigt als mit der *sozialen Struktur*, um die heutzutage leider alle so besorgt sind. Die Menschheit des 19. Jahrhunderts erwartet gleichsam überhaupt nichts mehr von der persönlichen Predigt, von dem unmittelbar zu Herzen gehenden Moralisieren und setzt alle ihre Hoffnungen auf die Umgestaltung der Gesellschaft, das heißt auf einen bestimmten Grad *zwangsweiser* Besserung. Die *Umstände*, der Druck des Gesetzes, der Gerichte, neuer ökonomischer Bedingungen werden die Menschen zwingen und sie lehren, besser zu werden... „Das Christentum hat durch jahrhundertelange vergebliche Bemühungen bewiesen, daß die bloße Predigt des persönlichen Guten die Menschheit nicht bessern und das Leben auf der Erde nicht ruhig und für alle in gleicher Weise gerecht und angenehm machen kann. Man muß die Bedingungen des Lebens selbst verändern, die Herzen werden sich, *ob sie wollen oder nicht*, an das Gute gewöhnen, wenn es *unmöglich* sein wird, Böses zu tun."[85] Dies ist jenes in unserem Jahrhundert vorherrschende Denken, das überall zu spüren ist, das in der Luft liegt. Man glaubt an die *Menschheit* – an den *Menschen* glaubt man nicht mehr.

Herr Dostojewskij ist anscheinend einer der wenigen Denker, die den Glauben *an den Menschen selbst* noch nicht verloren haben...

Man muß zugeben, daß in dieser Richtung viel Unabhängigkeit vorhanden ist und noch mehr Anziehungskraft...

So stellt sich die Sache dar, wenn man sie mit dem einseitigen und dürren sozialreformerischen Geist der Zeit vergleicht.

Aber einunddasselbe stellt sich völlig anders dar, wenn man es in Beziehung setzt zum Christentum.

Der demokratische und liberale Fortschritt glaubt mehr an die Verbesserungsfähigkeit der ganzen Menschheit als an die sittliche Kraft der Person. Die Denker oder Moralisten, die dem Verfasser der *Brüder Karamasow* ähnlich sind, hoffen anscheinend mehr auf das menschliche Herz als auf den Umbau der Gesellschaft. *Das Christentum aber glaubt weder an das eine noch an das andere, das heißt: weder an eine bessere autonomistische*[86] *Moral der Person noch an die Vernunft der kollektiven Menschheit, die früher oder später das Paradies auf Erden schaffen soll.*

Das ist der Unterschied. Übrigens habe ich mich mit dem Wort *Vernunft* vielleicht schlecht ausgedrückt... Die reine *Vernunft* oder die Wissenschaft wird sich in ihrer weiteren Entwicklung wahrscheinlich bald lossagen von jener utilitären und optimistischen Tendenzverfallenheit, die bei der Mehrzahl der zeitgenössischen Gelehrten durch jede ihrer Zeilen hindurchscheint; sie wird diese tröstliche Kinderfabel aufgeben und sich jenem rauhen und traurigen Pessimismus, jener mannhaften Aussöhnung mit der Unverbesserlichkeit des irdischen Lebens zuwenden, die sagt: „Duldet! *Niemals wird es allen besser gehen!* Die einen werden es besser haben, den anderen wird es schlechter gehen. Ein solcher Zustand, solche Schwankungen des Kummers und des Leides sind die einzig mögliche *Harmonie* auf Erden! *Und weiter nichts* – wartet nicht! Denkt auch daran, daß allem ein Ende kommt; sogar die Granitfelsen verwittern, werden unterspült; sogar die riesigen Himmelskörper gehen zugrunde... Wenn aber die Menschheit eine lebendige und organische Erscheinung ist, dann muß für sie um so mehr *irgendwann einmal das Ende* kommen. Und wenn sie ein *Ende* haben wird, wozu sollen wir uns dann sorgen um das Wohl zukünftiger, ferner, ja uns sogar völlig *unverständlicher* Generationen? *Wie können wir von dem Wohl unserer Urenkel träumen, wenn wir die uns am nächsten stehende Generation unserer Söhne und Töchter nicht zu Vernunft und innerer Ruhe bringen können?* Wie können wir auf eine *allgemeine sittliche oder praktische Gerechtigkeit* [87] hoffen, wo doch sogar die *theoretische Wahrheit oder die Enträtselung* des irdischen Lebens bisher für uns verdeckt ist hinter einem undurchdringlichen Vorhang; wo auch große Geister und ganze Nationen ständig irren, enttäuscht werden und gar nicht auf die Ziele zugehen, die sie gesucht haben? Die Sieger fallen fast immer in die gleichen Fehler, die die von ihnen Besiegten zugrunde gerichtet haben und so weiter... *Nichts Gewisses gibt es in der realen Welt der Erscheinungen.*

Gewiß ist nur *eins*, nur *eins*, eins nur ist *nicht zu bezweifeln: – das, daß alles zugrunde gehen muß*! Und darum: wozu diese Sorge um das irdische Wohl der künftigen Generationen? Wozu diese kindisch-krankhaften Träume und Entzückungen! Unser Tag ist unsere Lebenszeit! Und darum – *duldet*, und kümmert euch praktisch nur um die nächsten Dinge und mit eurem Herzen nur um die nahen Menschen: *ja – um die nahen, und nicht um die ganze Menschheit!*"
Das ist jene pessimistische Philosophie, die früher oder später und wahrscheinlich nach einer ganzen Reihe *erschreckender Enttäuschungen*[88] der künftigen Wissenschaft als Grundlage dienen wird.

Die sozialpolitischen Erfahrungen dessen, was bald kommen wird (was aller Wahrscheinlichkeit nach unabwendbar ist) werden natürlich ein erster und höchst wichtiger Stein des Anstoßes[89] für den menschlichen Geist auf seinem lügenhaften Weg des Suchens nach dem allgemeinen Wohl und der „Harmonie" sein. Der Sozialismus, das heißt der tiefe und gewaltsame Umsturz in Ökonomie und Leben, ist jetzt anscheinend unabwendbar, mindestens *für einen gewissen Teil der Menschheit.*[90]

Aber – ganz davon zu schweigen, wieviel Leiden und Kränkungen der Sieg des Sozialismus den Besiegten (das heißt den Vertretern der liberal-bürgerlichen Zivilisation) bringen wird – die Sieger selbst, wie dauerhaft und fest sie sich auch einrichten mögen, werden sehr bald verstehen, daß sie weit entfernt sind von Wohlergehen und Ruhe. *Und das ist wie 2 x 2 = 4,* und zwar deswegen, weil diese künftigen Sieger sich *entweder freier,* liberaler *als wir* einrichten werden; *oder, im Gegenteil:* Ihre Gesetze und Ordnungen werden die Menschen unvergleichlich mehr einengen als die jetzt bei uns geltenden, sie werden strenger, zwingender und sogar *schrecklicher* sein.

Im letzteren Fall muß das Leben dieser *neuen Menschen*[91] sehr viel schwerer, schmerzensreicher sein als das Leben der guten, gewissenhaften Mönche in strengen Klöstern, zum Beispiel auf dem Athos.[92] Dabei ist dieses Leben für den, der mit ihm bekannt ist, ein sehr schweres (obwohl es natürlich auch seine eigenen, ganz *besonderen* Tröstungen besitzt).
Ständige subtile Furcht, ständiger unerbittlicher Druck des Gewissens, des Statuts und des Willens der Vorgesetzten... Aber der Koinobit[93] vom Athos hat einen festen und klaren tröstenden Gedanken, hat einen rettenden Faden, der ihn aus dem Labyrinth des unaufhörlichen subtilen Kampfes hinausführt: *die Seligkeit jenseits des Grabes.*

Wird dieser Gedanke auch für die Menschen der geplanten ökonomischen Wohngemeinschaften tröstlich sein?[94] Das wissen wir nicht.

Wenn sich aber jener Teil der Menschheit, der die *Seligkeit* (?) der völlig neuen gesellschaftlichen und ökonomischen Bedingungen an sich selbst erproben möchte, sich *freier* einrichtet als wir, dann wird er in den Zustand einer gleichsam im Prinzip anerkannten und legalisierten Anarchie gestürzt, der dem der südamerikanischen Republiken oder einiger städtischer Gemeinschaften des alten Griechenland ähnlich ist. Denn der soziale Umsturz wird nicht die persönliche Erziehung, die persönliche Versittlichung aller Glieder des zukünftigen Staates abwarten, sondern er wird die Gesellschaft in dem Zustand ergreifen, in dem *wir sie jetzt wissen.* Und in diesem Zustand ist sie wohl noch sehr weit entfernt von der Leidenschaftslosigkeit, der Gutmütigkeit, der allgemeinen Liebe und der Gerechtigkeit, die nicht durch das Gesetz verbindlich gemacht wird, sondern die als warmer Springquell unmittelbar aus einer veredelten Seele aufsteigt!... Wenn doch wenigstens in diesem fortschrittlichsten Land, in Frankreich, die Kommunisten warten würden mit der Machtergreifung, bis alle Franzosen wenigstens so gute, kluge und edle Menschen geworden sind wie die Helden der George Sand.[95] Aber leider – sie wollen darauf nicht warten!...

So wird also die fortschrittliche Menschheit, nachdem sie alles Mögliche, sogar *die Bitternis der sozialistischen Gesellschaftsordnung* erprobt hat, unvermeidlich in die tiefste Enttäuschung fallen müssen; der politische Zustand der Gesellschaft aber findet immer seinen Widerhall sowohl in der höheren Philosophie wie auch in der allgemeinen, halbbewußten, in der Luft liegenden Weltanschauung; und die höhere Philosophie wiederum wie auch die Philosophie des Instinktes finden, früher oder später, in gleicher Weise Widerhall in der Wissenschaft selbst.

Darum wird die Wissenschaft dann unvermeidlich einen traurigeren, enttäuschteren, einen, wie ich gesagt habe, *pessimistischen Charakter* annehmen müssen. *Und eben hier liegt ihre Aussöhnung mit der positiven Religion;* da liegt ihr theoretischer Triumph: im Bewußtsein ihrer praktischen Kraftlosigkeit, in mannhafter Reue und Demut vor der Macht und der Wahrheit[96] der Herzensmystik[97] und des Glaubens.

*Das ist es, worum wir Slawen uns kümmern sollten!* Das widerspricht nicht dem Fortschritt; im Gegenteil – wenn man den Fortschritt des Denkens nicht unbedingt im Angenehm-Egalitären und Liebenswürdig-Demokratischen versteht, sondern in der Bedeutung der *Vervollkommnung* nur des *Denkens* selbst, dann muß eine so strenge und furchtlose Beziehung der Wissenschaft zum irdischen Leben als ein gewaltiger Schritt nach vorn anerkannt werden... „Sucht euren Trost, wo ihr wollt; ich dränge euch Gott nicht auf, das ist nicht meine Sache, ich sage euch nur: Sucht keinen Trost in meinen früheren Wohltätigkeitsallüren, die das vergangene 19. Jahrhundert in so törichter Weise erregt haben. Ich kann euch nur palliativ helfen." So sollte die Wissenschaft sprechen.

Der recht verstandene, sich durch unbegründete Hoffnungen nicht selbst betrügende Realismus muß früher oder später darauf verzichten, von irdischem Wohlergehen zu träumen und das Ideal sittlicher Gerechtigkeit im Schoß der Menschheit selbst zu suchen.

In genau der gleichen Weise glaubt auch die positive Religion nicht an dieses Wohlergehen und an diese Gerechtigkeit.

Die Liebe, das Verzeihen von Kränkungen, die Gerechtigkeit, die Großmut waren und bleiben immer nur Korrektive des Lebens, Palliativmittel, Öl auf die unvermeidlichen und sogar *nützlichen* Wunden. Niemals werden Liebe und Gerechtigkeit die Luft sein, die wir dann atmen würden, fast ohne sie zu bemerken... Ja, gerade so – fast ohne sie zu bemerken! Eduard von Hartmann[98] sagt ganz richtig: Würde das ideale Ziel (*das heißt: das Wohlergehen*), das vom Fortschritt angestrebt wird, jemals verwirklicht, so hätte die Menschheit den *Nullpunkt* oder die *volle Gleichgültigkeit* gegenüber allen Zweigen ihrer Tätigkeit erreicht. Aber das Ideal wird immer Ideal bleiben: Die Menschheit kann sich ihm nähern, ohne es jemals zu erreichen. Darum wird die Menschheit auch niemals zu jenem Zustand einer *hohen Gleichgültigkeit* gelangen, zu dem sie ständig strebt; sie wird ewig in einem Zustand des Leidens einer noch niedrigeren Ordnung (das heißt noch unterhalb jener *hohen Gleichgültigkeit*) verbleiben...

Ist etwa eine solche stille Gleichgültigkeit Glück? Das ist nicht Glück, sondern eine Art stiller Verfall aller Gefühle, sowohl der traurigen wie auch der freudigen.[99] Ich bin überzeugt, daß ein Mensch, der so stark fühlt und so sehr *mit dem Herzen denkt* wie F. M. Dostojewskij, wenn er von dem „Bau des menschlichen Glückes", von der „allmenschlichen brüderlichen Einigung", von dem „endgültigen Wort der großen, allgemeinen Harmonie" und so weiter spricht,[100] daß er dann etwas viel Brennenderes und Anziehenderes im Blick hat als jenes sanfte, seelenvolle „Nirwana", auf das Hartmannn hingewiesen hat. Und dieses Brennnende, Entsagungsvolle, das sowohl ein Sittliches wie auch ein Anziehendes ist, ist ganz gewiß bedingt durch einen mehr oder weniger starken und unerträglichen *Tragismus des Lebens...* Beweise dafür kann man in Hülle und Fülle in den Romanen von Herrn Dostojewskij selbst finden. Nehmen wir *Verbrechen und Strafe*.[101] Erinnern wir uns an den erschütternden, tiefen Eindruck, den die Darstellung der armen Familie Marmeladow macht. Bettelarmut, der betrunkene, zu nichts mehr fähige Vater, die eitle, schwindsüchtige, zornige, beinah wahnsinnige Mutter, die aber in ihrem Herzen eine ehrenhafte und fast naiv aufrichtige Dulderin ist; das Mädchen: sanft, lieb, *gläubig, das sich verkauft, um die Familie zu ernähren!* ... Und wenn diese Menschen bei all dem die hohen Eigenschaften ihrer Seele kundtun, dann versteht der tief erschütterte Leser sofort, daß diese Wärme, diese Seelenhaftigkeit,[102] diese Art von sittlichem Lyrismus gerade nur unter diesen Bedingungen einer von Tragik erfüllten Alltagswelt möglich ist, die der Autor ausgewählt hat. Dasselbe kann man auch in den *Brüdern Karamasow* in Hülle und Fülle finden.

Wir finden es im Hause des armen Hauptmanns[103] in der Geschichte des unglücklichen Iljuscha und seines geliebten Hundes; wir finden es auch schon in der Schürzung des dramatischen Knotens; der Leser, der auch jetzt schon in den noch nicht beendeten Roman einzudringen sucht,[104] errät, daß Dmitri Karamasow an der Ermordung seines Vaters nicht schuld ist und daß er wahrscheinlich umsonst leiden wird. Und wenn die Vermutungen des Lesers richtig sind, hat er das Recht, noch Bilder zu erwarten, die erfüllt sind von hohem Adel und Lyrismus. Schon allein das Erscheinen der Untersuchungsrichter und die ersten Verhöre machen einen solchen Eindruck; sie geben den handelnden Personen alsbald Gelegenheit, Anwandlungen höchster sittlicher Ordnung zu zeigen; so fühlt zum Beispiel die listige, ausschweifende und nicht selten sogar grausame Gruscha erst beim Verhör zum ersten Mal, daß sie diesen Dmitri wahrhaft liebt, und sie ist bereit, seinen Kummer und die ihm wahrscheinlich bevorstehenden Strafleiden zu teilen. Unglück, Kränkungen, Sturm der Leidenschaften, Verbrechen, Eifersucht, Neid, Unterdrückung, Fehler auf der einen Seite, und auf der anderen – unerwartete Tröstungen, Güte, Verzeihen, Ausruhen des Herzens, Aufschwünge und Taten der Selbstentsagung, Einfachheit und Fröhlichkeit des Herzens! Das ist *Leben*, das ist die „auf dieser Erde und unter diesem Himmel"[105] einzig mögliche *Harmonie. Das harmonische Gesetz der Vergeltung – und nichts weiter.* Die poetische, lebendige Ausgleichung der hellen Farben mit den dunklen – *und nichts weiter!* Eine im höchsten Grad ganzheitliche, halb tragische, halb strahlend helle Oper, in der drohende und traurige Töne abwechseln mit zarten und rührenden – *und nichts weiter!*

Wir wissen nicht, was auf *jener neuen Erde und in jenem neuen Himmel* [106] sein wird, die uns von unserem Heiland und Seinen Jüngern versprochen sind,[107] nach der Vernichtung *dieser* Erde *mit allen ihren* menschlichen *Werken;*[108] aber auf der *Erde, die uns jetzt bekannt ist, und unter dem Himmel, der uns jetzt bekannt ist*, sind alle unseren guten Gefühle und Taten – Liebe, Barmherzigkeit, Gerechtigkeit und so weiter – nur jenes *Korrektiv* des Lebens, *jene palliative Heilung der Wunden*, von denen ich oben gesprochen habe – sind nur dies und *können nie etwas anderes sein*.

Wärme ist notwendig für den Organismus, aber sie kann weder das einzige Material noch die einzige aufbauende Kraft für den Organismus sein.

Notwendig sind feste, *von außen her eingeengte Formen*, in die diese Wärme sich ergießen kann, *ohne sie auch nur zeitweise allzu tief zu verändern*; vielmehr nur so, daß sie diese festen Formen voller und angenehmer macht.

So spricht *die reale Erfahrung der Jahrhunderte*, das heißt beinah die Wissenschaft, der jahrhundertelange Empirismus,[109] der zwar noch keine mathematisch-rationale Erklärung gefunden hat, der aber einem nüchternen Geist auch ohne solche Erklärung völlig klar ist.

Genau so spricht auch die Kirche. So sprechen die Apostel, so prophezeit das Evangelium.

„Es wird Räuber geben, es wird Judasse geben; es wird Herodesse und gleichgültige Pilatusse geben", und „*zum Ende*" [110] wird nicht nur keine universale Brüderschaft eintreten, sondern gerade *dann wird die Liebe erkalten, wenn das Evangelium gepredigt wird an allen Enden der Erde.*[111] Und wenn diese Predigt sozusagen den ihr von oben her vorbestimmten Sättigungsgrad erreicht hat und wenn *beim Erkalten* sogar jener unvollkommenen, palliativen Liebe, die hier möglich und wirklich ist, die Leute unsinnigerweise anfangen werden, an „Frieden und Ruhe" zu glauben, – *dann wird das Verderben über sie kommen ... „und sie werden nicht entfliehen".*[112]

Und bis dahin? Bis dahin sind „selig, die Frieden stiften"[113] – denn *die Zwiste sind unvermeidlich.*[114] „Selig sind, die da hungert und dürstet nach Gerechtigkeit."[115]

Denn *hier wird es keine Gerechtigkeit geben.*[116] Warum sollte man sonst hungern und dürsten? Der Satte hungert nicht. Der sich satt getrunken hat, dürstet nicht.

„Selig sind die Barmherzigen" [117] – denn immer wird es jemanden geben, dessen man sich erbarmen kann, Menschen, die durch irgendjemanden (gleichfalls durch Menschen) „erniedrigt und beleidigt" sind,[118] Reiche oder Arme, Bettler und endlich solche, die uns selbst beleidigen!...

So spricht die Kirche, und ihr Wort fällt zusammen mit dem des *Realismus*, mit der harten und traurigen, aber tiefen Erfahrung der Jahrhunderte. So dachte offenbar auch noch Dostojewskij selbst, als er über das Totenhaus schrieb[119] und als er das in seiner schmerzhaften Wahrheit hohe und schöne Werk *Verbrechen und Strafe* schuf. Damals wollte er durch seinen erschütternden Einfluß die Wärme der Liebe gleichsam *nur verstärken*; er träumte zu jener Zeit offenbar noch nicht *von einer real unmöglichen und, kirchlich gesehen, beinah häretischen Kristallisation* dieser Wärme – in der Form eines Gebäudes des allmenschlichen Lebens.

In den *Dämonen*[120] wurde eine neue Stufe seiner Richtung stärker bemerkbar. Die Dämonen der Zersetzung, die Dämonen des Aufruhrs, der Bosheit, der inneren Fehde werden ausfahren aus den *russischen Menschen*, und Rußland wird sich, wie der geheilte Besessene, „niedersetzen zu Füßen Christi". [121]

Hier war es noch nicht ganz klar zu verstehen, daß „Christus" hier fast dasselbe bedeutet wie *irdischer Eudämonismus,*[122] nur mit einem *etwas asketischen Charakter.*

Das war noch sehr richtig und unbedingt nützlich, wenn es bei einem skeptischen Geist auch Zweifel aufkommen ließ... Zweifel nicht an der Lehre Christi und der Kirche (Gott behüte!), sondern einen in unserer Zeit sehr erlaubten Zweifel *an der großen und würdigen Zukunft Rußlands*! In den *Brüdern Karamasow* wurde die Lehre dieses *irdischen Eudämonismus* mit christlicher Schattierung noch bestimmter. Die guten Mönche in diesem Roman sagen nicht ganz das und vielleicht sogar überhaupt nicht das, was *gleichfalls sehr gute Mönche auf dem Athos und bei uns – sowohl russische wie auch griechische und bulgarische Mönche – über all dies in Wirklichkeit sagen.*[123]

Und endlich, in der Rede bei der Puschkinfeier, kam die Lehre ganz klar heraus: Es wurde klar, daß auch Herr Dostojewskij, ähnlich wie die große Mehrheit der *Europäer*[124] und der russischen *Allmenschen*, an eine friedliche und sanfte Zukunft Europas glaubt, sich darüber freut, daß es uns, den Russen, und vielleicht schon bald, zukommt, spurlos in dem antlitzlosen Ozean des Kosmopolitismus zu versinken und darin aufzugehen.[125] *Ja, gerade spurlos*! Denn was werden wir mitbringen zu diesem (meiner Meinung nach bis zum Abscheu langweiligen) *Gastmahl*[126] *der universalen*, einförmigen Brüderlichkeit? Welche *eigene* Spur, die nichts Fremdem ähneln würde, werden wir hinterlassen inmitten dieser *lächerlichen Menschen*[127] *der Zukunft*... Als eine ... wenn nicht immer finstere, so doch „bald vergessene Menge"

Werden wir dahingehen über die Welt ohne Lärm und ohne Spur,–
Ohne den Jahrhunderten einen fruchtbaren Gedanken hingeworfen zu haben
Oder eine von einem Genius begonnene Arbeit...[128]

Unserer Nation war *ein* großer Schatz anvertraut – die strenge und ohne Abweichungen festgehaltene kirchliche Orthodoxie; aber unsere besten Geister wollen sich nicht einfach „demütigen"[129] vor ihr, vor ihrer „Ausschließlichkeit" und vor ihrer *scheinbaren Trockenheit,* die allen romantisch erzogenen Seelen entgegenweht aus allem, was wohlgegründet, richtig und fest ist... Sie ziehen es vor, sich „zu demütigen" vor den Lehren des antinationalen Eudämonismus, in denen im Verhältnis zu Europa nicht einmal eine Spur von Neuem ist.

All diese Hoffnungen auf irdische Liebe und irdischen Frieden kann man auch in den Liedern Bérangers finden und noch mehr bei G. Sand..., und bei vielen anderen.[130] Und nicht nur der Name Gottes, sondern sogar auch *der Name Christi* wurde aus diesem Anlaß auch im Westen mehr als einmal erwähnt.

Die allzu *rosarote* Farbtönung, die von Herrn Dostojewskij in das Christentum hineingebracht wird, ist eine *Neuerung* im Hinblick auf die Kirche, die von der Menschheit nichts besonders Wohltätiges [131] in der Zukunft erwartet; aber diese Farbtönung enthält im Hinblick auf das vorherrschende europäische Denken des 18. und des 19. Jahrhunderts weder etwas besonders Russisches noch etwas besonders Neues.

Solange Herr Dostojewskij in seinen Romanen durch Bilder spricht, ist zu erkennen, daß der Künstler, trotz einer *gewissen persönlichen Subjektivität* aller dieser Bilder, voll und ganz und mehr als viele von uns *ein russischer Mensch* ist.

Aber der aus diesen russischen Bildern, aus diesen russischen Umständen herausdestillierte, abgezogene *reine Gedanke* erweist sich, wie fast bei allen unseren besseren Schriftstellern, als völlig europäisch hinsichtlich der Ideen und sogar hinsichtlich seiner Herkunft.

*In der Tat – gerade Gedanken werfen wir bis heute den Jahrhunderten nicht hin!*...[132] Und wenn man über diese unsere traurige Eigenschaft nachdenkt, kann man natürlich leicht glauben, daß wir hier bald spurlos aufgehen in *allem,* in *allen!*

Vielleicht muß es auch so sein.; aber worüber soll man sich da freuen? Ich kann es nicht verstehen!... Ich vermag es nicht.

III [133]

Also (wird mir jemand sagen), Sie erlauben sich nicht nur, die Möglichkeit zu leugnen, daß „Gerechtigkeit", Harmonie und „Wohlergehen" einmal überall auf der Erde „zur Herrschaft kommen", sondern Sie setzen dies dem Christentums sogar entgegen als Dinge, die mit ihm unvereinbar seien. Sie stellen dies alles beinah als dessen Antithesen dar... Sie haben sogar den „Katechismus" vergessen, in dem immer der Text „Gott ist Liebe" angeführt wird...[134]

Der Schriftsteller, den Sie selbst hochschätzen und den Sie am Anfang des vorigen Briefes einen nicht nur begabten und ganz und gar russischen, sondern auch überaus nützlichen Schriftsteller genannt haben, der hat sich bei Ihnen gegen Ende des gleichen Briefes Schritt für Schritt, Wort für Wort als ein Mensch erwiesen, der durch seine Verirrungen beinah schädlich ist, *„fast ein Häretiker"*! Aber was wollen Sie nun eigentlich? Was fordern Sie von unserem Rußland und von uns [135] selbst? –

Davon, daß die „Gerechtigkeit" und das „Wohlergehen" [136] auf der Erde zur Herrschaft kommen, werde ich hier nicht viel reden, weil sich, wie mir scheint, in dieser Frage alle Menschen sehr einfach einteilen lassen – in solche, die bereit sind, diesem Ideal zu glauben, und solche, die bei einem derartigen Gedanken, der in gleicher Weise *den realen Gesetzen der Natur und allen uns bekannten wichtigen und einflußreichen positiven Religionen* zuwiderläuft, nur mit den Achseln zucken.

Um die erstgenannten (das heißt die, die an „Wohlergehen" und „Gerechtigkeit" glauben) zu überzeugen – müßte man lange und eingehend reden, und das ist nicht möglich in einem Artikel oder einem Brief, der ein spezielles Ziel hat; die anderen aber (die nicht geneigt sind, daran zu glauben) werden mich auch verstehen, wenn ich mich auf eine Andeutung beschränke. Soviel über das universale „Wohlergehen" und über die menschliche „Gerechtigkeit".

Über die „Harmonie" werde ich mich bemühen, gesondert zu reden, wenn ich dazu komme, denn das Wort „Harmonie" verstehe ich anscheinend anders als Herr Dostojewskij und viele andere unserer Zeitgenossen. Jetzt will ich nur kurz und im Vorübergehen durch ein Beispiel klar machen, was ich meine. Puschkin begleitet Paskewitsch in den Krieg...[137] Er ist *bei Schlachten* zugegen. *Viele Menschen sind getötet, verwundet, in Traurigkeit und Elend gestürzt...* Die Russen ziehen als Sieger in Erzerum ein, der Dichter selbst erfährt während dieser ganzen Zeit natürlich eine Menge *starker und neuer Empfindungen*. Die Natur des Kaukasus und der asiatischen Türkei, der Anblick der *Getöteten und Verwundeten, die Schwierigkeiten und die Anstrengung* des Lebens während des Feldzuges, die Möglichkeit der

*Gefahr*, die Puschkin so ritterlich geliebt hat;[138] die Vergnügungen des Lebens im Stab einer siegreichen Truppe; sogar der *ihm bis dahin unbekannte* Genuß östlicher Badehäuser in Tiflis... Nach alldem oder unter dem Einfluß alles dessen (darunter auch unter dem Einfluß von Blut und tausend Toden) schreibt Puschkin irgendwelche schönen Verse im östlichen Stil.[139] Genau *dies ist Harmonie*, Versöhnung von Antithesen, aber nicht im Sinne einer friedlichen und brüderlichen *sittlichen Übereinstimmung*, sondern im Sinne einer poetischen und wechselseitigen Ergänzung von Gegensätzen, sowohl *im Leben selbst* wie auch in der Kunst.

Der Kampf zweier großer Armeen, unter Absehen von allem Nebensächlichen aufgefaßt in seiner umfassenden Ganzheit, ist eine Erscheinungsform von „Harmonien"...[140]

Wenn aber [141] der Kaiser von Brasilien in einer Gesellschaft russischer Orientalisten,[142] die, wie wir vermuten, alles Östliche schon so weit verloren haben, daß ein Außenseiter sie sehr schwer von irgendeinem europäischen Bürger [143] unterscheiden kann, zu Tische sitzt – dann ist das nicht so sehr Harmonie als vielmehr *Unisono*, ein sehr friedliches, etwas langweiliges, etwas hölzernes und sehr unfruchtbares *Unisono, das heißt ein solches, das auf die Sitten und Begriffe der Orientalisten selbst praktisch keine Wirkung hat, sie nicht zu östlicheren und originelleren Menschen macht.* Bei einem solchen Verständnis des Wortes „Harmonie" könnte ich eine durchaus nicht harmonische oder nicht-ästhetische [144] Bruderschaft einförmiger Völker der Zukunft auch dann nicht mit diesem Wort bezeichnen, wenn ich sogar das Recht hätte, an diese Bruderschaft zu glauben – *als Realist wie auch als Christ*.[145]

In den Augen eines Realisten, das heißt eines Menschen, der kein Recht hat, Voraussagen zu machen, ohne dafür vorangehende, wenn auch nur annäherungsweise zutreffende Beispiele zu haben – in seinen Augen ist eine solche im Wohlergehen lebende Bruderschaft, die die Menschen sogar zu subjektiver ständiger Zufriedenheit bringt, nicht in Übereinstimmung zu bringen weder mit der Psychologie noch mit der Soziologie noch mit der historischen Erfahrung. In den Augen des Christen widerspricht ein solcher Traum der *direkten* und sehr *klaren* Prophezeiung des Evangeliums über die Verschlechterung der menschlichen Beziehungen *gegen Ende der Welt*.[146] Brüderlichkeit *nach Möglichkeit* [147] und Humanität werden von der Heiligen Schrift des Neuen Testamentes tatsächlich empfohlen, für *die Rettung der einzelnen Seele im Jenseits*; aber in der Heiligen Schrift ist *nirgends gesagt, daß die Menschen mittels dieser Humanität zu Frieden und Wohlergehen gelangen werden. – Christus hat uns dies nicht versprochen...*[148] *Das ist nicht wahr!* Christus befiehlt oder rät allen Menschen, ihre Nächsten *im Namen Gottes* zu lieben;[149] aber andererseits prophezeit Er, daß viele nicht auf Ihn hören werden.[150] In diesem Sinn also sind die neueuropäische Humanität und die christliche Humanität ohne Zweifel Antithesen, und sogar solche, die sehr schwer zu versöhnen sind (oder nur *ästhetisch*, nur im Bereich der Poesie – sowohl der des *Lebens* wie auch der der *Kunst* – zu versöhnen sind, das heißt im Sinn *eines ästhetisch anziehenden* [151] *und vielseitigen Kampfes*). Darüber braucht man sich nicht zu wundern, und über einen solchen Gedanken braucht man nicht zu erschrecken. Das ist sehr verständlich, wenn auch traurig. Die Humanität ist eine *einfache* Idee; das Christentum aber stellt sich dar als etwas *Kompliziertes*. Im Christentum gibt es neben *vielen anderen* Seiten auch Humanität oder Liebe zur Menschheit „in Christus",[152] das heißt eine Liebe, die nicht unmittelbar aus uns herausfließt, sondern die *durch Christus geschenkt wird und die hinter dem Nächsten Christus erblickt.*[153] *Von Christus – und für Christus*. Dagegen kann die einfache, „autonomistische" [154] Humanität Schritt für Schritt, Gedanke für Gedanken zu jenem trockenen und von sich selbst überzeugten Utilitarismus führen, zu jener epidemischen Geisteskrankheit unserer Zeit, die man in der Sprache der Psychiatrie *mania democratica progressiva* nennen könnte. Die ganze Sache ist die, daß wir den Anspruch erheben, wir könnten *aus uns selbst*, ohne die Hilfe Gottes, entweder sehr gute oder, was noch fehlerhafter ist, nützliche Menschen sein. Ich sage: noch fehlerhafter; denn seine eigene Güte, starke plötzliche Empfindungen aufrichtiger Liebe und Barmherzigkeit spürt ein Mensch notwendig selbst – sie sind *eine Tatsache des dem Willen nicht unterworfenen Bewußtseins*. Aber wie kann man davon überzeugt sein, daß man *nützlich* ist, gar nicht einmal allen, aber doch vielen? Indem ich einen rette, schade ich vielleicht irgendeinem anderen. Das Christentum kann dies leicht aussöhnen – dadurch, daß es einerseits nicht an die Dauerhaftigkeit unserer Tugenden glaubt und daß es andererseits ein langes Wohlergehen und Seelenruhe für schädlich hält. Dem Beleidiger sagt es: „Tu Buße, du hast gesündigt." Dem Beleidigten gibt es zu verstehen: „Diese Beleidigung ist dir nützlich; durch die Hand eines ungerechten Menschen hat Gott dich bestraft, verzeih dem Menschen und tu Buße vor Gott!"

Kummer, Leiden, Verarmung, Kränkung nennt das Christentum manchmal sogar *eine göttliche Heimsuchung.*[155] Die einfache Humanität aber will diese für uns nützlichen Kränkungen, Verarmungen und Kümmernisse wegwischen vom Angesicht der Erde...

In dieser Hinsicht kann man Christentum und Humanität mit zwei starken Eisenbahnzügen vergleichen, die zu Anfang von einem Punkt ausgehen, die dann aber, infolge einer allmählich fortschreitenden Abweichung ihrer Bahnen, nicht nur aufeinandertreffen, sondern sogar in katastrophaler Weise zusammenstoßen müssen.[156]

Gewiß – in allen Katechismen wird von der Liebe zu den Menschen gesprochen. Aber in allen Katechismen und Büchern, die ihnen ähnlich sind, finden wir auch, daß der *Anfang der Weisheit* (das heißt der religiösen und der *aus ihr hervorgehenden* weltlichen Lebensweisheit) die Furcht Gottes ist,[157] die einfache, *sehr einfache Furcht* sowohl vor der Qual im Jenseits wie auch vor anderen Strafen, in der Form irdischer Peinigungen, Kümmernisse und Nöte.

Warum spricht Herr Dostojewskij nicht *direkt* von dieser *Furcht*? [158] Vielleicht deswegen nicht, weil *die Idee der Liebe anziehender ist*? Die Liebe schmückt den Menschen, die Furcht aber erniedrigt. Aber erstens ist nach der christlichen Lehre eine freiwillige Erniedrigung, die im Herrn geschieht (das heißt eben jene „Demut", die auch Herr Dostojewskij so hoch achtet),[159] besser und *ein zuverlässigeres Mittel für die Rettung der Seele* als jenes stolze und unmögliche Bemühen um ständige *Sanftmut* und unaufhörliche *Gesalbtheit*. Viele Gerechte haben es vorgezogen, sich in die Wüste zu entfernen, statt *tätige Liebe* zu üben;[160] dort haben sie *zu Gott gebetet – zuerst* für die eigene Seele, und *danach* für andere Menschen; viele von ihnen haben dies deswegen getan, weil sie – völlig richtig – nicht auf sich selbst vertraut und weil sie gefunden haben, daß Reue und Gebet, das heißt *Furcht und eine Art Erniedrigung* zuverlässiger sind als das Bemühen um *weltliche Sanftmut* und als das *Sich-Verlassen auf tätige Liebe* in der Gesellschaft, die aus vielen Menschen besteht. Sogar in mönchischen Koinobien[161] gestatten erfahrene Starzen es sich nicht sehr, sich von tätiger und brennender Liebe hinreißen zu lassen, sondern vor allem lehren sie *Gehorsam, Selbsterniedrigung, passives Verzeihen von Kränkungen...* Und all dies gilt als unwahrscheinlich schwierig, besonders für solche Menschen, die sich schon für „demütig" halten und meinen, sie hätten sich in der „Welt" schon durch eigene Anstrengungen für das Kloster vorbereitet. Die Geschichte des Mönchtums von ihrem Beginn an bis zu unserer Zeit ist voll von Geschichten eines erstaunlichen Falles solcher geistlichen Ikarusse,[162] die nicht selten sehr aufrichtig und adligen Sinnes waren.

Ja, vor allem *Furcht*, danach „Demut", oder vor allem *Demut des Geistes*, der nicht nur auf sich selbst mit Verachtung schaut, sondern auch auf jeden anderen Geist – sogar auf den genialer Menschen, die sich ja doch unaufhörlich irren.

Eine solche Demut führt Schritt für Schritt zum Glauben und zur Furcht vor dem Namen Gottes und zum *Gehorsam gegenüber der Lehre* der Kirche, die uns diesen Gott erklärt. *Die Liebe aber* ? *danach*. Die sanfte Liebe, die dem, der sie besitzt, selbst gut tut, die anderen tröstlich ist, die alles verzeiht[163] – sie ist Frucht, Krone, sie ist entweder die Belohnung für den Glauben und die Furcht oder eine besondere Gnadengabe, der *Natur* mitgeteilt oder befestigt durch zufällige und glückliche Bedingungen der Erziehung. Ich will gern an die Aufrichtigkeit und Liebe als eine besondere Gnadengabe glauben, wenn es sich zum Beispiel um den Redner selbst[164] handelt, das heißt um eine hochbegabte Natur; aber etwas ganz anderes empfinde ich, wenn ich an die Mehrheit seiner Zuhörer denke, die sich, wie ich überzeugt bin, *mehr von der Liebe zu Europa als von der Liebe zu Christus und wirklich zum Nächsten* haben hinreißen lassen...

Indessen gibt es unter den verschiedenen und zahlreichen Arten und Schattierungen der menschlichen Liebe *eine* besondere Art, die auch einen ungläubigen und nicht-demütigen Menschen auf *ihrem* Weg zum Glauben und zur Demut und dann sogar auch zu jener in *Gott* gegründeten Liebe zur Menschheit führen kann – zu einem Besitz, den zu allen Zeiten nur so wenige Menschen haben erwerben können, und auch dann nur annäherungsweise, ähnlich wie bei der Quadratur des Kreises sich ein bewegliches Vieleck annähert an den vollen und unbeweglichen Kreis von göttlicher Reinheit.

Aber von dieser Liebe will ich nicht mit meinen eigenen Worten reden. Vor mir und besser als ich hat über sie, fast gleichzeitig mit Herrn Dostojewskij, ein anderer russischer Christ gesprochen, in einer Rede, die zwar weniger gefeiert wurde, aber in *einer* Hinsicht *richtiger* ist als die Rede des Herrn Dostojewskij.

Ich spreche von K. P. Pobedonoszew...[165] Fast zu der gleichen Zeit, als man in Moskau mit solchem Lärm das Gedächtnis Puschkins feierte, als man dort aß, trank, das Denkmal mit Kränzen schmückte, Beifall klatschte, weinte und sogar in Ohnmacht[166] fiel vor Freude darüber, daß wir endlich „herangereift" oder, genauer gesagt, *überreif* geworden sind, so weit, daß uns nur noch übrig bleibt, uns selbst auf dem Altar der allmenschlichen (das heißt einfach: der europäischen) Demokratie zu schlachten – fast genau zu der gleichen Zeit hat dieser russische Christ, den ich erwähnt habe, allein, gemäß seiner Amtspflicht, die in glücklicher Weise zusammenfällt mit seinen Empfindungen und seiner Berufung, die weit entfernte Eparchie von Jaroslawl visitiert[167] und dort bei der Entlassungsfeier an der unter der Schirmherrschaft der in Gott ruhenden Kaiserin[168] stehenden Schule für Töchter von Priestern und anderen Dienern der Kirche eine Rede gehalten, die die *Moskowskije Wedomosti* [169] mit Recht eine schöne und erhabene Rede genannt haben und die ich eine *edelmütig-demutsvolle*[170] nennen möchte.

Ich will einige Abschnitte aus dieser Rede zitieren. Zuerst spricht Herr Pobedonoszew davon, wie man der entschlafenen Schirmherrin der Schülerinnen gedenken solle:

> Sie selbst hat allen, die sie lieben, aufgetragen, *ihrer bei der Liturgie zu gedenken, wenn das unblutige Opfer dargebracht wird auf dem Altar des Herrn*...[171]
> Bis zu den letzten Tagen ihres Lebens hat sie mit tiefer Dankbarkeit derer gedacht, die sie in die Kirche eingeführt und *ihr die Schönheit unserer Kirche* gezeigt haben. *Liebt mehr als alles auf der Welt unsere Heilige Kirche, so, wie ein Mensch liebt, der einmal die höchste Schönheit kennengelernt hat und sie nun gegen nichts mehr eintauschen möchte.*[172]

Und weiter:

Nur durch die Kirche könnt ihr mit dem Volk einswerden – einfach und frei, und sein Vertrauen gewinnen.

Und dann:

> Eins ist gewiß: Die einfachen Werke der Barmherzigkeit – den Hungrigen speisen, den Dürstenden tränken, den Nackten kleiden und, was das Höchste ist, die dunkle Seele erleuchten mit dem Licht der göttlichen Salbung, die kalte Seele erwärmen mit dem Feuer der Liebe – das sind die Werke, die uns nachfolgen.[173]

Worin besteht nun der Unterschied zwischen diesen zwei Reden, die in Hinsicht der Rhetorik gleich schön sind?

Sowohl dort ist „Christus", wie auch hier der „göttliche Lehrer".[174] Sowohl dort wie auch hier sind „Liebe und Barmherzigkeit". Ist nicht also alles gleich? Nein, es gibt da einen großen Unterschied, einen unermeßlichen Abstand ...

Erstens wird in der Rede des Herrn Pobedonoszew Christus nicht anders erkannt als *durch die Kirche – liebt vor allem die Kirche*. In der Rede des Herrn Dostojewskij ist Christus anscheinend jedem von uns, an der Kirche vorbei, so weitgehend zugänglich, daß wir, ohne uns groß um das ABC des Katechismus zu kümmern, das heißt, ohne die aller*wesentlichsten* Aussagen und die *unbedingten* Forderungen der orthodoxen Lehre zur Kenntnis zu nehmen, uns berechtigt fühlen, dem Heiland Verheißungen zuzuschreiben, die Er niemals gegeben hat: von einer „allgemeinen Bruderschaft der Völker", von „weltumspannendem Frieden" und von „Harmonie".[175]

Zweitens – über „Barmherzigkeit und Liebe". Auch hier besteht für einen aufmerksamen Geist ein großer Unterschied. Die „Barmherzigkeit" des Herrn Pobedonoszew ist *nur* persönliche Barmherzigkeit,.. und die „Liebe" des Herrn Pobedonoszew ist eben jene unprätentiöse [176] Liebe zum „Nächsten", ja eben: *zum allernächsten Nächsten, zu dem, der dir begegnet,* der vor dir steht – Barmherzigkeit zum *lebendigen, realen* Menschen, dessen Tränen wir sehen, dessen Stöhnen und Seufzen wir hören, dem wir wirklich, zu *dieser Stunde,* als unserem Bruder die Hand drücken können... Bei Herrn Pobedonoszew gibt es nicht einmal einen Hinweis auf die kollektive und abstrakte Menschheit, deren vielfältige Wünsche, deren widersprüchliche, einander bekämpfende und sich gegenseitig ausschließende Bedürfnisse wir uns nicht einmal in unserer Gegenwart auch nur vorstellen können, ganz zu schweigen von den Menschen künftiger Generationen...

Bei Herrn Pobedonoszew ist das so klar: Liebt die Kirche, ihre Lehre, ihre Ordnungen, ihr Ritual, *sogar ihre Dogmen* (ja, sogar die *trockenen* Dogmen kann man, dank dem *Glauben,* lieben bis zum Nonplusultra!). *Nehmt* ihr die Kirche *an,*[177] oder (sagen wir es einfacher) gefällt es euch, öfter zur Feier der Liturgie zu gehen oder *aufmerksam* die Klöster zu besuchen, dann werdet ihr auch die Lehre besser verstehen wollen; habt ihr die Lehre verstanden, so werdet ihr, *nach dem Maß der Kräfte eurer Natur*, christlich leben oder mindestens alles auf christliche Weise verstehen, so, wie der so schlecht *lebende Zöllner* auf christliche Weise verstanden hat. Die Kirche wird euch sogar sagen: Bemüht euch doch nicht, ständig entflammt zu sein und entflammt zu sein von Liebe... Es geht doch gar nicht um eure hohen Gefühlsausbrüche, *von denen ihr emporgerissen werdet*.[178] Es geht im Gegenteil um Reue und um Selbstbescheidung des Verstandes. Nehmt *nichts Überflüssiges auf euch*, laßt euch nicht ständig emportragen von diesen hohen und immer hohen Gefühlsausbrüchen, in denen sich oft so viel Stolz, Eitelkeit, Ehrsucht verbirgt. Seid freiheitliebend, wenn ihr unbedingt wollt, auf dem Gebiet der Politik (obwohl auch dies nicht ganz richtig ist, denn der Apostel sagt, daß man sogar einer andersgläubigen und ungerechten Obrigkeit untertan sein müsse [179]), aber auf dem Gebiet der Religion geht um Gottes willen [180] bescheiden bei der Kirche in die Lehre und, um es sogar noch einfacher und direkter zu sagen: Geht bei der russischen Geistlichkeit in die Lehre, bei diesem Stand, der so unvollkommen ist, sowohl in sittlicher wie in geistiger Hinsicht. Ja, es ist wahr – er ist sehr unvollkommen;[181] vielleicht ist das durch historische Bedingungen seiner Erziehung so gekommen, daß er dürrer, gröber, schlechter, stumpfer ist als wir, die *adlig erzogenen* Laien – ja, es ist wahr... Aber er *kennt die Lehre* der Kirche,[182] und sogar eben diese Dürre hat ihn vielleicht instand gesetzt, den Neuerungen solcher Ausbrüche zu widerstehen (Gott hat viele Wege!). Und weiter: Sind denn für leidenschaftliche Ausbrüche Neuerungen auch nur notwendig?[183] Ist die Orthodoxie bei uns denn noch nicht hinreichend vergessen – sowohl in der weltlichen Gesellschaft wie in der gelehrten Welt –, um wieder neu und anziehend werden zu können?... Das wunderbare Gefäß ist noch nicht zerschlagen, noch nicht bis auf den Grund zerschmolzen auf dem verzehrenden Feuer des europäischen Fortschritts. Gießt hinein in dieses Gefäß das trostreiche und stärkende Getränk eurer Bildung, eures Geistes, eurer persönlichen Herzensgüte... *Das reicht*.

Anscheinend spricht Herr Dostojewskij an einigen Stellen seiner Rede fast in eben diesem, in einem ausschließlich persönlichen Sinn. An diesen Stellen tritt er *wie früher* ganz als Christ in Erscheinung – nur: als ein Christ, *der etwas nicht klar und direkt ausspricht* und gleichzeitig *etwas anderes*, Überflüssiges nachredet.

Zum Beispiel:

> Demütige dich, stolzer Mensch, und vor allem zerbrich deinen Stolz! Demütige dich, müßiger Mensch, und vor allem – mühe dich ab auf dem heimatlichen 'Acker'...[184] Nicht außerhalb von dir ist die Wahrheit,[185] sondern in dir selbst; finde dich in dir, ordne dich dir unter, beherrsche dich, und du wirst die Wahrheit schauen. Nicht in den Dingen liegt diese Wahrheit, nicht außerhalb von dir und nicht irgendwo jenseits des Meeres, sondern vor allem in deiner eigenen Arbeit an dir selbst. Besiegst du dich, demütigst du dich – so

wirst du frei werden, wie du es dir niemals auch nur hast vorstellen können, und du wirst ein großes Werk beginnen *und wirst andere frei machen und wirst das Glück schauen*, denn dein Leben wird erfüllt sein, und du wirst endlich dein Volk und seine heilige Wahrheit verstehen. *Die Harmonie der Welt* ist nicht bei den Zigeunern zu finden [186] und nirgendwo, wenn du selbst mehr als alle ihrer unwürdig, wenn du boshaft und stolz bist und das Leben für umsonst forderst, ohne überhaupt auf den Gedanken zu kommen, daß man für das Leben zahlen muß.[187]

Eine Kleinigkeit ist hier nicht ausgesprochen, *das Wesentliche ist nicht erwähnt – die Kirche.*
*Überflüssiges ist nachgeredet – von der Weltharmonie.*

Aber lassen wir diese Harmonie, von der ich schon gesprochen habe und die meiner Meinung nach das ganze großartige Werk F. M. Dostojewskijs verdorben hat. Schauen wir lieber zu, was diese Demut vor dem „Volk", vor „seinem Glauben und seiner Wahrheit" denn eigentlich ist – jene Demut, über die uns auch früher schon viele belehrt haben.[188]

In diesen Worten: *Demut vor dem Volk* (oder, so ist wohl gemeint, speziell vor dem Bauern [189]) liegt etwas sehr Unklares und zum Teil Falsches. Sagen Sie doch: Worin soll man sich eigentlich demütigen vor dem einfachen Volk? Seine körperliche Arbeit achten?... Nein, jedermann weiß, daß nicht davon die Rede ist: Das versteht sich von selbst, und das haben die Menschen auch früher verstehen können, sogar viele von unseren Sklavenhaltern. [190] Seine sittlichen Eigenschaften nachahmen?... Natürlich gibt es sehr gute... Aber ich glaube nicht,[191] daß die familiären, gesellschaftlichen und überhaupt die im engeren Sinne *persönlichen* Eigenschaften des Mannes aus unserem einfachen Volk alle so sehr nachahmenswert wären. Kaum nachahmen sollte man wohl seine Sprödigkeit im Umgang mit Leidenden und Kranken, seine unbarmherzige Grausamkeit im Zorn, seine Trunksucht, die Neigung von so vielen von ihnen zu Hinterlist und sogar Diebstahl...[192] Natürlich rät man uns nicht in dieser Hinsicht, uns vor dem Volk zu „demütigen". Man muß bei ihm lernen, „sich" *geistig, philosophisch* zu „demütigen", muß *verstehen, daß in seiner Weltanschauung mehr Wahrheit ist* als in der unseren ...

*Das allein ist schon gut, daß der Mann aus dem Volk bei uns Europa nicht kennt und sich um das allgemeine Wohlergehen nicht kümmert;* wenn wir in den Versen Tjutschews von der Langmut des russischen Volkes lesen [193] und, nachdenklich geworden, uns aufmerksam fragen „Worin kommt diese Langmut denn eigentlich zum Ausdruck?", dann verstehen wir natürlich, daß das nicht einfach die physische Arbeit ist, an die unser Volk so gewöhnt ist, daß es ihm ohne sie bald langweilig würde (wer von uns wäre nicht schon Arbeiterinnen und Ammen in den Städten begegnet, die sich nach Feldarbeit und Heuernte gesehnt haben?)... Also nicht darum geht es. Langmut und Demut des russischen Volkes fanden und finden ihren Ausdruck zum Teil in der willigen Unterordnung unter die Herrschaftsgewalt, die, wie alle irdische Herrschaftsgewalt, manchmal ungerecht und grausam ist, zum Teil in der Ergebenheit gegenüber der Lehre der Kirche, ihren Ordnungen und Gebräuchen. Darum ist Demut vor dem Volk für denjenigen, der sich klare Rechenschaft über seine Gefühle gibt, nichts anderes als *Demut vor eben der Kirche, die zu lieben Herr Pobedonoszew rät.*

Und diese Liebe ist viel greifbarer und ist uns viel verständlicher als die Liebe zur ganzen Menschheit – denn von uns hängt es ab, zu erfahren, was diese Kirche will und was sie von uns fordert. Was aber morgen nicht nur die ganze Menschheit, sondern auch nur unser Rußland, das vor unseren Augen sogar seinen von den Ausländern gerühmten staatlichen Instinkt [194] verliert – was auch nur unser Rußland morgen wollen wird, das können wir nicht mit Gewißheit erfassen. Die Kirche hat *ihre unerschütterlichen Regeln,* und sie hat *äußere Formen,* die gleichfalls ihre eigenen, besonderen, klaren, sichtbaren Formen sind. Die russische Gesellschaft hat jetzt weder ihre eigenen Regeln, noch hat sie *ihre eigenen* Formen!
Liebst du die Kirche, so weißt du, womit du ihr sozusagen „gefallen" kannst. Aber wie soll man der Menschheit gefallen... wo doch die Millionen von Menschen, aus denen sie besteht, nicht nur nicht miteinander übereinstimmen, sondern auch *niemals in Übereinstimmung gebracht werden können!*

Diese ewige Unmöglichkeit, sie in Übereinstimmung zu bringen, widerspricht in keiner Weise jenem Streben nach Einförmigkeit in den Ideen, in der Erziehung und in den Rechten, das wir jetzt überall sehen. *Gleichheit der Rechte und der Erziehung gleicht nur die Ansprüche aus, ohne den Gegensatz der Interessen zu vermindern,* und verstärkt darum nur die Möglichkeit des Zusammenstoßes.

*Die Kirche lieben* – das ist so verständlich!

Das *zeitgenössische* Europa aber lieben, das sogar bei sich zu Hause die Römische Kirche, eine trotz allem, ungeachtet *ihrer* tiefen *dogmatischen Verirrungen,* große und apostolische Kirche, verfolgt [195] – das ist einfach *Sünde!* [196]

Warum war denn in unserer Gesellschaft und in unserer *ideenlosen* Literatur nichts zu bemerken von einem Mitempfinden weder mit Pius IX., noch mit Kardinal Ledochowski, noch mit dem westlichen Mönchtum überhaupt, das jetzt überall so verfolgt wird? [197] Das wäre doch ein Fall gewesen, in dem christliches, künstlerisches und liberales Empfinden sich hätten treffen können!

Denn andererseits sind die Katholiken die einzigen Vertreter des Christentums im Westen (auch darüber hat der gleiche Tjutschew, der die Langmut des russischen Volkes gepriesen hat, sehr schön geschrieben);[198] andererseits kann die wahre, lebendige, unmittelbare Humanität sich nicht nur auf den Arbeiter und den verwundeten Soldaten beziehen. Ein Mensch hohen Standes, der von der Menge beleidigt und verfolgt wird, ein besiegter Heerführer wie Benedek oder Osman Pascha [199] kann ein sehr lebendiges und tiefes Gefühl verehrungsvollen Mitleids erwecken – in Herzen, die noch nicht verdorben sind von einseitigen demokratischen „Sentiments"!

Und ganz gewiß ist im Papst und in Ledochowski mehr Poesie als in diesem ehrlichen und entsetzlich langweiligen Grévy [200] oder in einem frechen und gewöhnlichen Pariser Arbeiter.
Ich bin der Überzeugung, wenn Puschkin länger gelebt hätte,[201] so wäre er für den Papst und für Ledochowski und sogar für Don Carlos [202] gewesen... Die revolutionäre Gegenwart verwandelt sich allmählich das ganze alte und poetische, vielgestaltige Europa an, das unserer Poet so liebt, und er liebte es natürlich nicht mit einem sittlich-wohlwollenden, sondern vor allem mit einem künstlerischen, mit einem gewissermaßen pantheistischen Empfinden.[203]

Ich erinnere mich an eine abscheuliche Abbildung in irgendeiner Illustrierten, ich glaube, es war die *Gartenlaube*.[204] Eine friedliche dörfliche Landschaft, Sträucher, in der Ferne ein Wäldchen, beim Wäldchen eine bescheidene Kirche (katholisch). Im Vordergrund der Gravüre eine Prozession. Fromme alte Frauen, Bauern ohne Kopfbedeckung, in ihrer Haltung und auf den Gesichtern eben jene „Demut", die uns auch bei uns bei Menschen aus dem einfachen Volk in ähnlichen Fällen rührt. An der Spitze der Prozession die Dorfgeistlichkeit mit Kirchenfahnen. Aber diese guten Menschen, die „demütig sind vor Christus", können nicht zu Seinem Tempel gelangen. Ein Eisenbahnzug hat aus irgendeinem Grund auf den Gleisen gehalten, und die Schranke ist heruntergelassen. Die Gläubigen müssen lange warten oder einen großen Umweg machen. Irgendsoein bärtiger Blusenträger lehnt sich auf das Geländer eines Waggons und schaut gleichgültig den Priestern direkt ins Gesicht....

Die Abbildung war offenbar mit Spott und Schadenfreude entworfen.

Oh! wie hassenswert erschien mir das ruhige und sogar schöne Gesicht dieses Blusenträgers!
Und wie möchte ich jetzt als Antwort auf den seltsamen Ausruf des Herrn Dostojewskij „Oh, die Völker Europas wissen gar nicht, wie teuer sie uns sind!" [205] – wie möchte ich als Antwort darauf ausrufen, nicht im Namen von ganz Rußland, sondern viel bescheidener, einfach in meinem Namen und im Namen der wenigen, die so empfinden wie ich: „Oh! wie hassen wir dich, *du zeitgenössisches Europa*, dafür, daß du bei dir selbst alles Große, Schöne und Heilige zugrunde gerichtet hast und daß du durch deinen ansteckenden Atem auch bei uns Unglücklichen so viel Kostbares vernichtest!"

Wenn ein solcher Haß „Sünde" ist, dann bin ich bereit, mein ganzes Leben lang bei einer solchen Sünde zu bleiben, die geboren wird aus der Liebe zur Kirche. Ich sage „zur Kirche" – sogar auch zur katholischen, denn wenn ich nicht orthodox wäre, so möchte ich natürlich lieber ein gläubiger Katholik sein als ein Eudämonist und Liberal-Demokrat!!! ... Das ist schon gar zu gräßlich.

## Kommentar

1 Das folgende Vorwort der Broschüre, in der Leontjew seine aus Anlaß der Puschkin-Rede Dostojewskijs geschriebenen *Briefe* zusammen mit seinem Artikel über Tolstois Erzählung *Wovon leben die Menschen?* neu veröffentlichte, ist zwei Jahre nach der Rede Dostojewskijs und der Erstveröffentlichung der *Briefe* geschrieben. Dostojewskij war inzwischen (am 28.1. / 9.2.1881) gestorben.
2 „konservativ". Russ.: „ochranitel'nyj", zu „ochranitel'" = „der Bewahrer".
3 Leontjew verteidigt sich damit gegen den möglichen Einwand, daß er mit seiner Kritik an Dostojewskij dessen hohe Bedeutung nicht gerecht werde. Er sagt dagegen, daß er in diesem seinem Aufsatz die Romane Dostojewskijs und dessen *Tagebuch eines Schriftstellers* durchaus positiv beurteile und daß Dostojewskij in diesen Werken vielfach die gleichen Meinungen vertrete wie er, Leontjew.
4 Die Rede war gehalten worden am 8. Juni 1880, Dostojewskij war gestorben am 28. Januar 1881. Immerhin hat Dostojewskij nach der Puschkin-Rede noch die *Brüder Karamasow* vollendet und im August 1880 noch ein Heft seines *Tagebuchs eines Schriftstellers* herausgebracht, in dem er die „Puschkin-Rede" veröffentlichte und sie gegen den Angriff Gradowskis verteidigte (PSS, 26, S. 129-174). Am Tag nach Dostojewskijs Tod erschien das von ihm noch sorgfältig vorbereitete Januarheft 1881 des *Tagebuchs eines Schriftstellers*.
5 Tolstois Erzählung *Wovon die Menschen leben* (russ.: Чем люди живы), erschienen zuerst 1881, ist enthalten in Tolstoi: 20 Bd., Bd. 10, S. 253-272; deutsch in Tolstoi: Erzählungen, Bd. 2, S. 386-412.
6 Lewin ist der positive Held und der Ideenträger Tolstois in dessen Roman *Anna Karenina*. Im letzten (achten) Teil des Romans, erschienen 1877, wird eine Art Bekehrung Lewins, sein Durchbruch zu einer religiösen, aber durchaus nicht kirchlich-orthodoxen Weltanschauung geschildert. Siehe dazu Müller: Religion Tolstojs.
7 In *Krieg und Frieden*, geschrieben vor *Anna Karenina*, erschienen 1868/69, vertrat Tolstoi in der Tat eine sehr andere, stärker pantheistisch gefärbte Weltanschauung als in *Anna Karenina* und den folgenden Werken. Mit „dieser Zug", ist die Ethik der allgemeinen Menschenliebe gemeint – das, was Leontjew als „rosarotes Christentum" bezeichnet.
8 Ein Zitat aus Puschkins Gedicht *Der Dämon*, deutsch in Puschkin: Fünfzig Gedichte.
9 „lügenhaft". Russ. „лжный". Bei aller Hochachtung vor Dostojewskij beurteilt er dessen Auffassung vom Christentum, wie er sie in der Puschkin-Rede findet, doch als bewußte Entstellung, also nicht bloß als Irrtum und Fehler, sondern als Lüge.
10 „allgemeiner". Russ. „поголовный", eigentlich „kopfweise", dann „allgemein", „ohne Ausnahme". – Über den Unterschied zwischen ästhetischer Liebe (der Liebe zu ästhetisch Schönem) und religiös-moralischer Liebe spricht Leontjew ausführlich in I,6 und I,7.
11 Die Anhänger der religiösen Weltanschauung Tolstojs haben sich später tatsächlich zu einer Art „häretischer Kirche" gesammelt. Wladimir Solowjow hat, ebenso wie die Russische Orthodoxe

Kirche, heftig gegen sie polemisiert, während er Dostojewskij gegen die Vorwürfe Leontjews in Schutz genommen hat. Siehe dazu Solowjow: Reden, S. 51-56.
12  Zur Rede Dostojewskijs bei der Puschkinfeier s.o., die Einleitung. – Dieser erste Artikel Leontjews ist ziemlich bald nach der Rede Dostojewskijs, am 29. Juli 1880, im *Varšavskij Dnevnik* erschienen; dann neu gedruckt 1882 in der Broschüre (B), 1886 in VRS II, S. 280 bis 307; 1912 in Leontjew, SS, Bd. 8, und 1990 in M. Nach dem Text von Leontjew SS hat Nicolaj von Bubnoff die drei Aufsätze über Dostojewskij ins Deutsche übersetzt. Ich lege meiner Übersetzung den Text von 1882 zugrunde. Abweichungen der anderen Ausgaben vermerke ich in den Anmerkungen. – „universal" – russ. „асемирный" = „die ganze Welt umfassend". Vgl. in Schillers Lied *An die Freude*: „diesen Kuß der ganzen Welt".
13  „jetzt" ist die Zeit der Niederschrift des Artikels zwischen dem 8. Juni (dem Tag der Rede Dostojewskijs) und dem 29. Juli 1880.
14  „Totenfeier", russ.: „тризна". Dieses Wort bezeichnete ursprünglich die Totenfeier der heidnischen Slawen; später im hohen Stil die kirchliche Bestattung oder das an die Bestattung sich anschließende kultische Gedächtnismahl. Leontjew gebraucht den Ausdruck ironisch zur Charakterisierung der Puschkinfeier als einer pseudo-kultischen Veranstaltung. Bubnoffs Übersetzung mit „Gedenkfeier" läßt diese Ironie nicht erkennen.
15  „zivilisierte Reife", russ.: „цэвилюзованная зрлстть". Gemeint ist aber nicht „zivilisiert", sondern „zivilisatorisch". Leontjew ist eigenwillig im Gebrauch von Fremdwörtern. Vielleicht will er den grimmigen Humor dieser ersten Sätze verstärken. Über das Streben der Russen nach solcher „Reife" weiterhin bei Anm. 166.
16  Das Ende dieses Satzes von „nicht einmal" bis „könnten" ist in VRS ausgelassen. Offenbar spielt Leontjew auf ein Zeitereignis an.
17  „altgewordenen", russ.: „оуживающие", eigtl. „die dabei sind, ihr Leben zu Ende zu leben". Leontjew meint, daß die Franzosen die Zeit ihrer kulturellen Blüte hinter sich haben. Schon die Slawophilen waren in Bezug auf ganz Westeuropa dieser Meinung. Vgl. etwa das Gedicht des führenden Slawophilen Chomjakow „Traum" („Мечта"): „Oh, traurig, traurig ist mir! Dichtes Dunkel legt sich / Auf den fernen Westen, das Land der heiligen Wunder; / Die früheren Leuchten brennen herunter und werden blaß, / Und die besten Sterne werden vom Himmel gerissen..." Oder die Äußerungen Iwan Karamasows in Dostojewskijs *Die Brüder Karamasow*, Buch 5, Kap. 3, Abs. 15. – Weitere Äußerungen Leontjews über Frankreich und die Franzosen in I,7; I,24-26; II,19. Vgl. Anm. 58. – Die Überschwemmung in Spanien – offenbar ein Zeitereignis.
18  Die in Klammern stehende Wendung fehlt bei Bubnoff. Gemeint ist: die Eindrücke, die sie vom Leben hatten und den Inhalt ihrer Werke ausmachen.
19  Der *Vestnik Evropy* war eine europa-freundliche, gemäßigt liberale monatlich erscheinende Zeitschrift für Geschichte, Politik und Literatur. Mit dem Satz in Klammern will Leontjew vielleicht sagen, daß er selbst diese liberale Zeitschrift nicht liest.
20  Demut", russ.: „смирение" – ein Schlüsselwort in Dostojewskijs Puschkin-Rede. Siehe dazu im weiteren I,2; III,16-18. 21. 36. 39-41. 51. – „Slawismus" russ.: „славизм", statt „slavjanstvo" = „Slawentum". Schon Herder hatte 1784 in seinen *Ideen zur Philosophie der Geschichte der Menschheit* (16. Buch, 4. Kapitel) die Slawen als ein besonders friedliches Volk, „mildtätig", „unterwürfig und gehorsam" geschildert.
21  F. I. Tjutschew (1803-1873). Vgl. besonders sein berühmtes Gedicht „Éti bednye selen'ja", deutsch in Tjutschew, S. 187: „Arm die Dörfer in den weiten / Steppen, die Natur voll Wehmut / Rings in deinen öden Breiten, / Rußland, Heimat, Land der Demut."
22  Harmonie besteht für Leontjew nur in einem „poetischen Kampf von Gegensätzen"; es hat für ihn nur Sinn als ästhetischer Begriff, nicht als Bezeichnung eines Zustandes allgemeinen „Wohlergehens" („blagodenstvie"), der für Leontjew eine reine Utopie ist. Darüber ausführlich in III,1 ff. – Das „wiederum" in der in Klammern stehenden Wendung bezieht sich wohl zurück auf „allgemeinen Frieden", mit dem „Wohlergehen" identisch ist.

23  Victor Hugo (1802-1885), hervorragender französischer Dichter und Schriftsteller, von Dostojewskij hoch geschätzt; Giuseppe Garibaldi (1807-1882), Kämpfer für die Freiheit und Einheit Italiens; die Quäker, in England entstandene religiöse Gemeinschaft in der Nachfolge der Wiedertäufer, Vorkämpfer für Frieden und Menschenrechte mit starkem sozialen Engagement; P. J. Proudhon (1809-1863), französischer sozialistischer Schriftsteller und Politiker, Theoretiker des Anarchismus; E. Cabet (1788-1856), Theoretiker und Praktiker des Kommunismus; Ch. Fourier (1772-1837), einer der Begründer und Theoretiker des utopischen Sozialismus; George Sand, eigtl. A. A. L. Baronne de Dudevant (1804-1876), sozialkritische Schriftstellerin; Dostojewskij war in seiner Jugend von ihr begeistert und hat ihr im Juni 1876 im *Tagebuch eines Schriftstellers* einen warmherzigen Nachruf gewidmet. Überhaupt war Dostojewskij von der Geistesbewegung, die Leontjew durch die Nennung dieser Namen mißbilligend beschreibt, stark beeinflußt. Er schreibt darüber im *Tagebuch eines Schriftstellers* von 1873. Auch Leontjew selbst war in seiner Jugend von George Sand begeistert.– Vgl. Anm. 95.

24  Die *Russkaja Mysl'* war in den achtziger Jahren eine Monatszeitschrift mit slawophiler Tendenz.

25  In VRS: „dem vielseitigen, sinnenhaften, kämpferischen, dämonisch-prachtvollen". – Vgl. Anm. 203.

26  Der Eindruck der Rede Dostojewskijs auf die Zuhörer war in der Tat überwältigend. Dostojewskij berichtet darüber in dem Brief an seine Frau am Abend des 8. Juni 1880. Vgl. Anm. 166.

27  Vgl. in Dostojewskijs Rede im letzten Absatz, Satz 12: „Für den echten Russen sind Europa und das Erbteil (russ.: „удел") des ganzen großen arischen Stammes ebenso teuer wie Rußland selbst, wie das Erbteil des eigenen Heimatlandes, weil unser Erbteil eben die All-Weltlichkeit ist – und zwar nicht eine mit dem Schwert, sondern durch die Kraft der Brüderlichkeit und unseres brüderlichen Strebens nach der Vereinigung der Menschen errungene..." – Zu der Bezeichnung der europäischen Völker als „des großen arischen Stammes" siehe Müller, Pol. Verm.; s. auch Anm. 125.

28  Ein solches Buch hat Wladimir Solowjow geschrieben: „Der Sinn der Liebe".

29  Dostojewskij wußte das sehr wohl. Besonders in dem Roman *Der Idiot* hat er diese Thematik behandelt.

30  Bubnoff übersetzt fehlerhaft: „vor uns Asiaten".

31  Zu „zeitgenössischen" macht Leontjew in einer Fußnote folgende Anmerkung: „Ich meine ‚zeitgenössisch' im Sinne der Tendenz, der Art der Erziehung und alles dessen, was den sogenannten Typ ausmacht, nicht aber meine ich damit alle, die jetzt leben. Auch Bismarck und der Papst und irgendein frommer, einfacher Bayer leben jetzt; aber dies sind Überbleibsel des früheren, sozusagen dichten und geistig reichen Europa. Nicht von solchen Zeitgenosssen rede ich; das gilt ein für alle Mal."

32  Im Krimkrieg (1853-1856) kämpften England, Frankreich und die Türkei gemeinsam gegen Rußland. Rußland verlor den Krieg. – Zu Leontjew als Militärarzt siehe Kologriwof, S. 44 ff.

33  „die Vorgesetzten auf unserer Seite". Bubnoff übersetzt falsch: „unsere Oberbefehlshaber".

34  „Delikatesse". Auch im Russischen ist das ein Fremdwort: „деликатность".

35  „Coiffeurs". Russ.: „куафер".

36  A. I. Herzen (1812-1870), bekannter russischer Publizist revolutionär-demokratischer Richtung.

37  „troupier". So (in lateinischen Buchstaben) bei Leontjew: ein Soldat im Mannschaftsdienstgrad.

38  Das Gleichnis vom barmherzigen Samariter Lk. 10,30-37.

39  Über Sissermann (transliteriert „Zisserman") habe ich nichts ermitteln können.

40  Dem russisch-türkischen Krieg von 1877/78 waren 1876 Aufstände der Bulgaren und Serben gegen die türkische Herrschaft vorausgegangen, die von den Türken brutal niedergeschlagen worden waren. Der deutsch-französische Krieg von 1870/71 lag erst zehn Jahre zurück, als Leontjew dies schrieb.

41  „rechtgläubig", russ.: „православный", hier im konfessionellen Sinne gemeint. Die russische „Gutmütigkeit" kommt aus der Zugehörigkeit des russischen Volkes zur Orthodoxie.

42  Ungenaues Zitat nach 2. Kor. 12,9.- Vgl. Anm. 72.

| | |
|---|---|
| 43 | Mit den „Europäern aus Charkow" und den „Franzosen aus Kaluga" sind Menschen aus der russischen Provinz gemeint, die sich europäisch fühlen und sich so aufführen. |
| 44 | Ironisch gebrauchte biblische Redeweise nach Mk.14,38; 1. Tim. 6,9. |
| 45 | Leontjew wählt typisch russisch klingende Vor- und Vatersnamen, um zu zeigen, daß diese „Europäer aus Charkow" und „Franzosen aus Kaluga" ganz echte Russen sind. |
| 46 | Vgl. dazu den Roman *Ein Held unserer Zeit* von Michail Lermontow (1814-1841). |
| 47 | Über die altgläubigen Kosaken schrieb Tolstoi in seiner Erzählung *Die Kosaken* (1863), über die napoleonischen Kriege in *Krieg und Frieden* (1868/69). |
| 48 | Das Wort „mystisch" bedeutet im Russischen oft einfach soviel wie „religiös", „übernatürlich". Vgl. Anm. 70 und 97. |
| 49 | „Gegenstand", russ.: „Предмет", hier mit großem Anfangsbuchstaben geschrieben, weil auf Christus bezogen. So auch im Folgenden die Haupt- und Fürwörter, die sich auf Christus beziehen. |
| 50 | „lebendigen" fehlt bei Bubnoff. Gemeint ist wohl: „konkret personhaft". |
| 51 | A. D. Gradowski (1841-1889), Professor für Staatsrecht an der Petersburger Universität, hat am 25. Juli 1880 in Nr. 174 der liberalen Petersburger Zeitung für Politik und Literatur *Golos* ( = *Die Stimme*) unter dem Titel *Traum und Wirklichkeit* eine scharfe Kritik an Dostojewskijs Puschkin-Rede veröffentlicht. Dostojewskij antwortete darauf im Augustheft seines *Tagebuchs eines Schriftstellers*: Dost., PSS, 26, S. 149-174. Über den Artikel Gradowskis siehe ebd., S. 476-478; 503-507.- Vgl. Anm. 71. |
| 52 | Vgl. in der Puschkin-Rede Dostojewskijs im letzten Absatz, Satz 17: „... das endgültige Wort der großen, allgemeinen Harmonie, der endgültigen brüderlichen Übereinstimmung aller Stämme nach dem Gesetz des Evangeliums Christi". |
| 53 | Nach Matth. 18,17. |
| 54 | Léon Gambetta (1838-1882), französischer republikanischer Politiker. |
| 55 | Nach Ps. 111,10; Spr. 9,10. Solowjow hat seiner Verteidigung Dostojewskijs gegen die Anschuldigung Leontjews dieses Wort als Motto vorangestellt, dabei aber „Anfang" kursiv gesetzt und ein weiteres Bibelwort hinzugefügt: „Gott ist Liebe. Furcht ist nicht in der Liebe, sondern die völlige Liebe treibt die Furcht aus." (Solowjow: Reden, S. 51.) |
| 56 | Maximin Isnard (1755-1825), in der französischen Revolution auf der Seite der gemäßigten Rechten (der sogenannten Girondisten), war 1793, wie die meisten anderen Girondisten, zum Tode verurteilt, konnte sich aber retten. |
| 57 | „Christus anziehen" im Neuen Testament Ausdruck für „sich zu Christus bekehren", „sich taufen lassen" (Röm. 1,14; Gal. 3,27). |
| 58 | Daß Frankreich alt geworden sei, sich abgelebt oder überlebt habe, war schon zu Anfang des Artikels gesagt, vgl. Anm. 17. |
| 59 | „tentation" (frz.) „Versuchung". |
| 60 | Das bis zum Ende dieses Absatzes Folgende fehlt in VRS, offenbar von Leontjew für die Buchausgabe gestrichen. |
| 61 | Die Myronsalbung der Orthodoxie entspricht der Firmung in der Katholischen Kirche. Sie wird dort aber gleich im Anschluß an die Taufe gespendet. Nach der Aufnahme in die Gemeinschaft der Orthodoxen Kirche wird die Eucharistie gefeiert. Siehe dazu Onasch, die Artikel „Taufe" und „Myronsalbung". |
| 62 | Leontjew zitiert den Anfang von Puschkins Gedicht *Der Prophet*, deutsch in Puschkin, S. 45. |
| 63 | Verkürzendes Zitat aus dem Kommunionlied der Chrysostomus-Liturgie: „Als deines mystischen Mahles Teilhaber nimm mich heute an, Sohn Gottes; denn nicht werde ich deinen Feinden das Mysterium verraten; nicht werde ich dir einen Kuß geben wie Judas, sondern wie der Schächer werde ich dir bekennen: Herr, gedenke meiner in deinem Reich." (Lilienfeld, Heft A, S. 77). |
| 64 | „Prosphora". Das eucharistische Brot in der Liturgie der Ostkirche, nicht in der Form von Oblaten, sondern gesäuertes Brot. |
| 65 | Am Tag der Aufnahme in die Kirche ist es nicht erlaubt, dem Priester die Hand zu küssen, was sonst von den Gläubigen, die das Abendmahl empfangen haben, erwartet wird und was von die- |

sen häufig als unangenehm empfunden wurde. Aber der bekehrte Gambetta würde auch diesen Akt der Demut mit Freude vollziehen.

66 Nach 3. Mose 19,18. 34; Matth. 19,19; 22,39; Mk. 12,31; Lk. 10,27.
67 „Luftschiffer", russ.: воздухоплаватель". Gambetta verließ am 7. Oktober 1870 in einem Luftballon das von deutschen Truppen belagerte Paris, um Truppen zum Entsatz der Hauptstadt zu organisieren.
68 „Bestrahlt vom Licht der Wahrheit" in Anführungsstrichen. Offenbar ein Zitat. Woher?
69 „lebendiges" Denken. Das Adjektiv in Anführungszeichen. Vielleicht zitiert als Modewort in der philosophischen Sprache der Zeit.
70 „Mystiker" hier im Sinne von „religiöser Mensch", vgl. Anm. 48.
71 2. Kor. 12,9; s. Anm. 42. Zu Gradowski siehe Anm. 51.
72 Hierzu bemerkt Leontjew in einer Anmerkung in VRS, S. 287: „Siehe dazu das Buch von V. N. *Die Staatslehre des Metropoliten Filaret*, 1885, S.86-94. Dort heißt es unter anderem: ‚Du schlägst ihn mit der Rute und befreist seine Seele vom Tode' (S. 92)." – Filaret (Drosdow) (1783-1867), Metropolit von Moskau, war eine der führenden Persönlichkeiten der Russischen Orthodoxen Kirche im 19. Jahrhundert. – Sein Eintreten für Körperstrafen stieß in der russischen Öffentlichkeit auf Befremden und Widerspruch.
73 Etwa Raskolnikow in *Verbrechen und Strafe*, der Mörder Fedka in den *Dämonen*, Gruschenka in den *Brüdern Karamasow*, Sonja in *Verbrechen und Strafe*, Nastassja Filippowna im *Idioten*.
74 In Anführungszeichen als Zitat des Romantitels.
75 Im Gleichnis vom barmherzigen Samariter (Lk. 10) war der Überfall der Räuber auf den Reisenden höchst unharmonisch. Aber die Disharmonie löst sich gleichsam in Harmonie auf, wenn man das Geschehen vom Standpunkt der „höheren Ziele" aus betrachtet: Aus diesem Überfall ergibt sich der Liebeserweis des Samariters, der zum ewigen Beispiel der Nächstenliebe wird.
76 Matth. 20,16; 22,14.
77 Matth. 24,14; 26,13; Mk. 14,9.
78 Matth. 20,16; 22,14.
79 Matth. 11,12.
80 Statt „Glaube" in VRS: „das Verlangen, das Trachten nach Glauben".
81 Mk. 13,13.
82 „zugestehen darf", russ.: „уступать нельзя". Bubnoff übersetzt „... kann".
83 Der „Zweite Brief" ist zuerst veröffentlicht am 7. August 1880, in Nr. 169 des *Varšavskij Dnevnik*. Siehe Anm. 12.
84 Unter diesem Titel veröffentlichte Dostojewskij von 1873-1881 seine Publizistik, in der er einen politischen Standpunkt vertrat, der dem Leontjews nahe verwandt war; neu herausgegeben in Dost, PSS, Bd. 21-27; deutsch in vier Bänden, hrsg. von Alexander Eliasberg, 1921/23.
85 In dieser Frage stimmte Dostojewskij mit Leontjew überein. Er sagte: „Ich will nicht eine Gesellschaft, in der ich kein Verbrechen begehen könnte, sondern eine solche, in der ich es begehen könnte, aber nicht begehen wollte." (Bei Juri Selesnew: *Dostoevskij*. Moskau 1981, S. 483).
86 „autonomistische", russ.: „автономическую" = „die Autonomie des Menschen betonende", „sich auf den Begriff der Autonomie stützende". In III,11 wird der Begriff in Anführungszeichen gesetzt.- Vgl. bei Anm. 154.
87 „Gerechtigkeit" russ.: „правда"; das folgende „Wahrheit", russ.: „истина".
88 Über die der Menschheit bevorstehenden „erschreckenden Enttäuschungen" dachte Dostojewskij ebenso wie Leontjew. Vgl. im *Tagebuch eines Schriftstellers*, 1873, Kap. 16, Absatz 23: „Wenn man all diesen modernen Lehrern die volle Möglichkeit gibt, die alte Gesellschaft zu zerstören und eine neue aufzubauen, so wird daraus eine solche Finsternis, ein solches Chaos, etwas so Rohes, Blindes und Unmenschliches entstehen, daß der ganze Bau unter den Verwünschungen der Menschheit zusammenstürzen wird, ehe er vollendet ist."
89 „Stein des Anstoßes" nach Jes. 8,14; 1. Petr. 2,8.

90  Leontjew hofft, ebenso wie Dostojewskij, daß der Sozialismus nur in der westlichen Welt, nicht in Rußland siegen werde.
91  „neue Menschen" kursiv, weil in der revolutionär-demokratischen und sozialistischen Literatur vielfach mit Enthusiasmus von den „neuen Menschen" gesprochen wurde, etwa in Tschernyschewskis Roman *Was tun?*
92  Leontjew kannte das überaus schwere Leben der Mönche auf dem Berg Athos aus eigener Erfahrung. 1871/72 lebte er dort das Leben eines Mönches, 1877 in dem russischen Kloster Optina Pustyn. Siehe dazu Kologriwof, S. 91 ff.
93  Koinobiten sind die in gemeinsamem Leben (griech. „koinobion") lebenden, zu Armut und strengem Gehorsam verpflichteten Mönche. Siehe Kologriwof, S. 98 ff.
94  Solche „ökonomischen Wohngemeinschaften" waren von den Vertretern des „utopischen Sozialismus", besonders von Ch. Fourier, geplant und in Tschernyschewskis Roman *Was tun?* beschrieben worden.
95  Zu George Sand siehe Anm. 23.
96  „Wahrheit", russ.: „правда", das heißt hier: „die Tatsache, daß jemand recht hat", das „Richtig-Sein".
97  „Herzensmystik", russ.: „сердечная мистика" = „die schlichte Religion des Herzens". Vgl. Anm. 48, 70.
98  Die Worte „Ja gerade so - fast ohne sie zu bemerken" fehlen bei Bubnoff. – Eduard von Hartmann: *Philosophie des Unbewußten*, 2. Band: *Metaphysik des Unbewußten*, 7. Auflage, 1876, S. 385.
99  Vgl. dazu Dostojewskijs Großinquisitor, seine Worte über das „Glück" der Menschen im Endreich, und Nietzsche über die „letzten Menschen" in *Also sprach Zarathustra*.
100 Vom „Bau des menschlichen Glückes" spricht mehr der Großinquisitor als Dostjewskij; dagegen stammen die beiden folgenden Zitate wörtlich aus Dostojewskijs Puschkin-Rede (im letzten Absatz, in den Sätzen 17 und 25).
101 Dieser Satz und die folgenden bis zu Satz 3 des folgenden Absatzes („zu teilen") fehlen bei Bubnoff. – In M 1990 sind dieser und die folgenden Sätze fehlerhaft kursiv.
102 „Seelenhaftigkeit", russ.: „психичность", bei Leontjew in Anführungsstrichen, vielleicht, weil das Wort ungebräuchlich oder eine eigene Bildung Leontjews ist. Es fehlt auch in den großen Lexika.
103 Gemeint sind der Hauptmann Snegirjow im 4. Buch des Romans (Kap. 6 und 7) und sein Sohn Iljuscha im 10. Buch.
104 Als Leontjew dies schrieb (im August 1880), war der Roman noch nicht beendet. Er war nur bis zum 10. Buch einschließlich veröffentlicht – dem Buch, in dem die Geschichte „des unglücklichen Iljuscha" enthalten war. Das Bekenntnis Smerdjakows, daß er den Mord vollbracht habe, war also noch nicht erschienen. In der Neuausgabe seines Artikels im Jahre 1886 änderte Leontjew deswegen: „Wir finden es auch in der Lösung des dramatischen Knotens: Der Leser weiß, daß Dmitrij Karamasow an der Ermordung seines Vaters unschuldig ist..."
105 Die Wendung steht in Anführungsstrichen – vielleicht ein Zitat? Oder schon Anspielung auf die Bibelstelle, die im folgenden Absatz zitiert wird. – Über Leontjews Auffassung von Harmonie siehe Anm. 22.
106 Jes. 65,17; 66,22; 2. Petr. 3,13; Offb. 21,1.
107 „Von Christus versprochen" etwa in der zweiten Bitte des Vaterunsers, Matth. 6,10, oder Matth. 26,29; von seinen Jüngern 2. Petr. 3,13; Offb. 21,1 ff.
108 Offb. 21,1; 2. Petr. 3,10; 3,7; Matth. 24,29. 35.
109 „Empirismus" hier nicht im Sinne einer weltanschaulich-philosophischen Richtung, sondern im Sinne von „Empirie" = „Erfahrung". Die „Erfahrung der Jahrhunderte" ist „beinah Wissenschaft". Wirkliche Wissenschaft wäre diese Erfahrung erst dann, wenn eine „mathematisch-rationale Erklärung" gefunden hätte.

110 In VRS lautet der Anfang dieses Satzes: „Es werden kommen falsche Christusse und Gegen-Christusse, es werden kommen Spötter, die nach ihren eigenen Gelüsten wandeln." (2. Petr. 3,3; 1. Joh. 2,18; Judas 18. 19)
111 Matth. 24,12-14.
112 1. Thess. 5,3.
113 Matth. 5,9.
114 Matth. 18,7. Vgl. Matth. 10,34.
115 Matth. 5,6.
116 2. Petr. 3,13. Wenn es „hier" Gerechtigkeit gäbe, wäre die Seligpreisung von Matth. 5,6 sinnlos.
117 Matth. 5,7.
118 Nach dem Titel von Dostojewskijs Roman *Erniedrigte und Beleidigte*. - Statt „Bettler" („нищих") in RVS „ganz gleich" („все равно").
119 *Aufzeichnungen aus einem Totenhaus*.
120 Dieser und die zwei folgenden Absätze und der Beginn des weiterhin folgenden Absatzes lauten in der Aufsatzsammlung VRS (1885) ganz anders als in der Broschüre von 1882. Anscheinend hat Leontjew den Text des Erstdruckes aus der Zeitung von 1880 für die Broschüre (1882) an dieser Stelle stark gekürzt, dann aber für die Ausgabe von 1885 (VRS) den ursprünglichen Text wiederhergestellt und um eine Fußnote erweitert. Der Text von 1885 besitzt bedeutendes Interesse.
121 Nach Lk. 8,35 in Dostojewskijs Roman *Die Dämonen* (oder *Böse Geister*), Buch III, Kapitel 7, Abschnitt 2.
122 Wie Leontjew vorhin (siehe Anm. 109) statt „Erfahrung" „Empirismus" sagte, so hier statt „Glück" oder „Wohlergehen": „Eudämonismus", also statt eines Begriffes die Weltanschauung, die diesen Begriff zu ihrem Hauptanliegen macht. – Leontjew wird mit dieser Behauptung Dostojewskij nicht gerecht.
123 „Die guten Mönche" in dem Roman *Die Brüder Karamasow* kommen besonders in Kapitel 5 des 2. Buches und im 6. Buch (*Der russische Mönch*) zu Wort.
124 „Europäer" im Sinne von „europäisch gesinnte Russen".
125 In der Puschkin-Rede, Absatz 13, Satz 8 f. spricht Dostojewskij von der „Bereitschaft und der Neigung" der Russen „zur allgemein-menschlichen Vereinigung mit allen Stämmen des großen arischen Geschlechtes. Ja, die Bestimmung des russischen Menschen ist unstreitig eine all-europäische und all-weltliche. Wirklicher Russe werden, Russe im Vollsinn des Wortes werden bedeutet vielleicht nur,... Bruder aller Menschen zu werden, Allmensch, wenn Sie so wollen." – Zum „großen arischen Geschlecht" siehe Anm. 27.
126 Das Bild vom universalen Gastmahl der Völker auch in dem Gedicht Alexander Bloks *Skythen* aus dem Jahre 1918.
127 „lächerlichen Menschen", russ.: „смешных людей". Bubnoff übersetzt „Menschenmischung". Ich finde eine solche Bedeutung von „смешной" in den Lexika nicht verzeichnet.
128 Zitat aus dem Gedicht Lermontows *Duma* („Gedanke") aus dem Jahre 1838.
129 „demütigen" in Anführungszeichen, weil Dostojewskij in der Puschkin-Rede auf dieses Wort besonderen Nachdruck gelegt hatte; siehe Anm. 20.
130 P. J. de Béranger (1780-1857), französischer Dichter, Verfasser sehr populärer politischer und sozial-kritischer Lieder. Zu George Sand siehe Anm. 23.
131 „Wohltätiges", russ.: „благотворное". Gemeint ist offenbar: Die Menschheit wird nicht „wohltätiger" werden als sie jetzt ist.
132 Siehe Anm. 128.
133 Der *Dritte Brief* ist zuerst erschienen am 12. August 1880 im *Varšavskij Dnevnik*, Nr. 173. Siehe Anm. 12.
134 Joh. 4,8. In dem damals in Rußland offiziell eingeführten Katechismus des Metropoliten Filaret ist dieser Bibelspruch allerdings nicht besonders betont, und auch nicht der in Anm. 157 genannte. Zu Filaret siehe Anm. 72.

135 „von uns". In dem Neudruck Moskau 1990 fehlerhaft „von ihnen" („от них").
136 „Gerechtigkeit", russ.: „правда"; „Wohlergehen", russ.: „благоденствие". So auch in Absatz 4. Siehe Anm. 22.
137 I. F. Paskewitsch (1782-1856) war Oberbefehlshaber der russischen Südarmee im russisch-türkischen Krieg von 1828/29. Puschkin nahm als eine Art Kriegsberichterstatter an dem Feldzug teil und beschrieb seine Erlebnisse einige Jahre später in dem Buch *Reise nach Erzerum* zur Zeit des Feldzuges des Jahres 1829 (Puschkin, PSS, VI, 637-712). Siehe dazu Keil, S. 295-300.
138 Puschkin schreibt am 24. September 1820 an seinen Bruder über seine erste Reise im Kaukasus: „Du verstehst, wie der Schatten einer Gefahr der träumerischen Einbildung gefällt." – Über die Badehäuser in Tiflis schreibt Puschkin im 2. Kapitel der *Reise nach Erzerum* (S. 660 f.)
139 Puschkins Gedichte aus dem Jahr 1829, die angeregt sind von der *Reise nach Erzerum*, in: Puschkin, PSS, III, S. 112 ff.; bei Puschkin, Engelhard, S. 338 ff.
140 In VRS, S. 299: „ist eine Erscheinungsform einer ‚real-ästhetischen Harmonie'". Vgl. oben, Anm. 22. – Eine ähnliche Auffassung von Harmonie (im Sinne von gegenseitiger Aufhebung von Gegensätzen) vertritt Tolstoi in *Krieg und Frieden*.
141 Dieser Satz fehlt bei Bubnoff.
142 „Orientalist". Hier offenbar im Sinne von „Orientale" – ein Mensch aus dem russischen Orient, aus dem asiatischen Rußland. – Offenbar spielt Leontjew an auf ein zeitgenössisches Ereignis.
143 Im Original das deutsche Wort „Bürger" („бюргер").
144 „nicht harmonische oder nicht-ästhetische Bruderschaft". Bei Bubnoff fehlt „nicht". Dadurch ist der Sinn entstellt. Ohnehin ist der Satz nach Auslassung des vorangehenden Satzes (siehe Anm. 141) sinnlos.
145 Leontjew meint: Weder als Realist noch als Christ habe er das Recht, hieran zu glauben. Er begründet diese Aussage im folgenden Absatz.
146 Matth. 24,5. 14; Mk. 13; Lk. 21.
147 Vgl. Röm 12,18.
148 Im letzten Absatz der Puschkin-Rede, Satz 17, spricht Dostojewskij von „der großen, allgemeinen Harmonie, der endgültigen brüderlichen Übereinstimmung aller Stämme gemäß dem evangelischen Gesetz Christi". – Das bei Leontjew folgende „Das ist nicht wahr" richtet sich gegen diese Sätze Dostojewskijs.
149 Matth. 5,43-48; 19,16-21; Mk. 12,28-34.
150 Vgl. etwa Matth. 13,13-15; Joh. 8,43. 47.
151 „ästhetisch anziehenden"; Bubnoff: „verlockenden". Aber Leontjew meint nicht, daß der Kampf „verlockend" sei, sondern daß sein Anblick einen gewissen ästhetischen Reiz hat. Vgl. dazu oben III, Absatz 6 f.
152 Die Wendung „in Christus" in Anführungsstrichen, als eine im christlich-religiösen Sprachgebrauch häufig benutzt Wendung, mehr als hundert Mal im Neuen Testament, besonders bei Paulus, vgl. etwa Röm. 8,39.
153 Vgl. etwa Matth. 25,40.
154 Siehe Anm. 86.
155 „Heimsuchung", russ.: „посещение", eigtl. „Besuch". Gott „besucht" uns im Leiden. Vgl. Jes. 10,3; 1. Petr. 2,12.
156 Hierzu schreibt Leontjew in einer Fußnote: „Dieser Vergleich stammt nicht von mir, aber er ist so vortrefflich, daß ich ihn unbedingt benutzen wollte. Er stammt von Prévost-Paradol, der sich in Amerika erschossen hat. Er hat diesen Vergleich noch vor dem Krieg von 1870 auf Frankreich und Deutschland angewandt und hat die Niederlage seines Vaterlandes vorausgesagt." – L. A. Prévost-Paradol (1829-1870), französischer Literat und Publizist. – Ich gestehe, daß ich das Bild in dem Vergleich nicht ganz verstehe.
157 Ps. 111 (110), 10. Nicht bei Filaret, siehe Anm. 134; wohl aber in Luthers Katechismus, bei der Erklärung der Gebote: „Wir sollen Gott fürchten und lieben ...".

158 Dostojewskij spricht auch von „dieser Furcht", etwa in der Erzählung von dem „geheimnisvollen Besucher" in den *Brüdern Karamasow* (VI,2) oder von der „gläubigen Frau", die ihren Mann ermordet hat, in II,3, oder von dem Büßer im *Tagebuch eines Schriftstellers*, 1873, Kap. 5 (*Vlas*).
159 Zu „Demut" siehe Anm.20.
160 Seit Entstehung des Mönchtums wird in der Katholischen Kirche des Ostens und des Westens darum gerungen, was besser sei: in die Einsamkeit des Klosters oder gar der Wüste zu gehen, um dort mit Gott allein zu sein, um ihm mit strengem Fasten und ständigem Gebet zu dienen, oder in der Welt zu bleiben und tätige Liebe zu üben. Leontjew verteidigt den seit der Aufklärung wenig populären erstgenannten Standpunkt, Tolstoj mit Entschiedenheit den zweiten, vgl. seine Erzählung *Vater Sergij*. Dostojewskij verteidigt in den *Brüdern Karamasow* zwar das Mönchtum, aber verurteilt in der negativ gezeichneten Gestalt des Einsiedlerasketen Vater Ferapont den völligen Rückzug von der Welt, während er die Idealgestalt des Starez Sossima zwar als Mönch und in maßvoller Askese leben, ihn aber doch in die Welt hinein wirken und die tätige Liebe über alles preisen läßt. Seinen Lieblingsjünger Aljoscha schickt er aus dem Kloster in die Welt. Leontjew polemisiert hier gegen die *Brüder Karamasow*; dem Starez Sossima gegenüber ist er mißtrauisch und kritisch.
161 Zu Koinobien siehe Anm. 93. – Starzen (eigtl. „Alte", „Greise") sind erfahrene Seelenführer. Siehe dazu Kologriwof, S. 98 ff.. Dostojewskij spricht über sie in den *„Brüdern Karamasow"*, I,5.
162 Ikarus. Der Ikarus der griechischen Sage wollte fliegen, aber kam der Sonne zu nahe und stürzte ab. Ein ähnliches Schicksal erleidet Vater Sergij in Tolstois Erzählung.
163 Vgl. 1. Kor. 13.
164 „Redner", russ.: „оратор", vielleicht hier, in Bezug auf Dostojewskij, leicht ironisch gemeint?
165 K. P. Pobedonoszew (1827-1907); konservativer Jurist und Politiker, 1880-1895 Oberprokuror des Hl. Synod, mit starkem Einfluß auf den Zaren Alexander III. Obwohl in beinah freundschaftlichen Beziehungen zu Dostojewskij, stand er dessen religiösen und politischen Anschauungen doch mit Mißtrauen gegenüber. Vollends lehnte er den politisch liberalen und kirchlich romfreundlichen Standpunkt Wladimir Solowjows ab und behinderte dessen schriftstellerische und publizistische Tätigkeit durch polizeiliche Maßnahmen. – Bei Bubnoff fehlen die Fortsetzung von Absatz 21 und die folgenden drei Absätze.
166 In dem Brief an seine Frau vom 8. Juni 1880 berichtet Dostojewskij in der Tat, daß nach der Puschkinrede ein Student vor Begeisterung in Ohnmacht gefallen sei. – Zum „Heranreifen" vgl. den Anfang des 1. Artikels, Anm. 15.
167 Jaroslawl an der Wolga, nördlich von Moskau.
168 Kaiserin Maria Alexandrowna (1824-1880), Gemahlin Alexanders II. Sie war eine geborene Prinzessin von Hessen-Darmstadt, vor ihrer Heirat übergetreten aus der Evangelischen in die Orthodoxe Kirche. Sie wurde nach dem Übertritt ein eifriges Glied ihrer neuen Glaubensgemeinschaft.
169 Die *Moskauer Nachrichten* waren eine der Regierung nahestehende Tageszeitung.
170 Russ. „blagorodno-smirennyj", „благородно–смиренный".
171 „unblutige Opfer...". Darbringung von Brot und Wein bei der Feier der Liturgie.
172 Damit wird angedeutet, daß die Kaiserin erst als Erwachsene in die Orthodoxe Kirche eingetreten ist.
173 Offb. 14,13.
174 In der liberalen Theologie und Publizistik vermied man gern den Würdenamen „Christus" und umschrieb ihn lieber mit Bezeichnungen wie „der göttliche Lehrer" oder „der gekreuzigte Menschenfreund" (so der Rechtsanwalt Fedjukowitsch in den *Brüdern Karamasow*, XII,13). Aber hier scheint Leontjew beide Bezeichnungen als gleich richtig anzuerkennen.
175 So Dostojewskij im letzten Absatz der Puschkin-Rede.
176 „unprätentiöse", russ.: „не претендательная". – Dostojewskijs Liebe ist also „prätentiös"!
177 „nehmt ihr ... an", russ.: „Будет вам приятна...", wörtlich: „Ist euch .. angenehm". Wie im Deutschen kommt auch im Russischen das Adjektiv von dem Verbum. – Der „schlecht lebende Zöll-

ner" nach Lk. 18,10-14. – In der Broschüre fehlerhaft „жившей" statt „живший".
178 Vgl. etwa den hohen Gefühlsausbruch, von dem Aljoscha Karamasow in dem Kapitel Kana in Galiläa" (VII,4) emporgerissen wird. Überhaupt spielt der Begriff „Ausbruch" („порыв") in den Brüdern Karamasow eine wichtige Rolle.
179 Röm. 13,1-7; 1. Petr. 2,13-17; Matth. 22,17-21.
180 Im Text der Broschüre nach „religioznoj" ein sinnstörendes Komma.
181 Klagen über die intellektuelle und moralische Unvollkommenheit des geistlichen Standes in Rußland waren weit verbreitet. Sie finden sich auch bei Dostojewskij, etwa in den Belehrungen des Starez Sossima in den *Brüdern Karamasow* VI,2 b.
182 „er kennt die Lehre der Kirche". So in VRS 1885: „оно знает учение Церкви"; in der Broschüre von 1882 grammatisch fehlerhaft (offenbar ein Druckfehler): „оно занято учение Церкви"; der Neudruck Moskau 1990 verbessert grammatisch (aber wohl nicht im Sinne Leontjews) in „учением". Bubnoff übersetzt nach dem fehlerhaften Text: „... er beschäftigt sich mit der Lehre der Kirche."
183 Leontjew meint: Wenn es denn unbedingt „leidenschaftliche Gefühlsausbrüche" geben muß, wie etwa bei Aljoscha Karamasow, dann braucht man dazu doch keine Neuerungen wie Humanität, Allmenschlichkeit usw., sondern dann sind solche Gefühlsausbrüche auch möglich anhand der Schätze der Orthodoxie, die ja auch so eine überraschende Wirkung haben könnten, weil sie schon ganz vergessen sind. Wir brauchen nicht Neuerungen, sondern nur die Wiederentdeckung des kostbaren Alten. Diese alten Schätze erscheinen den Gebildeten heute vielleicht dürr und trocken. Aber gerade unsere jetzige Bildung kann sie durch ein neues, tieferes Verständnis beleben.
184 Zitat aus der Puschkin-Rede, Absatz 2, Satz 7. „Acker", russ.: „нива" in Anführungsstrichen, weil es ein Wort des hohen Stils ist.
185 „Wahrheit", russ. hier und im Folgenden „правда".
186 Aleko, der Held von Puschkins Poem *Die Zigeuner*, über das Dostojewskij hier redet, war aus der Welt der städtischen Zivilisation geflohen und suchte bei Zigeunern die „Wahrheit" – das naturnahe, echte, unverbildete Leben.
187 Puschkin-Rede, Abs. 2, Satz 8-11.
188 Besonders Tjutschew, siehe Anm. 21.
189 „Bauer", russ.: „мужик": Dieses Wort bezeichnet nicht so sehr den Beruf, als vielmehr die sozial-kulturelle Stellung: der einfache, meist analphabetische Mann aus der agrarischen Bevölkerungsschicht.
190 Gemeint sind die Gutsbesitzer aus der Zeit der Leibeigenschaft, bis zu deren Aufhebung im Jahre 1861.
191 „Aber ich glaube nicht". Bubnoff fehlerhaft: „Aber ich glaube".
192 Vgl. dazu die realistische Schilderung des Lebens im russischen Dorf in Tschechows Erzählung *Die Bauern*.
193 „Langmut", russ.: „долготерпение", so auch bei Tjutschew, siehe Anm. 21.
194 Welche Ausländer haben den staatlichen Instinkt Rußlands gerühmt?
195 Die dogmatischen Irrtümer der Römisch-katholischen Kirche sind nach orthodoxer Auffassung das „filioque", die Lehre vom Fegefeuer, das Dogma von Mariae Empfängnis, von der Unfehlbarkeit und dem Primat des Papstes. – „Verfolgt" wurde die Katholische Kirche nach Meinung Leontjews damals vor allem in Italien (im Streit um den Kirchenstaat) und in Deutschland (im sogenannten Kulturkampf).
196 Vgl. dazu in der Puschkin-Rede Dostojewskijs (letzter Absatz, Satz 16): „Oh, die Völker Europas wissen ja gar nicht, wie teuer sie uns sind!" – Vgl. bei Anm. 209.
197 Pius IX. wurde 1870 der Herrschaft über den Kirchenstaat beraubt. Kardinal Ledochowski (1822-1902), seit 1866 Erzbischof von Gnesen, wurde im Verlauf des Kulturkampfes 1874 verhaftet und vom Berliner Staatsgerichtshof für abgesetzt erklärt. 1876 freigelassen und aus dem Deutschen Reich ausgewiesen, verwaltete er von Rom aus sein Erzbistum. – Die öffentliche Meinung und

die Führung der Staaten in Europa, auch in den katholischen Ländern, war seit der Aufklärung dem Mönchtum gegenüber sehr unfreundlich, vielfach feindselig eingestellt. – Übrigens hat Dostojewskij im *Tagebuch eines Schriftstellers* zu diesen Fragen Stellung genommen (Mai-Juni 1877, 3. Kapitel).

198 Dostojewskij und Tjutschew und viele andere in Rußland waren damals der Meinung, daß der Protestnatismus bald in völlige Glaubenslosigkeit übergehen werde. Siehe dazu Müller, *Russischer Geist und evangelisches Christentum.*

199 L.A. Ritter von Benedek, 1804-1881, erfolgreicher österreichischer Heerführer, wurde 1866, nach der Niederlage gegen Preußen bei Königgrätz, ungnädig entlassen und sogar vor Gericht gestellt. – Osman Pascha, 1832-1900, türkischer Heerführer im russisch-türkischen Krieg von 1877/78, mußte Ende 1877 nach dreimonatiger Belagerung in der Festung Pleven kapitulieren.

200 Jules Grévy, 1807-1891, von 1879 bis 1887 Präsident der Französischen Republik.

201 Puschkin war 1837 im Alter von 37 Jahren gestorben. Auch Dostojewskij denkt im letzten Absatz seiner Rede darüber nach, was geworden wäre, wenn Puschkin länger gelebt hätte. Leontjew parodiert in diesem Satz die entsprechenden Ausführungen Dostojewskijs.

202 Don Carlos der Jüngere, 1848-1909, aus dem spanischen Zweig der französischen Königsfamilie der Bourbonen, erhob Anspruch auf den spanischen Königsthron, floh nach seiner Niederlage in Spanien 1876 nach Frankreich, dann nach England. Darüber Dostojewskij im *Tagebuch eines Schriftstellers,* März 1876.

203 Leontjew meint: Für Puschkin verwirklicht und offenbart sich das Göttliche in der Fülle der Gestalten in Natur und Menschenwelt. Das ist sein „gewissermaßen pantheistisches Empfinden". Vgl. Anm. 25. – Statt „das unser Poet so liebt, und er liebte es" (so in B) heißt es in VRS besser: „das unser Poet so geliebt hat". Das Praesens in B ist vielleicht ein Druckfehler. – Die folgenden drei Absätze fehlen bei Bubnoff.

204 Die *Gartenlaube* war eine überaus erfolgreiche illustrierte deutsche Wochenzeitschrift. Sie erschien von 1853 bis 1943. 1875 hatte sie eine Auflage von fast 400 000 Exemplaren.

205 Vgl. Anm. 196. – Im Grunde liebt Dostojewskij an Europa dasselbe wie Leontjew - nicht die revolutionär-demokratische Gleichheit, sondern die lebendige Vielgestalt in dem „Land der heiligen Wunder" (vgl. Anm. 17).

*Verzeichnis der Abkürzungen und der abgekürzt zitierten Literatur*

AT = Altes Testament
B ( = „Broschüre") = K. Leont'ev: Naši novye christiane. F. M. Dostoevskij i gr. Lev Tolstoj. Moskva 1882
*Brüder Karamasow*. Ich zitiere den Roman nach Buch, Kapitel, Absatz
Bubnoff = Das dunkle Antlitz. Russische Religionsphilosophen. Erster Band. Hrsg. und übersetzt von Nicolai von Bubnoff. Köln 1966
Dost, PSS = F. M. Dostoevskij: Polnoe sobranie sočinenij v tridcati tomach. - Leningrad 1972-1990
Filaret = Ausführlicher christlicher Katechismus der orthodox-katholischen orientalischen Kirche, in der Originalsprache geprüft und genehmigt von der heiligsten dirigirenden Synode und herausgegeben zum Unterricht in den Schulen wie auch zum Gebrauch aller orthodoxen Christen auf Allerhöchsten Befehl Seiner Kaiserlichen Majestät. Aus dem Russischen ins Deutsche übersetzt nach der Ausgabe von 1839. - St. Petersburg 1887.
Gal. = Brief an die Galater (NT)
Jes. = Jesaja (AT)
Keil, Rolf-Dietrich: Puschkin. Ein Dichterleben. Biographie. Frankfurt a. M. und Leipzig 1999
Kologriwof = Iwan von Kologriwof: Von Hellas zum Mönchtum. Leben und Denken Konstantin Leontjews (1831-1891). Regensburg 1948
Kor. = Brief an die Korinther (NT)
Leont'ew, SS = Konstantin Leont'ev: Polnoe sobranie sočinenij. Bd. 8. Moskau 1912
Lilienfeld = Die göttliche Liturgie des heiligen Johannes Chrysostomus, hrsg. von Fairy v. Lilienfeld. Heft A, B, C. Erlangen 1979
Lk = Evangelium nach Lukas (NT)
M = K. N. Leont'ev: O vsemirnoj ljubvi, po povodu reči F. M. Dostoevskogo na Puškinskom prazdnike. In : O Dostoevskom. Tvorčestvo Dostoevskogo v russkoj mysli. 1881-1931. Moskau 1990, S. 9-31
Matth. = Evangelium nach Matthäus (NT)
Mk. = Evangelium nach Markus (NT)
3. Mose = Das dritte Buch Mose (AT)
Müller, Dostojewskij = Ludolf Müller: Dostojewskij. Sein Leben, sein Werk, sein Vermächtnis. 2. Aufl. München 1990.
Müller, Pol.Verm. = Ludolf Müller: Das politische Vermächtnis Dostojewskijs. Dostojewskijs Auffassung von der Bestimmung Rußlands nach seiner Puschkinrede vom 8. Juni 1880. In: Deutsche Dostojewskij-Gesellschaft. Jahrbuch 1997, Band 4, S. 73-83.
Müller, Ludolf: Leo Tolstojs religiöse Entwicklung. In: Quatember 42 (1978), 4, S. 214-226.
Müller, Ludolf: Russischer Geist und evangelisches Christentum. Die Kritik des Protestantismus in der russischen religiösen Philosophie und Dichtung im 19. und 20. Jahrhundert. Witten/Ruhr 1951
NT = Neues Testament
Offb. = Die Offenbarung des Johannes (NT)
Onasch = Konrad Onasch: Kunst und Liturgie der Ostkirche in Stichworten unter Berücksichtigung der Alten Kirche. Wien u.a. 1981
1. / 2. Petr. = 1. / 2. Brief des Petrus (NT)
Ps. = Psalmen (AT)
PSS siehe: Dost, PSS
Puschkin, Engelhard = Alexander Puschkin: Die Gedichte. Aus dem Russischen übertragen von Michael Engelhard. Hrsg. von Rolf-Dietrich Keil. Frankfurt a. M. und Leipzig 1999.
Puschkin, Gedichte = Alexander Puschkin. 50 Gedichte über Gott und Welt, Leben und Tod, Liebe und Dichtertum. Im russischen Original und in deutscher Übersetzung von Ludolf Müller. 2. Auflage. Tübingen 2002.

Puschkin, PSS = A. S. Puškin: Polnoe sobranie sočinenij v desjati tomach. Moskau und Leningrad 1950-1951.
Puschkin-Rede = Die Rede Dostojewskijs vom 8. Juni 1880 über Puschkin, zitiert nach Absätzen und Sätzen. Der russische Text in Dost, PSS, Bd. 26, S. 136-149; deutsch in: Tagebuch eines Schriftstellers, übertragen von E. K. Rahsin, 1963, S. 484-506.
Röm. = Brief an die Römer (NT)
Solov'ev, Vladimir: Der Sinn der Liebe. Übersetzt von Elke Kirsten in Zusammenarbeit mit Ludolf Müller. Mit einer Einleitung von Ludwig Wenzler und einem Nachwort von Arsenij Gulyga.. Hamburg 1985.

Solowjow, Reden = Wladimir Solowjow: Reden über Dostojewskij. Hrsg. von Ludolf Müller. München 1992.
Spr. = Sprüche Salomos (AT)
Tagebuch eines Schriftstellers. Siehe Anm. 84. Außer der dort genannten deutschen Ausgabe von Eliasberg gibt es die bei Piper in München erschienene Übersetzung von E. K. Rahsin, 1963. Sie ist unvollständig; aber sie enthält auch die Puschkin-Rede.
1. Thess. = Erster Brief an die Thessalonicher (NT)
1. Tim. = Erster Brief an Timotheus (NT)
Tjutschew = Fedor I. Tjutčev: Im Meeresrauschen klingt ein Lied. Ausgewählte Gedichte. Russisch und Deutsch. Hrsg. und übersetzt von Ludolf Müller. Dresden 2003.
Tolstoj, Erzählungen = Leo N. Tolstoj: Sämtliche Erzählungen. Hrsg. von Gisela Drohla. Bd. 1-3. Frankfurt a. M. 1961
Tolstoj, 20-bd. = L. N. Tolstoj: Sobranie so?inenij v dvadcati tomach. Moskau 1960-1965
Var?. Dn. = Varšavskij Dnevnik, 1880, in dem die Aufsätze Leontjews zuerst erschienen sind.
VRS I, II = K. Leont'ev: Vostok, Rossija i Slavjanstvo. Sbornik statej. Bd. 1, 1885; Bd. 2, 1886. Nachdruck Osnabrück, 1966. (Der Aufsatz über Dostojewskij in Bd. 2, S. 280-307).

# Dostojewskij-Tagung 27.-29.09.2002
# Katholische Akademie Schwerte

*Natalie Reber*

Die Tiefenstruktur des Traums in Dostojewskijs Werk

In einem seiner Notizbücher schreibt Dostojewskij über seine Kunst: „Bei vollstem Realismus den Menschen im Menschen aufdecken... Man nennt mich einen Psychologen. Das stimmt nicht, ich bin ein Realist in einem höheren Sinn, d. h. ich decke alle Tiefen der menschlichen Seele auf."[1] Dostojewskijs Kunst ließe sich in dieser Hinsicht mit dem Röntgenverfahren vergleichen. Gleich diesem dringt er kraft seiner künstlerischen Intuition durch die Oberflächenschicht der Materie hindurch, macht sie durchsichtig und beleuchtet die tiefer liegenden Schichten. Dostojewskij überspringt die „dingliche Realität" nicht, aber er macht sie transparent: er transzendiert sie, denn die „dingliche Realität" ist nur die eine, erste, oberste Schicht der gesamten Realität, sozusagen deren Hülle; dahinter kommen weitere, tiefere Schichten, welche aufzudecken Dostojewskij unternommen hat.

Das macht die Rolle des Traums und der Halluzination innerhalb von Dostojewskijs Ästhetik deutlich: Der Traum ist – der Vergleich sei erlaubt – der Hebel des Archimedes, mit dem der Autor die unterbewußten Tiefenschichten der Seele aus den Angeln hebt und an die Oberfläche befördert, d.h. bewußt macht.

In seinem fünfunddreißigjährigen Schaffensprozeß – angefangen mit *Herr Prochartschin* (1846) und bis hin zu den *Brüdern Karamasow* (1880) – hat Dostojewskij eine interessante eigenständige „Traumtechnik" entwickelt, die in vielen seiner Werke einen Niederschlag findet. Berühmt geworden sind Dostojewskijs symbolische Träume, insbesondere seine Alpträume, die voll eines hintergründigen mystischen Sinns sind. Bei aller Symbolhaftigkeit wirken sie aber auch äußerst anschaulich, konkret, ja geradezu handgreiflich. Sie sind voll von vibrierendem, sich überstürzendem Leben, geballt, dynamisch, atemberaubend im wahrsten Sinne des Wortes. Dostojewskijs Träume gehören zu den packendsten Stellen seiner Romane. Von ihnen her ließe sich die gesamte untergründige Problematik des Werkes aufdecken. Lange vor Sigmund Freud und der Psychoanalyse kannte Dostojewskij die

Tiefenstruktur des Traums und ihre Bedeutung für den Bewußtwerdungsprozeß des Menschen.

Wir wollen nicht alle Träume in Dostojewskijs Werk eingehend analysieren. Es sollen einige Akzente gesetzt werden: Schwerpunkte, die charakteristisch sind für die hier vorliegende Problematik.

## I. *Herr Prochartschin*, 1846

Dostojewskij begann die für ihn so charakteristisch gewordene Traumtechnik sehr früh zu entwickeln: Bereits in *Herr Prochartschin*, einer seiner ersten Erzählungen, erhält der quälende *Todestraum* des *reichen Bettlers*, das alles verzehrende *Feuer*, eine zentrale, tragende Funktion.

Der Traum (eigentlich ist es eine Abfolge von drei Träumen, die sukzessiv ineinander übergehen) entwickelt sich organisch aus dem Charakter des Protagonisten: Hervorgehoben werden sein *Geiz* („скопидомттво", „скаредность"), sein *Egoismus* („самодюбец ", „ворворобей") und im Zusammenhang damit sein Herausfallen aus der allgemeinen brüderlichen Gemeinschaft der Menschen, hier speziell der Untermieter: Nie und unter gar keinen Umständen hätte er einem von ihnen seinen Teekessel geliehen, obwohl er ihn selber gar nicht brauchte, keinem hätte er ein Stück Brot gegeben, wenn er hungrig zu ihm gekommen wäre. Prochartschin lebt so, als ob er allein auf der Welt wäre, und er denkt nicht daran, daß auch für andere das Leben schwer ist. Diese *Vereinzelung*, diesen *Solipsismus* empfindet er in seinem Tagesbewußtsein, im Wachzustand als ganz normal und natürlich.

Erst im Traum stellt sich ein dumpfes, dann immer stärker werdendes *Schuldgefühl* ein: „... als wäre in Wirklichkeit kein anderer als gerade er schuld daran. Er erschrak und fing an zu laufen ..." (S. 438)[2] Er träumt von einem Kutscher, den er vor fünf Jahren auf die unmenschlichste Weise betrogen hatte und der nun drohend vor ihm emporwächst. Aus dem Schuldgefühl erwächst also organisch *Angst*, die – ähnlich der *Feuersbrunst*, von der Prochartschin träumt – immer mehr um sich greift und sich zu *Schrecken* und *Entsetzen* steigert („цепенея от ужаса"). Gerade in den Träumen kommt Dostojewskijs meisterhafte *Steigerungstechnik* besonders prägnant zum Ausdruck. Es fängt harmlos an und endet in einer atemlosen, *rasenden Flucht*, die alles mit sich reißt: „Herr Prochartschin lief und lief, geriet außer Atem..." (S. 438) Die Menschen, die Prochartschin weder als Individuen noch als Gemeinschaft geachtet hatte, ballen sich nun zu einer ungeheuren dröhnenden und drohenden, dichten schwarzen *Masse* zusammen, die ihn zu vernichten droht. Das zweite Element der Vernichtung ist das Feuer – Inbegriff der verdrängten Schuld- und Angstgefühle Prochartschins.

Im zweiten Traum erfaßt das Feuer die ganze Stadt, im dritten Traum greift es auf sein persönliches Hab und Gut über; es verbreitet sich also zentripetal, von der Peripherie zum Zentrum. „Da sah er, daß es brennt, daß sein ganzer Winkel in Flammen steht, daß sein Bettschirm brennt, die ganze Wohnung brennt, samt Ustinja Fjodorowna und allen ihren Untermietern, daß sein Bett, seine Kissen, seine Decke, sein Koffer und zuletzt auch noch seine kostbare Matratze brennen." (S. 440-441) Typisch für die *Steigerungstechnik* sind die vielen *Wiederholungen*. Man beachte, daß auf drei Zeilen fünf Mal das Wort „горит" – „brennt" vorkommt. Das Feuer, die *Vernichtung*, dringt bis zum *Kern seiner Persönlichkeit* vor, bis zum Allerheiligsten: zu jener kostbaren Matratze, in der er alle seine Schätze verborgen hatte, das letzte Fazit seines wertlosen, egoistischen Lebens. Prochartschin geht zugrunde an seinen verdrängten Schuld- und Angstgefühlen, die genauso übermächtig werden und alles verschlingen wie das Feuer im Traum.

Die drei Träume sind entscheidende Etappen auf dem Wege des *Persönlichkeitsverfalls* des Helden. Sie leiten den Prozeß der Auflösung ein. Danach nimmt die Vernichtung hemmungslos ihren Lauf.

## II. *Schuld und Sühne,* 1866

In S*chuld und Sühne* liegen insgesamt fünf Träume vor: vier Träume Raskolnikows und ein Traum Swidrigailows, der hier übergangen wird, da er nicht in den Zusammenhang des Handlungsstrangs um Raskolnikow paßt.

Die ersten drei Träume Raskolnikows gehören organisch zusammen: sie haben ein gemeinsames Motiv: *Prügel, Schläge, Totschlag und Mord.* Wie bereits in *Herr Prochartschin,* so wendet Dostojewskij auch hier die Steigerungstechnik an, und zwar steigt das *emotionale Thermometer* sowohl innerhalb jedes einzelnen Traums wie auch von einem Traum zum anderen.

Der erste Traum: Kindheit – ein Pferd wird erbarmungslos zu Tode geprügelt (S. 61-66). [3]

Im ersten Traum ist Rodion Raskolnikow noch ein Kind und muß mit ansehen, wie ein Pferd erbarmungslos zu Tode geprügelt wird: erst mit der Peitsche, dann mit der Deichselstange, und schließlich wird ihm mit einer Eisenstange der Garaus gemacht. Man beachte auch hier das Element der Steigerung. Auf der emotionalen Ebene wird der Wildheit und Raserei des Bauernburschen Mikolka, dessen Sadismus sich bis hin zur Euphorie des Totschlags steigert, das Mitleid des Kindes gegenüber gestellt, sein Erbarmen, seine Tränen: „Er weint. Es zerreißt ihm das Herz. Tränen strömen aus seinen Augen." (S. 64) Und weiter: „Schreiend drängt er durch die

Menge zu dem Pferd hin, umarmt dessen totes, blutüberströmtes Maul und küßt es, küßt dem Pferd die Augen, die Lippen... Dann springt er auf und wirft sich mit seinen kleinen Fäusten auf Mikolka." (S. 66) In diesem ersten Traum ist das Kind der bessere Teil seines Ichs, es ist sein Gewissen, das sich gegen den Mörder in dem Bauernburschen auflehnt. Das Ich Raskolnikows ist hier aufgespalten, so wie es sein Name vorgibt: „раскол" bedeutet „Abspaltung". Das *Kind* steht hier für das *ethische Bewußtsein*, der *Bauer* für die *Elementargewalt der Aggression*.

Bedeutsam ist der *Standort* dieses Traums für die Gesamtkonzeption des Romans: Er steht unmittelbar vor dem realen Mord und bedeutet eine *Vorwegnahme* des Mordes – aber mit umgekehrten Vorzeichen: Noch wehrt er (das Kind) sich vehement gegen den Mord, noch empfindet er brennendes Mitleid und Empörung. Zugleich ist der Traum aber eine letzte *Warnung,* ein *Alarmzeichen*, das Raskolnikow auch als solches erkennt: „Oh Gott!... Werde ich bei dieser Sache denn wirklich die Axt nehmen müssen, auf den Kopf schlagen, den Schädel einschlagen..." (S. 66) So fragt er sich gleich nach dem Traum. Sogar die Axt wird im Traum vorweggenommen.

Nicht zufällig steht „müssen" in Raskolnikows innerem Monolog. Wie die meisten Personen Dostojewskijs, ist auch er ein *Getriebener*, ein *Besessener*: er *muß* es einfach tun, ungeachtet der Warnung des Traums und des weinenden und trauernden Kindes. Dreimal schlägt er mit der Axt auf den Kopf der alten Wucherin, und mit einem Schlag zerspaltet er Lisawetas Schädel. Daraufhin empfindet er Ekel und Entsetzen – bezeichnenderweise aber kein Mitleid (erster Traum), auch keine Wut (dritter Traum). Mitleid und Wut werden ins Unterbewußtsein, auf die Traumebene verdrängt.

Der zweite Traum: Die Hauswirtin wird verprügelt. (S. 123-125)

Die Hauswirtin wird entsetzlich verprügelt – das träumt Raskolnikow erst nach der Mordtat. Der Traum bringt eine *Wiederholung* des Motivs der Schläge und Prügel aus der Pferde-Traumszene. Auf emotionaler Ebene wiederholen sich *Wildheit, Raserei* und *Wut* des Schlagenden, nur handelt es sich jetzt nicht um ein Tier, sondern um eine ältere Frau, ähnlich der von Raskolnikow umgebrachten Alten. In diesem Traum wird sich Raskolnikow seiner *Schuld* noch nicht bewußt. Die Schuldverdrängung reicht bis in den Traum hinein: nicht er schlägt, er trägt keine Verantwortung, er ist unbeteiligt. Wie im ersten Traum ist er *passiver Zuschauer* oder besser gesagt *Zuhörer*, denn das Geschehen ist auf die *akustische Ebene* verlegt. Es scheint dies ein Sonderfall der Traumliteratur zu sein, da ein ganzer Traum nicht vom Optischen her entwickelt wird, sondern ausschließlich vom Akustischen: von „entsetzlichen Schreien" ist die Rede, von „Geheul, Wehklagen, Weinen, Schlagen und Schimpfen", von „Kreischen, Wimmern und Krächzen", von „Klopfen, Türschlagen, eiligem Laufen", „Ächzen und Stöhnen" u. dgl. (S. 123-124) Man kann hier nicht von Traum-Bildern sprechen, es sind vielmehr *Traum-Laute*, die im Träumenden Angst und Entsetzen hervorrufen.

Der dritte Traum: a) Der unheimliche Kleinbürger führt Raskolnikow zum Tatort zurück.
b) Wiederholung des Mordes an der Wucherin (S. 287-289).

Dieser wichtigste Traum wird genau in die *Mitte des Romans* gestellt und bildet gleichsam dessen Achse, er besteht aus zwei Teilen:

*Der gespenstische Kleinbürger.* Der unheimlich finstere Unbekannte, der bereits bei der ersten, realen Begegnung wie aus dem Erdboden aufgetaucht war und Raskolnikow leise, aber eindringlich das Wort „Mörder" zugeflüstert hatte, repräsentiert Raskolnikows *Gestalt gewordenes Schuldgefühl*. Bei der zweiten, imaginären Begegnung im Traum führt der gespenstische Fremde den Mörder zum Tatort zurück, worauf Raskolnikow im Traum in *schrecklicher Verzerrung* und Übersteigerung seinen Mord wiederholt – eine Szene von *unheimlicher Phantastik* und erregender Eindringlichkeit. Des Kleinbürgers Funktion als Verkörperung von Raskolnikows *Gewissen*, seiner verdrängten Schuld- und Angstgefühle weist ihn als eine Art *Doppelgänger* Raskolnikows aus. Schon die Art und Weise, wie er unvermittelt aus dem Erdboden emportaucht, wie er Raskolnikow verfolgt und lockt und sein Innerstes durchschaut, macht dieses deutlich.

Die *Wiederholung des Mordes im Traum* bedeutet eine erhebliche Steigerung und Intensivierung im Vergleich zur realen Ebene. Die Handlung ist hier *geballt, gerafft, konzentriert*. Es wiederholt sich das Motiv der Schläge aus Raskolnikows erstem und zweitem Traum, es wiederholt sich das Motiv des Mordes: alles mündet in diesen dritten Traum und *kulminiert* in ihm.

Neben diesen offensichtlichen Parallelen sind hier aber auch erhebliche Unterschiede zu den beiden ersten Träumen und zur Realität festzustellen. Im Gegensatz zum ersten und auch zum zweiten Traum ist Raskolnikow hier nicht mehr der passive Zuschauer. *Er ist der wilde, tobende, rasende Wüterich.* „Raserei packte ihn. Aus Leibeskräften schlug er auf den Schädel der Alten ein." (S. 289) Auch empfindet er jetzt weder Mitleid noch Angst, nur maßlose Aggression, rasende Wut und Haß. Das erste Mal, in der Realität, tötete Raskolnikow ohne Haß. Dostojewskijs Beschreibung des Mordes bleibt nüchtern, sachlich, beinahe wissenschaftlich. Erst beim zweiten Mal (im Traum) kommen die verdrängten Emotionen – Wut und Haß – zu ihrer vollen Entfaltung. In diesem dritten Traum ist Raskolnikow selbst das wilde Tier, der Wüterich, vor dem er sich in den ersten beiden Träumen gefürchtet hatte. Dort kam die *Angst vor den eigenen Aggressionen* noch prägnant zum Ausdruck; der dritte Traum ist eine wahre *Orgie entfesselter Aggressionen*.

Und noch ein weiterer Unterschied, er betrifft wiederum die Akustik. Waren in den ersten Träumen die Schläge von furchtbarem Lärm, von Tumult, Tosen, Weinen und rasenden Schreien begleitet (der zweite Traum war überhaupt ausschließlich akustisch bestimmt), so fällt im dritten Traum die lähmende, *entsetzliche Stille* auf, die unheimlich, geradezu gespenstisch wirkt und den haarsträubenden Effekt des Traumes noch verstärkt. „Das kommt vom Mond, diese Stille – dachte Raskolnikow... Und immer diese Stille... Doch seltsam: Sie bewegte sich von den Schlägen nicht einmal... Die Alte saß da und lachte – ein leises, ja unhörbares Lachen..." (S. 288-289) Die Stille wirkt um so befremdender, als sie in krassestem Gegensatz zur Orgie der entfesselten Aggressionen, d.h. zur tobenden Wut des Mörders steht. Charakteristisch für Dostojewskijs *Traumtechnik* ist das Verwischen der Grenzen zwischen Realität, Traum und Halluzination. Weder Raskolnikow noch dem Leser ist zunächst klar, wo die „normale Realität" aufhört und wo der Traum bzw. die Halluzination beginnt.

Drei literarische Reminiszenzen des dritten Traums

1. Das *gespenstische Bild der im Tod lachenden Alten* ist verwandt mit der alten Gräfin in Puschkins Novelle *Pique Dame*, die dem jungen Germann aus dem Sarg zuzwinkert. Bei Dostojewskij: „... mit jedem Schlag wurde das Lachen... lauter,... die Alte bog sich vor Lachen." (S. 288-289)

2. Raskolnikows Traum hat eine gewisse Ähnlichkeit mit dem Traum der Hauptperson aus Victor Hugos Erzählung *Der letzte Tag eines zum Tode Verurteilten*, die Dostojewskij besonders liebte und die ihn zur Zeit seiner Arbeit an den Romanen *Schuld und Sühne* und *Der Idiot* stark beschäftigte.

3. Schließlich findet sich in Raskolnikows Traum noch eine literarische Parallele, und zwar zur Versdichtung des Engländers Thomas Hood *Der Traum des Eugen Aram*, deren Übersetzung 1862 erschienen war und die Dostojewskij kannte. Dort wird der Traum eines Mörders geschildert, den es mit unüberwindlicher Gewalt zum Tatort zurückzieht.

Der vierte Traum im Epilog: Die Apokalypse vom Weltuntergang und von der Rettung weniger Auserwählter (S. 562-563).

Raskolnikows letzter Traum steht am Ende des Epilogs. Er trägt symbolischen Charakter, er ist das *philosophische* Fazit des Romans und lehnt sich inhaltlich wie stilistisch an die *Offenbarung Johannes* an, Kapitel 8-17, an. In Dostojewskijs Handexemplar des *Neuen Testaments* gibt es seine handschriftlichen Randbemerkungen: neben die Zeile vom „gehörnten Tier", das wie ein Lamm aussah, doch wie ein Drache sprach, setzt er die Notiz „Sozialismus". Neben der Zeile von den „sieben Bergen" steht: „Zivilisation". Der letzte Traum bedeutet somit eine *prophetische Warnung an die Menschheit*.

## III. *Der Idiot,* 1868

Die Träume im *Idioten,* der zwei Jahre nach *Schuld und Sühne* erschienen war, werden, im Gegensatz zu den beiden bisher erörterten Werken, nicht von der Hauptperson geträumt. Der Epileptiker Fürst Myschkin hat kraft seiner Krankheit, seiner hellseherischen Fähigkeiten und seiner Intuition auch ohne Träume Zugang zu seinem Unterbewußtsein. Hier träumt nicht er, sondern der achtzehnjährige schwindsüchtige Theoretiker und Nihilist Ippolit, eine Kontrastfigur zum vitalen Vollblutmenschen Rogoshin. Die beiden Träume sind in das beklemmende *Bekenntnis* dieses einsamen, verbitterten Herzens eingebaut, das eine wichtige Stellung in dem Roman einnimmt.

Der erste Traum: Das skorpionartige Ungeheuer (S. 557-559). [4]

In dem Traum, der das in schlaflosen Nächten ausgebrütete *Bekenntnis* Ippolits einleitet, taucht ein widerliches skorpionartiges Ungeheuer auf – die *Verkörperung des Bösen* schlechthin. In der Folge spricht er selbst davon, daß das „Abstrakte" für ihn „bildhaft wird" und „groteske Formen" annimmt. Als böse stellt sich dem Todkranken und Todessüchtigen alles dar: Natur und Schicksal, Leben und Tod, was für ihn, der nur noch ein paar Wochen zu leben hat, im Schlußeffekt ein und dasselbe ist. Für ihn, der noch gar nicht gelebt hat und nun so jäh am Ende seiner irdischen Laufbahn steht, ist das Schicksal ein „unerbittliches stummes Ungeheuer", eine „dunkle, plumpe, sinnlose, aber in ihrer Sinnlosigkeit ewige und unendliche Kraft", ein „dumpfes, allmächtiges Wesen", [5] das sich ihm als eine „riesenhafte widerwärtige Spinne" darstellt, die nur Ekel, Abscheu und Entsetzen hervorruft. Das ist das erschreckende Fazit des *Bekenntnisses.* Es ist die atheistische Alternative zu Myschkins Auferstehungsglauben.

Die *Spinne,* mit der das *skorpionartige Ungeheuer* in Ippolits Traum verwandt ist, ist bei Dostojewskij eine *stehende Metapher* für das *Böse,* das den Traum von der ewigen Harmonie vernichtet. Im *Idioten* wie in *Schuld und Sühne* stehen Spinne und Skorpion in fast unmittelbarem Kontext mit den Gesprächen über den *Teufel,* der in einen organischen Zusammenhang mit diesem Ungeziefer gestellt wird.

In den *Aufzeichnungen aus einem Totenhaus* (1861) schildert Dostojewskij den ruchlosesten der Kriminellen, Gasin, sozusagen den Urbegriff des Bösen, als eine Spinne. In *Schuld und Sühne* vergleicht sich der Mörder Raskolnikow mit einer Spinne, und dem Selbstmörder Swidrigailow stellt sich die Ewigkeit als eine verrußte Badestube voller Spinnen dar. In den *Dämonen* (1871) erscheint Stawrogin eine rote Spinne im Zusammenhang mit dem Mädchen, das sich durch die Schuld ihres Peinigers erhängt hat. Dmitri Karamasow vergleicht sich in der Schande von Wollust und Ausschweifungen mit einer *Wanze,* einem *bösen Insekt.*

Wir verweisen auf die auffallende Ähnlichkeit zwischen diesem ersten Traum Ippolits und Kafkas Erzählung *Die Verwandlung* (1916). Auch in der bildenden Kunst finden sich Parallelen zu diesem Traum: in der Kunst Hieronymus Boschs und in den späten Bildern Goyas. Ippolits Traum ist eine der erregendsten Passagen des Romans und wohl auch einer der erregendsten Träume Dostojewskijs.
Der zweite Traum: Gespenstischer nächtlicher Besuch Rogoshins bei Ippolit (S. 552-553 und 585-588).

Der mysteriöse nächtliche Besuch Rogoshins bei Ippolit erinnert stark an Swidrigailows ersten Besuch bei Raskolnikow, der wie Ippolit im Bett liegt und mit Befremden den unbekannten schweigenden Besucher in seinem Zimmer sieht. Nur daß es sich im Fall von Raskolnikow um Realität handelt, die er für einen Traum hält, während umgekehrt Ippolit den Traum für Realität nimmt. Wiederum verwischt also Dostojewskij mit seiner berühmten Traumtechnik die Grenzen zwischen Realität und Traum.

Ippolit und Rogoshin sind wie Raskolnikow und Swidrigailow, wie auch Myschkin und Rogoshin als *Antipoden* konzipiert. Doch wie meist bei Dostojewskij sind sie zugleich auch *Doppelgänger*, es besteht zwischen ihnen eine geheimnisvolle innere Verbindung, die bisweilen die Antithese aufzulösen und in eine Identität zu verwandeln vermag. Ippolit spielt darauf mit seinem Satz an: „Les extrémités se touchent." – Die Gegensätze berühren sich (S. 582).

Dmitri Mereschkowski hatte die „mystische Identifikation zweier gesonderter Subjekte" hervorgehoben und folgendermaßen charakterisiert: „Es sind durch und durch lebendige, reale Menschen, die sich wie Gespenster, wie Doppelgänger verfolgen und erschrecken."[6] Auf der Ebene des realen Lebens sind Ippolit und Rogoshin absolute Gegensätze, auf metaphysischer Ebene dagegen sind der Mörder und der verhinderte Selbstmörder leibliche Brüder: sie alle sind Opfer des Unglaubens und Helfershelfer des Todes. Das spürt der feinfühlige und intelligente Ippolit, wenn ihm der „seltsame Gedanke" kommt, den ihm kaum bekannten Rogoshin aufzusuchen. Intuitiv ahnt er die Nähe und Gemeinsamkeit: „sei daher auch er von meiner *letzten Überzeugung* nicht allzu weit entfernt." (S. 582) Er erhofft sich von Rogoshin – und von keinem anderen – Antwort auf die letzten Fragen. Darauf basiert der ganze Traum. Insgeheim sehnt er Rogoshin herbei – und fürchtet ihn zugleich. Er meint zu wissen, daß Rogoshin seine tiefsten innersten Gedanken errät, daß er seine *letzte Überzeugung* (seine Selbstmordabsicht) kennt und daher zu so später Stunde gekommen ist, um sich mit ihm auszusprechen. Doch das *Traumbild täuscht seine Erwartung*: Rogoshin schweigt – ein langes, beharrliches, unendliches Schweigen: Schweigend tritt er ein, schweigend sitzt er Ippolit gegenüber, schweigend blickt er ihn aufmerksam und forschend an, mit einem spöttischen Lächeln um die Lippen, schweigend verläßt er das Zimmer wieder. Dieses Schweigen wirkt genau so unheimlich, ja gespenstisch wie die Stille in Raskolnikows drittem Traum.

Ippolits Lebenserfahrung besagt, daß Gott schweigt, die Natur ein „unerbittliches stummes Ungeheuer" ist und das Leben ein stummes, stumpfes, allmächtiges Wesen: eine riesenhafte widerwärtige Spinne. Nun erweist sich auch noch sein Traumbild, das Sprachrohr seines Unbewußten, als stumm. Diesen Hohn vermag Ippolit nicht zu ertragen. Seine Träume empfindet er als absolut erniedrigend: „Ein Leben, das so abstruse, erniedrigende Formen annimmt, ist nicht wert, daß man es konserviert!... Einer so unklaren dunklen Kraft, die sogar die Gestalt einer Spinne annimmt, wünsche ich mich nicht zu unterwerfen." (S. 588)

Der zweite Traum – Rogoshins Besuch – wird also umrahmt von Ippolits Erörterungen über das stumme dunkle Wesen, das Schicksal, das ihm als eine riesengroße Spinne erscheint. Damit wird ein organischer Bezug zum ersten Traum, dem von dem ekelerregenden Ungeziefer, hergestellt. Beide Träume steigern Ippolits *Ekel* und *Lebensüberdruß* bis zum Unerträglichen und sind damit wichtige Etappen auf dem Weg zu seinem letzten Entschluß: zum Selbstmord.

Doch es hieße Dostojewskijs Traumwelt grundsätzlich verkennen und absolut einseitig sehen, wollte man sich nur auf diese schwarzen, bedrohlichen Alpträume Prochartschins, Raskolnikows und Ippolits stützen, die ganz von Angst und Vernichtung beherrscht sind.

*IV. Die Brüder Karamasow*, 1880

Ganz anderer Art sind die Träume in Dostojewskijs letztem Roman, den *Brüdern Karamasow*. Führten Ippolits Alpträume mit unerbittlicher Konsequenz zur Selbstmordabsicht, so sind Dmitris und Aljoschas Träume, die man auch ekstatische Visionen nennen könnte, *Stufen zu einem neuen Leben, zur geistigen Wiedergeburt*.

Mitjas Traum: Ein abgebranntes, elendes Dorf und ein frierendes, hungriges, weinendes Kind (S. 821-823).[7]

Buchstäblich auf der Anklagebank schläft Dmitri völlig entkräftet ein. Im Traum sieht er ein abgebranntes, elendes Dorf, bettelarme, ausgemergelte Bauernweiber, deren Gesichter schwarz sind vor Kummer, und ein frierendes, hungriges, weinendes Kind. Brennendes *Mitleid* und eine allumfassende, unendliche Liebe ergreifen Mitjas Herz, Tränen würgen seine Kehle; helfen möchte er, trösten, alle Tränen der Welt tilgen, auf daß fürderhin kein Leid und keine Tränen mehr in der Welt seien. „Und er fühlt noch, daß sich in seinem Herzen eine noch nie empfundene Rührung erhebt, daß er weinen möchte, daß er für alle irgend so etwas tun möchte, damit das Kindchen nicht mehr weine, damit auch die schwarze verhärmte Mutter des Kindchens nicht mehr weine, damit von diesem Augenblick an niemand mehr eine Träne vergieße..." (S. 823).

Das Leid des Nächsten läßt ihn sein eigenes (ungerechte Verurteilung wegen angeblichen Vatermords und bevorstehende Verbannung nach Sibirien) vergessen. *Erbarmen* und *Liebe* führen Dmitri den Weg der *seelischen Läuterung*. Nach dem Traum wird er sich seiner Sünde bewußt, zwar keiner schuldhaften Tat, aber seiner frevelhaften Gedanken und Wünsche, und er ist nun bereit, die Verantwortung dafür zu tragen. Nach dem Traum wird Dmitri innerlich reif, er kann die Schuld für den zwar nicht begangenen, jedoch gewünschten Vatermord auf sich nehmen und das Protokoll unterzeichnen. Dieser ekstatische Traum ist somit ein *Katalysator für seinen Bewußtwerdungsprozeß*: Er ist die entscheidende Etappe auf dem Weg in ein neues Leben, auf dem Weg der Läuterung und der geistigen Wiedergeburt, der *Katharsis*. „Und da entbrennt sein ganzes Herz und strebt zu etwas Lichtem, Lichtem, und leben will er, leben, auf einem Wege will er gehen, gehen zu dem neuen ihm winkenden Licht, nur schneller, schneller, jetzt gleich, sofort!" (S. 823) Auch hier wieder die vielen Wiederholungen, sie bewirken eine Steigerung der Intensität und eine große Eindringlichkeit.

Aljoschas Traum: Die Hochzeit zu Kana in Galiläa – Freude als ekstatisches Lebensgefühl (S. 588-591).

Nah verwandt mit Mitjas Traum ist Aljoschas ebenso ekstatische Vision im letzten Kapitel des siebenten Buches, das *Die Hochzeit zu Kana in Galiläa* überschrieben ist. Beide Brüder erleben den *Traum am Ende* einer tiefgreifenden *geistigen Krisis*. Bei Aljoscha ist es die Erschütterung, das Leid und die geistige Desorientierung nach dem Hinscheiden seines geistigen Vaters, des Starez Sossima. Aljoscha betet nachts kniend vor Sossimas Sarg. Die monotone Evangelien-Lesung (eben die *Hochzeit zu Kana*) durch Vater Paissi mischt sich mit der Stimme des Unbewußten in Aljoscha. Der fällt erschöpft in Halbschlummer und erlebt die Hochzeit zu Kana. Er sieht das glückliche Paar, sieht die glücklichen Gäste, nimmt teil an der allgemeinen Freude. Vor allem aber sieht er den geliebten Sossima – nicht tot im Sarg, sondern lebendig, erfüllt von Freude, Güte und Liebe; er hört seine Stimme, die gütig und liebevoll zu ihm spricht: auch er, Aljoscha, ist geladen zum allgemeinen Fest der Liebe, auch er soll teilhaben an der allgemeinen großen Freude, soll trinken vom Wein des Neuen Testamentes, dem Wein des Wunders und des ewigen Lebens, das *den Tod besiegt*. Eine unendliche, alles umfassende, alles mit sich reißende *Freude und Seligkeit* erfüllt Aljoschas Herz – ein *überbordendes ozeanisches Glücksgefühl*, das über die Grenzen des Traums hinausreicht. Taumelnd vor Glück stürzt er aus der Enge der Klosterzelle hinaus in die sternklare Nacht, in Gottes freie Natur, und sein Herz dürstet nach *Freiheit, Weite und Unendlichkeit*. Erschüttert fällt er auf die Erde nieder und bedeckt sie mit Küssen und Tränen der Rührung und Ergriffenheit. Ein kosmisches Gefühl der Ekstase beseelt ihn, das er Zeit seines Lebens nicht mehr vergessen wird. „'Jemand hat in dieser Stunde meine Seele heimgesucht', sagte er später in festem Glauben an diese Worte." Und weiter: „Als schwacher Jüngling war er noch zur Erde niedergefallen, als ein für's ganze Leben gewappneter Kämpfer erhob er sich wieder." (S. 592)

Für beide Brüder bringt der Traum die endgültige *Überwindung der Krise*; er verhilft dem *Über-Ich* zum Durchbruch, das sich im ekstatischen Lebensgefühl manifestiert, aber auch in der Stärke und Entschlußkraft des Handelns.

\*

Zusammenfassend läßt sich sagen, daß allen Träumen Dostojewskijs ohne Ausnahme eine außerordentliche *suggestive Kraft* innewohnt. Der Traum ist *konzentriertes, gesteigertes Leben*. Er bedient sich der Bausteine der Realität, die er meist bizarr verzerrt, vergrößert, überhöht, und baut daraus auf einer neuen Ebene, der des Traums, eine eigene Welt auf, die nicht mehr den Gesetzen der Realität unterstellt ist (wo zwei mal zwei vier ergibt), sondern eine eigene Logik entwickelt. Die *Tagesreste* – eben diese Bruchstücke der Realität – bilden meist den Ausgangspunkt des Traums: die Feuersbrunst im *Prochartschin*, Kindheitserinnerungen Raskolnikows an mißhandelte Bauernpferde, die Ermordung der Wucherin, der schweigende, düstere Rogoshin, das Dorfelend, der Tod Sossimas.

Die Emotionen, die in ihrem Übermaß in der Realität lebenszerstörend sein können und daher ins Unterbewußtsein verdrängt werden, kommen im Traum wieder an die Oberfläche. Das betrifft besonders die negativen Gefühle wie *Wut, Ekel* und vor allem und immer wieder *Angst- und Schuldgefühle*, die in Prochartschins, Raskolnikows und Ippolits Träumen eine so große Rolle spielen. Aber auch die positiven Gefühle – *Mitleid, Erbarmen, Liebe, Freude* – können in ihrem Übermaß die Grenzen der menschlichen Persönlichkeit sprengen und werden deshalb ebenfalls ins Unterbewußtsein verbannt.

Die Aufgabe des Traums ist es, dem Menschen seine eigenen Gefühle wieder zugänglich und bewußt zu machen. Der Traum ist die *Brücke* zwischen Unterbewußtsein und Bewußtsein. Man könnte ihn auch *Kanal*, oder noch besser *Schacht* nennen, durch den die unteren Schichten des Unterbewußtseins mit den oberen Schichten des Bewußtseins verbunden sind. Durch den Traum kann also das sonst abgespaltene, abgeblockte Unterbewußtsein, und damit die Emotionen, nach oben, ans Tageslicht gelangen und bewußt gemacht werden. Somit hat der Traum eine wichtige Funktion für den Bewußtwerdungsprozeß. Der „gesunde", „normale" Mensch hat meist nur über den Traum Zugang zu seinem eigenen Unterbewußtsein, und das heißt doch, zu einem wichtigen, entscheidenden Teil seines Ichs. Der Traum ist der *Telegraf*, der unter Tag im Dunkeln arbeitet und wichtige Erkenntnisse über das Ich in *verschlüsselten Bildern* nach oben an das Bewußtsein sendet. Das Bewußtsein wiederum hat diese verschlüsselten Bilder zu dechiffrieren, die auf diese Weise gewonnenen Erkenntnisse zu verarbeiten und fürs Leben fruchtbar zu machen. Sie bestimmen in der Folge das Fühlen, Denken und Handeln mit, also den ganzen weiteren Lebensprozeß. Besonders zeigen die beiden letzten Träume aus den *Brüdern Karamasow* die bewußtseins- und lebensverändernde Kraft des Traums. Die Träume sind somit unerläßliche Katalysatoren für den Bewußtwerdungsprozeß des Menschen und damit für die Werdung der menschlichen Persönlichkeit.

1  Fjodor Dostojewski: Tagebuch eines Schriftstellers. Notierte Gedanken. München und Zürich 1996, S. 618-619.
2  Die Erzählung *Herr Prochartschin* zitieren wir nach: F. M. Dostojewski: Sämtliche Werke in zehn Bänden, Bd. 1. München: Piper 1977. Die Seitenangaben stehen im Text.
3  *Schuld und Sühne* wird zitiert nach: F. M. Dostojewski: Schuld und Sühne. München: Goldmann 1980. Seitenzahlen im Text.
4  *Der Idiot* wird zitiert nach: F. M. Dostojewski: Der Idiot. München: Goldmann 1980. Seitenangaben im Text.
5  Fjodor Tjutschew gebraucht ein ähnliches Bild: „Демоны глухонемые".
6  Dmitri Mereschkowski: Tolstoi und Dostojewski. Leben, Schaffen, Religion. Berlin 1919.
7  *Brüder Karamasow* zitieren wir nach: F. M. Dostojewski: Sämtliche Werke in zehn Bänden, Bd. 10. München: Piper 1980. Angabe der Seitenzahlen im Text.

*Martin Herz*

# Mythologie und Psychoanalyse – eine Traumreise zu Dostojewskij

Meinem Vater

*Sehr geehrte Damen und Herren!*

Meine Stellung als Schlußreferent läßt es geraten erscheinen, nochmals allgemeiner und breiter auf das Thema zuzugehen: Der Titel der diesmaligen Jahrestagung der Deutschen Dostojewskij-Gesellschaft stellt hohe Ansprüche – fordert er doch Referenten und Publikum gleichermaßen zu einer doppelten Anstrengung auf: eine Reise mit einem toten Dichter zu unternehmen – was an sich schon nicht ganz leicht fällt –, und Auskunft darüber zu geben, *wovon wir träumen* – auch dies scheint mir eine durchaus anspruchsvolle Aufgabe, denn wir wissen ja aus eigener Erfahrung, wie schwer es zuweilen ist, Traumerlebnisse zu memorieren, geschweige denn ihre Bruchstücke im Sinne einer Auskunft für andere plausibel zusammenzufassen.

Schließlich steckt in diesem Veranstaltungstitel noch eine Herausforderung ganz anderer Art – wenn die Betonung nämlich auf dem „wir" liegt: *wovon wir träumen.* Wer bitte? Sie? Ich? Wir Zeitgenossen? Unsere Generation? Wir Dostojewskij-Leserinnen und -Leser? Wir, die wir von einer literarischen Gesellschaft eingeladen wurden, eine Art Clubreise mit einem toten Dichter und mit unbekanntem Ziel zu unternehmen?

Sie sehen schon: Wenn man sich dem Thema auf diese Weise nähert, wird eine nicht enden wollende Diskussion losgetreten; und solche Diskussionen über Anlässe, Umstände, Gründe und Motive sind in aller Regel die Garantie dafür, daß man die Beschwernisse einer Reise über den möglichen Lustgewinn stellt und es folglich vorzieht, zu guter Letzt zuhause zu bleiben. Aus der Traum von der Traumreise! *Gottlob* haben wir Dostojewskijs Tagebuch, wo sich im letzten Absatz des April-Heftes von 1876 unter dem Titel *Der Paradoxist* ein Argument findet, das derlei Diskussionen ein für allemal ein Ende bereitet: „Mit Träumern kann man nicht streiten."[1] Punkt.

Doch auch wenn sich zeigte, daß mit einer strengen Exegese des Veranstaltungstitels die Gefahr einhergeht, sich im Kreise zu drehen und überhaupt nicht loszukommen, so bleibt doch die Frage: *Wer* und *was* ist gemeint, wenn es heißt: „Wovon wir träumen..."? Und wenn ich Ihnen auf diese *Wer*-Frage nun zwei literarisch-philosophische Antworten zitiere, so werden Sie verstehen, warum der größere Teil meines Vortrags einer Reise *zu* Dostojewskij gewidmet ist, und wir erst zum Ende hin einen kleinen Ausflug *mit* Dostojewskij unternehmen.

Die erste Antwort kommt von Robert Musil. Sie findet sich im letzten Absatz des 18. Kapitels *im Mann ohne Eigenschaften* [2] und lautet: „wenn die Menschheit als Ganzes träumen könnte, müßte Moosbrugger entstehn."[3] Die zweite Antwort gibt uns Theodor W. Adorno: „Zwischen 'es träumte mir' und 'ich träumte' liegen die Weltalter. Aber was ist wahrer? So wenig die Geister den Traum senden, so wenig ist es das Ich, das träumt."

Im ersten Falle habe ich also das *Wir* des Tagungstitels – *wovon wir träumen* – zunächst nach der Seite der größtmöglichen Allgemeinheit hin bestimmt und mit *die Menschheit* gleichgesetzt. Für die Antwort habe ich den Ingenieur, Experimentalpsychologen und Dichter Dr. phil. Robert Edler von Musil bemüht, und zwar nicht zuletzt deswegen, weil es mir nicht möglich war, eine ähnlich präzise Beantwortung der Frage, wovon *wir* träumen, *wir*, die Menschheit (wenn sie denn als Ganzes träumen könnte), von Dostojewskij zu bekommen. Bevor ich für die Seite der kleinstmöglichen Allgemeinheit zu Adorno wechsle, und das *Wir* mit einem *Ich* gleichsetze, d.h. den Satz, „wovon *wir* träumen" lese als „wovon *ich* träume" oder „wovon *mir* träumt", will ich Sie näher mit Musils Moosbrugger bekannt machen. Es wäre nämlich nicht nur unhöflich, Sie auf die Frage: *wer ist denn dieses Wir?* mit der lapidaren Antwort: *Wir, die Menschheit, und wenn sie als Ganzes träumen könnte, müßte Moosbrugger entstehen!*, alleine zu lassen; es wäre auch töricht, darauf zu verzichten, über die Figur des Moosbrugger zu Fragen vorzustoßen, die uns direkt zu Dostojewskij und den Traumgestalten in seinem erzählerischen Werk führen können.

Betrachten wir also nach dieser Maßgabe zunächst Musils Mossbrugger. Seine Geschichte ist gleich erzählt: Ein großer, breitschultriger Mensch, vom Lande, und man blieb „wie eingewurzelt stehn, wenn man diesem von Gott mit allen Zeichen der Güte gesegneten Gesicht zum erstenmal begegnete, denn Moosbrugger war gewöhnlich von zwei bewaffneten Justizsoldaten begleitet."[4] Er war als Junge ein armer Teufel gewesen, ein Hüterbub

> *in einer Gemeinde, die so klein war, daß sie nicht einmal eine Dorfstraße hatte, und er war so arm, daß er niemals mit einem Mädel sprach. Er konnte Mädels immer nur sehn... Nun braucht man sich ja bloß vorzustellen, was das heißt. Etwas, wonach man so natürlich begehrt wie nach Brot oder Wasser, darf man immer nur sehn. Man begehrt es nach einiger Zeit unnatürlich. Es geht vorüber, die Röcke schwanken um seine Waden. Es steigt über einen Zaun und wird bis zum Knie sichtbar. Man blickt ihm in die Augen, und sie werden undurchsichtig. Man hört es lachen, dreht sich rasch um und sieht in ein Gesicht, das so reglos rund wie ein Erdloch ist, in das eben eine Maus schlüpfte. Man könnte also verstehn, daß Moosbrugger schon nach dem ersten Mädchenmord sich damit verantwortete, daß er stets von Geistern verfolgt werde, die ihn bei Tag und bei Nacht riefen. Sie warfen ihn aus dem Bett, wenn er schlief, und störten ihn bei der Arbeit; dann hörte er sie tags und nachts miteinander sprechen und streiten. Das war*

# Mythologie und Psychoanalyse – eine Traumreise zu Dostojewskij  117

*keine Geisteskrankheit, und Moosbrugger mochte es nicht leiden, wenn man derart davon sprach; er putzte es freilich selbst manchmal mit Erinnerungen an geistliche Reden auf oder legte es nach den Ratschlägen des Simulierens an, die man in den Gefängnissen erhält, aber das Material dazu war immer bereit; bloß etwas verblaßt, wenn man nicht gerade darauf achtete." Wegen dieses 'Lustmordes' hatte er vier Jahre in Irrenanstalten verbracht, war als geheilt entlassen worden und fristete danach sein Leben in ehrlicher Arbeit. Er durchwanderte Europa, aber nirgends hielt er es lang aus. „Moosbrugger war nur ein Zimmermannsgeselle, ein ganz einsamer Mensch, und obgleich er auf allen Plätzen, wo er arbeitete, von den Kameraden gut gelitten war, hatte er keinen Freund.*[5]

Er tat keinem Menschen ein Leid, ausgenommen vier Maurern, die sich verschworen hatten, ihn ihre Überlegenheit fühlen zu lassen und vom obersten Stockwerk das Gerüst hinunterzustürzen.

*Er hörte sie schon hinter seinem Rücken kichern und herankommen, da warf er sich mit seiner unermeßlichen ganzen Kraft auf sie, stürzte den einen zwei Treppen hinab und zerschnitt zwei andren alle Sehnen des Arms. Daß er dafür bestraft wurde, hatte sein Gemüt erschüttert, wie er sagte. Er wanderte aus. In die Türkei; und wieder zurück, denn die Welt hielt überall gegen ihn zusammen; kein Zauberwort kam gegen diese Verschwörung auf und keine Güte.*[6]

Wenn er angesehen wurde, wie er so – in Begleitung der Justizsoldaten, und mit eng aneinander gebundenen Händen – breitbeinig-militärisch daherkam, zog über sein gutmütiges Gesicht ein Lächeln. Und dieses Lächeln war es, was die Berichterstatter im Gerichtssaal am meisten beschäftigte.

*Es mochte ein verlegenes Lächeln sein oder ein verschlagenes, ein ironisches, heimtückisches, schmerzliches, irres, blutrünstiges, unheimliches –; sie tasteten ersichtlich nach widersprechenden Ausdrücken und schienen in diesem Lächeln verzweifelt etwas zu suchen, das sie offenbar in der ganzen redlichen Erscheinung sonst nirgends fanden. Denn Moosbrugger hatte eine Frauensperson, eine Prostituierte niedersten Ranges, in grauenerregender Weise getötet.*[7]

Es war am Ende einer Nacht, „einer teilnahmslos durchzechten Nacht mit viel Lärm zur Beschwichtigung der inneren Unruhe." Auf dem Heimweg, vor der Stadt, an einer eisernen Brücke, sprach ihn das Mädchen an.

*Es war so ein Mädchen, wie sie sich unten an den Auen an Männer vermieten, ein stellenloses, davongelaufenes Dienstmädchen, eine kleine Person, von der man nur zwei lockende Mausaugen unter dem Kopftuch sah. Moosbrugger wies sie ab und beschleunigte seinen Gang; aber sie bettelte, daß er sie mit nach Haus nehmen möge. Moosbrugger ging; gradaus, um die Ecke, schließlich hilflos hin und her; er machte große Schritte, und sie lief neben ihm; er blieb stehn, und sie stand wie ein Schatten. Er zog sie hinter sich drein, das war es. Da machte er noch einen Versuch, sie zu verscheuchen; er drehte sich um und spuckte ihr zweimal ins Gesicht. Aber es half nicht; sie war unverwundbar.*[8]

Er hatte sich in ein Kaffeehaus geflüchtet, schwarzen Kaffee und drei Cognacs getrunken – beim Zahlen hatte ihn wieder der Gedanke überfallen, was er beginnen werde, wenn sie draußen warten würde. „Es gibt solche Gedanken, die wie Bindfaden sind und sich in endlosen Schlingen um Arme und Beine legen."[9] Sie war noch da. „Aber Moosbrugger verfiel mit einer nahezu überirdischen Anstrengung seiner Moral auf noch einen Ausweg": Ein Sportplatz lag längs des Weges. Moosbrugger legte sich in die dunkelste Ecke des engen Kassenhäuschens, aber

> das weiche verfluchte zweite Ich legte sich neben ihn. Er tat deshalb so, als ob er gleich einschliefe, um später davonschleichen zu können. Aber als er leise, mit den Füßen voran, hinauskroch, war es wieder da und schlang die Arme um seinen Hals. Da fühlte er etwas Hartes in ihrer oder seiner Tasche; er zerrte es hervor. Er wußte nicht recht, war es eine Schere oder ein Messer; er stach damit zu. Sie hatte behauptet, es sei nur eine Schere, aber es war ein Messer. Sie fiel mit dem Kopf in das Häuschen; er schleppte sie ein Stück heraus, auf die weiche Erde, und stach so lange auf sie ein, bis er sie ganz von sich losgetrennt hatte. Dann stand er vielleicht noch eine Viertelstunde bei ihr und betrachtete sie, während die Nacht wieder ruhiger und wundersam glatt wurde. Nun konnte sie keinen Mann mehr beleidigen und sich an ihn hängen. Schließlich trug er die Leiche über die Straße und legte sie vor ein Gebüsch, damit sie leichter gefunden und bestattet werden könne, wie er behauptete, denn nun konnte sie ja nichts mehr dafür.
>
> In der Verhandlung bereitete Moosbrugger seinem Verteidiger die unvorhersehbarsten Schwierigkeiten. Er saß breit wie ein Zuschauer auf seiner Bank, rief dem Staatsanwalt Bravo zu, wenn dieser etwas für seine Gemeingefährlichkeit vorbrachte, das ihm seiner würdig erschien, und teilte lobende Zensuren an Zeugen aus, die erklärten, niemals etwas an ihm bemerkt zu haben, was auf Unzurechnungsfähigkeit schließen ließe. `Sie sind ein drolliger Kauz´, schmeichelte ihm von Zeit zu Zeit der die Verhandlung leitende Richter und zog gewissenhaft die Schlingen zusammen, die sich der Angeklagte gelegt hatte. Dann stand Moosbrugger einen Augenblick lang erstaunt wie ein in der Arena gehetzter Stier, ließ die Augen wandern und merkte an den Gesichtern der Umsitzenden, was er nicht verstehen konnte, daß er sich abermals eine Lage tiefer in seine Schuld hineingearbeitet hatte.[10]

Zwei gewissenhafte Gutachter hatten ihm in der Verhandlung schließlich seine Gesundheit zurückgegeben, und dennoch zweifelte niemand, die Gerichtsärzte inbegriffen, daran, daß er in irgendeiner Weise krank war. Aber es war dies

> keine Weise, die den vom Gesetz gestellten Bedingungen entsprach und von gewissenhaften Gehirnen anerkannt werden durfte. Denn wenn man teilweise krank ist, ist man nach Ansicht der Rechtslehrer auch teilweise gesund; ist man aber teilweise gesund, so ist man wenigstens teilweise zurechnungsfähig; und ist man teilweise zurechnungsfähig, so ist man es ganz; denn Zurechnungsfähigkeit ist, wie sie sagen, der Zustand des Menschen, in dem er die Kraft besitzt, unabhängig von jeder ihn zwingenden Notwendigkeit sich aus sich selbst für einen bestimmten Zweck zu bestimmen, und eine solche Bestimmtheit kann man nicht gleichzeitig besitzen und entbehren.[11]

Im Gefängnis darf man keinen Komfort und ausgereiften Service erwarten, aber man hatte ihn über die Maßen schlecht behandelt. „Er war ein alter Reisender, er wußte, daß nichts von alledem erlaubt war, aber hinter dem Eisentor ist es nicht einfach, in Ehren zu bestehn."[12] Moosbrugger beschwerte sich: beim Anstaltsleiter – der ihm erklärte, es handele sich dabei nicht um eine Strafe, sondern um Vorsicht; beim Anstaltsgeistlichen – der darüber erschrak, „daß Moosbrugger mit seinem ehrlichen Aussehen die Schwäche des persönlichen Mitleids in ihm erregte"; beim Anstaltsarzt – der seine Beschwerde so lange für überflüssig halten wollte, bis die Fakultät entschieden hätte, ob er krank sei oder simuliere.

> *Ergrimmt ahnte Moosbrugger, daß jeder von denen sprach, wie es ihm paßte, und daß es dieses Sprechen war, was ihnen die Kraft gab, mit ihm umzugehn, wie sie wollten. Er hatte das Gefühl einfacher Leute, daß man den Gebildeten die Zunge abschneiden sollte" und „etwas für ihn Unerreichbares, aber ihnen Gemeinsames lag in diesen Gesichtern, das lebenslang sein Feind gewesen war.*[13]

> *In der Einzelzelle dachte Moosbrugger nach, was sein Recht sei. Das konnte er nicht sagen. Aber es war das, was man ihm sein Leben lang vorenthalten hatte. In dem Augenblick, wo er daran dachte, schwoll sein Gefühl an. Seine Zunge wölbte sich und setzte zu einer Bewegung an wie ein Hengst im spanischen Schritt; so vornehm wollte sie es betonen. `Recht´, dachte er außerordentlich langsam, um diesen Begriff zu bestimmen, und dachte so, als ob er mit jemand spräche, `das ist, wenn man nicht unrecht tut oder so, nicht wahr?´ – und plötzlich fiel ihm ein: `Recht ist Jus´. So war es; sein Recht war sein Jus!*[14]

Schon einmal hatte man sein Jus verhöhnt und er mußte fort.

> *Findet man das Jus auf der Straße?! Alle Weiber waren schon das Jus von irgendwem, und alle Äpfel und Schlafstätten; und die Gendarmen und Bezirksrichter waren schlimmer als die Hunde. Aber was das eigentlich war, woran ihn die Leute immer zu packen bekamen und weshalb sie ihn in die Gefängnisse und Irrenanstalten warfen, das konnte Moosbrugger niemals recht herauskriegen... Der Boden und die Ecken wurden wieder taghell grau und nüchtern, nachdem sie soeben noch wie ein Traumboden gewesen waren, wo plötzlich ein Ding oder ein Mensch aufwächst, wenn ein Wort hinfällt. Moosbrugger nahm seine ganze Logik zusammen.*[15]

Er erinnerte sich der Orte, wo das begann, an die schlechte Laune, die das jedesmal begleitete, an die Frauen, die während der Arbeit vorübergingen, die er nicht ansehen wollte, weil sie ihn störten, aber immerzu gingen neue vorbei;

> *da folgten ihnen dann schließlich seine Augen mit Abscheu, und das war wieder so, dieses langsame Hin- und Herdrehen der Augen, wie wenn sie innen in Pech oder erstarrendem Zement rühren würden. Dann merkte er, daß sein Denken anfing schwer zu werden. Er dachte ohnehin langsam, die Worte bereiteten ihm Mühe, er hatte nie genug Worte, und zuweilen, wenn er mit jemand sprach, kam es vor, daß der ihn plötzlich erstaunt ansah, und nicht begriff, wieviel ein einzelnes Wort*

*sagte, wenn Moosbrugger es langsam hervorbrachte. Er beneidete alle Menschen, die schon in der Jugend gelernt hatten, leicht zu sprechen; ihm klebten die Worte zu Trotz gerade in den Zeiten, wo er sie am dringendsten brauchte, wie Gummi am Gaumen fest, und es verging dann manchmal eine unermeßliche Weile, ehe er eine Silbe losriß und wieder vorwärtskam. Die Erklärung war nicht abzuweisen, daß das schon keine natürliche Ursache mehr habe. Wenn er aber bei Gericht sagte, es seien die Freimaurer oder die Jesuiten oder die Sozialisten, die ihn auf diese Weise verfolgten, so verstand ihn kein Mensch. Die Juristen konnten zwar besser reden als er und hielten ihm alles mögliche entgegen, aber von den wirklichen Zusammenhängen hatten sie keine Ahnung.*[16]

Moosbrugger wurde zum Tode verurteilt. Er sagte nichts, damit es nicht wie ein Schreck aussehe. Die Verhandlung wurde geschlossen.

*Da aber wankte doch sein Geist; er wich zurück, ohnmächtig gegen den Hochmut der Verständnislosen; er drehte sich um, den schon die Justizsoldaten hinausführten, kämpfte um Worte, reckte die Hände empor und rief mit einer Stimme, welche die Stöße seiner Wächter abschüttelte: `Ich bin damit zufrieden, wenn ich Ihnen auch gestehen muß, daß Sie einen Irrsinnigen verurteilt haben!´ Das war eine Inkonsequenz; aber Ulrich saß atemlos. Das war deutlich Irrsinn, und ebenso deutlich bloß ein verzerrter Zusammenhang unsrer eignen Elemente des Seins. Zerstückt und durchdunkelt war es; aber Ulrich fiel irgendwie ein: wenn die Menschheit als Ganzes träumen könnte, müßte Moosbrugger entstehn.*[17]

Dies ist also die ausführliche Antwort auf die Frage nach dem *Wir* im Titel dieser Tagung, und zwar insofern das *Wir* mit *die Menschheit* gleichgesetzt wird.

Und was hat das alles mit Dostojewskij zu schaffen? Das wäre keine gute Frage; nicht nur weil sie von Unkenntnis zeugt, denn man kann ja doch hinter fast jedem einzelnen Satz Dostojewskij applaudieren hören, und Musil sagte ja auch selbst, er habe mit etwa neunzehn Jahren „entscheidende geistige Einflüsse" unter anderem durch „Dostojewsky´s Raskolnikow, Doppelgänger und Hahnrei" empfangen.[18] Die Frage wäre auch deswegen schlecht gestellt, weil sie ein Mißverständnis offenbart: Dostojewskij ist nämlich auf unserer Seite, wir sind nicht auf der Seite von Dostojewskij; denn es wäre wahrlich die unglücklichste Form der Verehrung oder eine schmähliche Form des Verrats oder schlichte intellektuelle Faulheit, Menschenbilder und Zeitdiagnosen von 1846 oder 1862 oder 1877 mit den Problemen unserer Zeit und den Erfahrungen der vergangenen 120 Jahre kurzzuschließen mit der einfältigen Behauptung, wir seien doch stets noch die Gleichen wie Adam und Eva nach dem Sündenfall. Dostojewskijs Kunst besteht ja gerade darin, daß er mit seinen zerrissenen, bösen, schillernden, gebrochenen, unfertigen und werdenden Figuren einen Formwandel der Moral, des Ethos, der Subjektivität antizipiert und dichterisch beschreibt, der in seiner eigenen geschichtlichen Realität zwar schon einsetzte, aber noch heute weder im allgemeinen Bewußtsein angekommen noch abgeschlossen ist. Dostojewskij hat am Ende seines Lebens von sich behauptet, er sei kein Psychologe, „nur ein Realist im höheren Sinne, d. h. ich zeige alle Tiefen der Menschenseele"[19] – und das ist auch deshalb richtig, weil er ein Dichter war, der sich das Recht nahm, die Psychologie für seine Zwecke zurechtzubiegen. Das ist legitim und dichterisches Privileg. Doch weder ist die Spannbreite seiner dichterischen Einsichten unbeschränkt noch sein Realismus übergeschichtlich-schrankenlos; und es gab andere gewichtige Stimmen neben und nach ihm. Das Hoheitszeichen des so genannten literarischen Klassikers besteht ja eben darin, daß er den menschlichen Verhältnissen – samt ihrer Widersprüche bis ins infinitesimal Kleinste – Ausdruck, geistige Physiognomie und Form verlieh, die auch uns Heutigen noch als unhintergehbarer Maßstab gelten. Aber es sind geschichtliche Formen; und Dostojewskij wäre der letzte, dies zu bestreiten.

So schließt sich denn an die Frage, was Musils Moosbrugger mit Dostojewskij zu schaffen habe, die andere an, was beide mit uns und unserer Zeit verbindet, und welche Probleme sie angesprochen hätten, die auch uns noch betreffen könnten!?

Die Antwort klingt grob und wird durch die Frageform nur wenig gemildert: Wie? Dieser „verzerrte Zusammenhang unsrer eignen Elemente des Seins" beträfe Sie nicht? Sie wären also „vom Ich her betrachtet", voll und durchaus jederzeit „zurechnungsfähig"? Sie glauben, über ausreichend Ich-Stärke zu verfügen, die brutalen wie die subtilsten Schläge `der Gesellschaft' dauerhaft abfedern zu können? Sie halten sich demnach nicht für labil, depressiv, melancholisch, aggressiv, hysterisch, ambivalent, fixiert, sadistisch, phobisch, regressiv, paranoid, neurotisch – oder wie sonst die Fachausdrücke für den Übergang vom *normalen* zum *handelnden Ich* heißen mögen? Sie meinen nicht, jederzeit `ausflippen' zu können? Sie schätzen Ihre Psyche als `balanciert' ein, fühlen sich also nicht `betroffen'? Dennoch meinen Sie, ein `verantwortungsbewußter Mensch' zu sein? Sie halten sich nicht für `gefährdet'? Keine Schlafstörungen aufgrund Ihres Involviertseins in eine selbstgesetzte Aufgabe und Verantwortung? Sie fallen nicht auf den allgegenwärtigen Ton- und Bilder-Terror herein? Keine bösen Träume? Sie sind nicht auf der ständigen Suche nach den neuesten Formen der Entfremdung? Sie wissen, um was es geht? Was zu tun sei, und wie? Woher nehmen Sie diese Gewißheit?

In wessen Händen liegt Ihr Schicksal? Und wessen Schicksal liegt in Ihren Händen? Sie lesen keine Horoskope? Sie sind anders als `die Anderen'? Sie hätten Jesus nicht ans Kreuz genagelt? Sie hätten Moosbrugger nicht – ja, was: zum Tode verurteilt? Einer `Therapie zugeführt'? Welcher? Und mit welchen Gründen? Mit welchen Zielen?

Sie hätten niemals auch nur die 30-Volt-Taste gedrückt? (Mag sein, Stanley Milgrams Hauptexperiment schloß die gebildeten Schichten explizit aus.) Sie sind keine `authoritarian personality'? Sie hätten die Sätze der `F-Skala' der „Studien zum autoritären Charakter" aus den 1940er Jahren von vornherein in ihrem Kern durchschaut und abgelehnt? Sie hätten, wären Sie an der Stelle Claude Eatherlys gewesen, niemals das `Go ahead´-Signal für den Abwurf der Atombombe auf Hiroshima gegeben?

Sie haben schon im September 2001 eindeutig Stellung bezogen? Für oder gegen wen oder was? Aufgrund welcher Informationen? Ist Ihnen ein Bild aus jenen Tagen fest im Gedächtnis geblieben? `Verfolgt´ Sie eines dieser Bilder? Menschen, die aus Fenstern springen? Tote und Verwundete? Die `Faszination´ der zusammenbrechenden Türme? Das Gesicht des Teufels, das manche in der ungeheuren Staubwolke zu sehen glaubten?

Oder beim Golfkrieg, 1991 – der von Soldaten auf eine Brandbombe gepinselte Spruch „with love to Saddam"? Die Übertragung der in eine Raketenwaffe eingebauten Zielkamera? Die brennenden Ölfelder? Ölverschmierte Meeresvögel? Tote Fische? Was berechtigt Sie, zwischen toten Fischen und toten Menschen zu unterscheiden? Was berechtigt Sie, prinzipiell, zwischen Selbsterkenntnis und Erkenntnis des Anderen eine Wesensdifferenz zu errichten? Sie brauchen diese Differenz zur Rettung der Eigenheit? Um dem Trauma der Doppelgänger und der Angst vor Ich-Spaltung zu entgehen?

Sie kennen die Diskurse der Macht? Sie haben ihre Sprachen durchschaut? Wären somit in der Lage, denen beizustehen, die selber *nicht* oder nicht *richtig*, d.h. ihrer eigenen Situation *angemessen* sprechen können?

Sie sind weder Geisterseher noch Traumtänzer, sondern gebildete und vernünftige Zeitgenossen? Sie gehen folglich aus von einer Historizität der Vernunft, ihrem geschichtlichen Gewordensein? Sie sind demnach bereit, `die Vernunft´ zu riskieren – denn das ist zweifellos notwendig, will man sie mit einer vagen Aussicht aus Erfolg `retten´!? Sind sie in der Lage und willens, die Geschichte der Angst, des Wahns und des Traums als einen legitimen Teil der Geschichte der Vernunft anzuerkennen? Sind Sie fähig, Ihre eigene Geschichte zu ertragen?

Sie halten derlei Fragen für aufdringlich, ja skandalös?! Sehen Sie, deshalb brauchen wir Dostojewskij.

Wir brauchen ihn nicht in seiner Eigenschaft als Feuilletonist oder politischer Redakteur – hierin mag er als aufmerksamer Zeitanalytiker von den Historikern als Zeuge berufen werden. Wir brauchen ihn nicht als Panslawisten, Anti-Westler und Nationalisten – darüber haben die Zeitläufte ihr Urteil gesprochen. Wir brauchen ihn nicht einmal als Informanten über die sibirischen Zustände während seiner Lagerhaft – unsere Kenntnisse über die Konzentrationslager der Nazis und die

Berichte Solshenizyns über das Gulag-Archipel übersteigen alles, was Dostojewskij berichten könnte. Wir brauchen ihn schon gar nicht als Kritiker des Judentums – und ich sage 'Kritiker', denn Dostojewskij war keineswegs ein Judenfeind oder gar Judenhasser, er betrachtete die Juden (im *Tagebuch*, in seiner Korrespondenz mit Kowner, im *Jüngling*, im *Totenhaus*) als sozioökonomische Kategorie und hatte von den religiösen Traditionen des Hebräischen und des Judaismus im Grunde genommen keine Ahnung (im Unterschied zu Kafka, als dessen Erblasser Dostojewskij ja häufig verstanden wird). Wir brauchen Dostojewskij gewiß nicht als Gießermeister für Völkertypologien – „der Russe", „der Franzose", „der Engländer", „der Deutsche", und alles in siebenfacher Unterstreichung ausgemalt –, denn der so genannte Typus ist die Ausnahme, nicht die Regel, und nur die allgemeine Gewöhnung an die Vorstellung von einem fixen, konstanten und unveränderlichen empirischen Charakter hat die Rede von Typen und die Einteilung in feste Klassen hervorgebracht. Schließlich brauchen wir Dostojewskij auch nicht als Statthalter der „russischen Seele" – ein Bild, zu dem er kräftige Farben geliefert hat, das aber erst von Arthur Moeller van den Bruck, dem Herausgeber der ersten *Piper*-Gesamtausgabe, und von Oswald Spengler, im *Untergang des Abendlandes*, ausgepinselt und stilisiert wurde.

Vielleicht brauchen wir Dostojewskij als genialen russischen Literaten – allerdings gibt es auch innerhalb der Werkentwicklung Dostojewskijs starke Verwerfungen; und da haben freilich die Übersetzer eine große Verantwortung, wie ja überhaupt Weltliteratur erst durch Übersetzer entsteht. Vielleicht benötigen wir Dostojewskij als einen weiteren Beleg dafür, wie der Staats-Geist mit den besten seiner Mitglieder verfährt und hinter ihnen zurückbleibt – indem er Dostojewskij nach Sibirien, Flaubert vor den Kadi, Wilde ins Zuchthaus, Marx ins Exil, Freud in die Emigration, Musil in die Armut, Benjamin in den Selbstmord treibt.

Wahrscheinlich benötigen wir Dostojewskij auch heute noch als Stilisten und Schreib-Techniker – seine Methode des inneren Monologs, seine unvergleichliche Dynamik, seine Methode, eine Nebenperson zur scheinbaren Hauptperson zu machen und von ihr aus die eigentliche Hauptfigur auszuleuchten usw.

Aber ganz sicher brauchen wir Dostojewskij als Aufklärer über die dunklen Elemente unseres eigenen Seinszusammenhanges, und es ist diese seine Größe und Erstmaligkeit, Tiefe und Unhintergehbarkeit, derentwegen wir fast all seine anderen Eigenschaften vernachlässigen können.

Ich zitiere Ihnen eine Passage aus *Ein Büßer*[20], der Geschichte eines Namenlosen (richtiger: eines in Nekrassows Gedicht *Wlaß* genannten Menschen), der auf Knien zu einem alten Mönch kommt und sein Geheimnis beichtet: Aus Übermut und Prahlerei habe er, aufgestachelt von einem Kumpel, bei seinem Seelenheil geschworen, auf eine Hostie zu schießen – und tat es auch. Wie der Schuß fiel, sei plötzlich das Kreuz mit dem Gekreuzigten vor ihm gestanden; da sei er bewußtlos hingefallen. Soweit die Erzählung des Mönchs. Dostojewskij nimmt diese „wahre Geschichte"[21] nun zum Anlaß näherer Betrachtung:

> *Erstens, was mich am meisten wundert, das ist der Anfang des Ganzen, die Möglichkeit eines solchen Streites und Wettkampfes in einem russischen Dorf: 'Wer den anderen an Dreistigkeit übertrumpfen könne?' Das ist eine Tatsache, die auf furchtbar vieles hindeutet, und ich muß sagen, daß sie für mich eine sogar ganz unerwartete Erscheinung ist – und ich habe doch genug Menschen aus dem Volk gesehen, sogar die charakteristischsten Verbrecher und Sträflinge ...*
>
> *Ferner ist die, sagen wir, krankhafte Seite des Vorfalls bemerkenswert. Halluzinationen sind eine vornehmlich krankhafte Erscheinung; zugleich hört man von dieser Krankheit nur sehr, sehr selten. Die Möglichkeit einer plötzlichen Halluzination bei einem, wenn auch sehr erregten, aber immerhin ganz gesunden Menschen ist an sich bisher vielleicht noch nicht vorgekommen. Doch das ist eine medizinische Frage, von der ich wenig verstehe.*
>
> *Etwas ganz Anderes ist es mit der psychologischen Seite des Falles. Da erscheinen vor uns zwei Volkstypen, die in hohem Maße das russische Volk in seiner Gesamtheit charakterisieren. Dabei ist vor allen Dingen dieses Vergessen jeden Maßes bezeichnend (doch das ist, wohlgemerkt, fast immer nur eine zeitweilige Erscheinung, gleichsam eine vorübergehende Anfechtung). Es ist das Bedürfnis, über das Maß hinauszugreifen, das Bedürfnis nach herzbeklemmenden Empfindungen, das Verlangen, an einen Abgrund heranzugehen, sich mit dem halben Körper über den Rand zu beugen, in die schaudervolle Tiefe zu blicken und – in einzelnen, aber gar nicht so seltenen Fällen – sich wie ein Wahnsinniger mit dem Kopf voran in die Tiefe zu stürzen. Das ist das Verneinungsbedürfnis im russischen Menschen, bisweilen sogar in einem durchaus nicht verneinenden, sondern ehrfürchtig alles bejahenden Menschen – die Verneinung von allem, selbst des größten Heiligtums des eigenen Herzens, seines höchsten Ideals, des ganzen Volksheiligtums, vor dem er soeben noch ehrfurchtsvoll gekniet, das aber dann plötzlich zu einer unerträglichen Last für ihn wird. Auffallend ist dabei namentlich jene Hast, jener unbezwingbare Drang, in dem der Russe sich in manchen Augenblicken seines eigenen oder des ganzen Volkslebens zu äußern beeilt, wenn der Augenblick einer von jenen ist, die den Charakter des Menschen herausfordern – gleichviel ob es dann in einer guten oder in einer ruchlosen Tat geschieht. Mitunter gibt es für ihn dann überhaupt keine Schranken mehr. Was es auch sei – Liebe, Wein, Ehrgeiz, Neid oder die tolle Stimmung eines Gelages, – da gibt sich mancher Russe rückhaltlos dem Augenblick hin, ist imstande, alles zu zerreißen, zu vernichten, von allem sich loszusagen, von der Familie, von der Sitte, von Gott. Manch ein herzensguter Mensch kann plötzlich zum Tier und Verbrecher werden, wenn er einmal in diesen Wirbel hineingerät, in diesen für uns verhängnisvollen Wirbel momentaner, konvulsivischer Selbstverneinung und Selbstzerstörung, der dem russischen Volkscharakter seit jeher zu seinem Verhängnis eigen ist. Aber mit ebensolcher Kraft, mit ebenso großem Ungestüm im Verlangen nach Selbsterhaltung und Buße versteht es das ganze Volk, wie auch der einzelne Russe, sich selbst*

*wieder zu retten, und er rettet sich gewöhnlich gerade in dem Augenblick, in dem er schon bei der letzten Grenze angelangt ist, das heißt: wenn er in keiner Richtung mehr weitergehen kann. Doch besonders bezeichnend ist es, daß der Rückschlag, der die Wiederherstellung, die Rettung zur Folge hat, immer ernster ist als der erste Stoß, der ihn zur Verneinung und Selbstvernichtung treibt. Jene erste Anwandlung ist eben immer eine Art kleinmütiger Erschlaffung, während der Rückschlag mit der Wiederherstellung und Rettung aus eigener Kraft immer etwas Großes ist, dem sich der russische Mensch mit der größten, gewaltigsten und ernstesten Anstrengung hingibt. Dann blickt er auf seine frühere Verneinung mit Selbstverachtung zurück.*[22]

Gemäß dem, was ich oben ausgeführt habe, können wir ohne substanziellen Verlust davon absehen, daß *Ein Büßer* 1873 als Beitrag Dostojewskijs während seiner Zeit als Schriftleiter der unpopulären Zeitschrift *Der Staatsbürger*[23] erschien – ein Blatt, das von dem konservativen Fürsten Mestscherski verlegt und von dem Erzreaktionär Pobedonoszew unterstützt wurde und das Dostojewskij nach gut einjähriger Tätigkeit schon wieder verließ. Wir können von Dostojewskijs russophiler Typologie ebenso absehen wie von seiner Rede über einen angeblichen russischen Volkscharakter. Vielleicht können wir auch seine eigentümliche Geschichtsphilosophie und seinen Messianismus vernachlässigen, den er im weiteren Verlauf seiner Betrachtung mit den Begriffen des „Lichts" und der „Rettung", die „von unten erstrahlen werden", bekundet.

Wovon wir aber keinesfalls absehen können, das ist Dostojewskijs grandiose Einsicht in den „verzerrten Zusammenhang unsrer eignen Elemente des Seins".

Das ist weder Massenpsychologie noch Ich-Analyse, weder Völkerpsychologie noch Kulturmorphologie – wie und auf welche Weise die „Dostojewskij-Menschen" LeBon und Wundt, Frobenius und Freud auch antizipiert haben mögen.[24] „Psychologie" ist für Dostojewskij eine Metapher für fließende Grenzzustände, keine exakte Wissenschaft. Dostojewskij bildet keine Begriffe, sondern entwirft kaleidoskopisch zerstückte Menschenbilder; er deduziert nicht, sondern erfindet ambivalente Seelenzustände nach dem Modell der *Doppelgänger*; weder synthetisiert noch systematisiert er – denn er zielt gar nicht auf irgend eine *wissenschaftliche* Form der Psycho-Logik. In diesem Sinne handelt es sich um „Psychologie" eben nur insoweit der *Dichter* Dostojewskij sie sich zunutze gemacht und für seine Zwecke zurechtgebogen hat. „Volkstypus" und „russische Seele" sind Konstrukte des großen Nationalisten, dem das Schicksal der Welt sich nur im Medium des Schicksals seines Volkes darstellen kann.[25]

Bei Adorno finde ich diese These bestätigt: „soweit es bei ihm überhaupt Psychologie gibt, ist es eine des intelligiblen Charakters, des Wesens, und nicht des empirischen, der Menschen, so wie sie herumlaufen. Und gerade darin ist er fortgeschritten."[26]

Es sollte nun deutlich geworden sein, warum ich so impertinent auf den Tagungstitel eingehe; denn es ist wirklich entscheidend zu begreifen, von wem die Rede ist, wenn es heißt: *Wovon wir träumen*. Dostojewskijs träumende Helden – und es wird noch zu zeigen sein, daß sie alle auf die eine oder andere Weise träumen – sind keine empirischen Charaktere, sondern (wie auch immer verzerrte) Repräsentanten des „Zusammenhangs unserer eignen Elemente des Seins".

Es dürfte des Weiteren hinlänglich klar geworden sein, wie ich meine, daß Dostojewskij heute zu lesen sei: Daß weder sein Werk noch die Kunst überhaupt ein abgetrennter, sich selbst genügender, vom Leben gesonderter Bereich sind, weder Spielwiese einer rein immanenten Lektüre noch akademisches Kampfgebiet, wo um Deutungshoheit und Definitionsmacht gestritten wird, sondern daß seine Kunst, indem sie Form schafft, Orientierung gibt – wozu der Mensch fähig ist, wie man leben könnte, wie man besser nicht leben soll, und wie die Menschheit zu einer Lebensform findet auch dann, wenn sie das Joch der Ismen, der Diktatorenverehrung und der Lethargie abstreift. Freilich ist Dostojewskijs Werk keine Ratgeberlektüre; die Einsicht in den intelligiblen Charakter muß das empirische Subjekt schon selber leisten. Der „Ausgang des Menschen aus seiner selbstverschuldeten Unmündigkeit"[27] öffnet sich erst mit der Selbsterkenntnis, und diese ist weder eine Traumreise noch ein Spaziergang, sondern, wie wir von Kant wissen, „eine Höllenfahrt".[28] Auch hierbei brauchen wir Orientierung. Aus uns selbst werden wir sie so wenig gewinnen, wie wir mit dem eigenen Denken anfangen. Das französische *connaître* illustriert das sehr schön: *Wissen heißt, mit etwas geboren sein*. Zwar stehen wir nur im idealen Ausnahmefall auf den Schultern von Riesen, doch wir müssen uns mit unserer Mitgift auseinandersetzen. Und Dostojewskij ist einer, mit dem die Auseinandersetzung sich lohnt. Er beleuchtet mit ungeheurer Sprachgewalt die dunklen Seiten des menschlichen Wesens. „Man hätte mir eher vergeben, wenn ich lauter malerische Ungeheuer gezeichnet hätte, aber ihre Erbärmlichkeit und Schalheit hat man mir nicht verziehen", schreibt er schon 1846 an einen Freund.

Wenn also richtig ist, was der Mathematiker und Philosoph Alfred North Whitehead 1929 sagte: „Die Funktion der Vernunft besteht darin, daß sie die Kunst zu leben fördert,"[29] dann brauchen wir um so mehr Aufklärung über ihre Nacht- und Schattenseiten. Solche Aufklärung kommt freilich nicht von den Wissenschaften, die sich gewöhnlich ausgerechnet dann für unzuständig erklären, wenn es wirklich um etwas geht, wenn es existenziell wichtig wird. Die Berührungsangst der szientifischen Neugier vor dem Vor- und Unbewußten, dem Vor- und Außerwissenschaftlichen sowie dem nicht-ratioïden Gebiet des Literarischen und Ästhetischen hat etwas Neurotisches: Wissenschaft soll keimfrei, aseptisch, gefühlsneutral sein. Dabei hätten spätestens seit Dostojewskij, aber eigentlich schon seit Blaise Pascal Philosophie und Wissenschaft Konsequenzen aus religiöser Erfahrung und der dichterischen Schilderung des Lebens zu ziehen gehabt, und wenigstens die Tatsache, daß es ja auch Menschen gibt, die behaupten, `Gott erfahren´ zu haben, in ihren Erfahrungsbegriff aufnehmen müssen. Das unterblieb und fehlt auf weite Strecken bis heute. Diese Verdrängung des Eingedenkens in die Naturhaftigkeit und Nachtseitigkeit des Subjekts durch die üblichen Wissenschaften vom Humanen – auch und gerade der psychologischen – ist heute noch kaum zum Gegenstand der Kritik gemacht. Überall triumphiert der *esprit de géométrie* über den *esprit de finesse*.[30] Einzig Freud, wiewohl selber Positivist, steht einigermaßen quer zu dieser ärmlichen Wissenschaftstradition. Jedenfalls liefern uns Dostojewskij und Kafka, Musil und Proust, Faulkner und Flaubert weit tiefere Erkenntnisse und Einsichten ins so genannte menschliche Wesen und haben somit – auch wenn sie nicht beanspruchen, Abbild der Wirklichkeit zu sein – weit mehr Anteil an der Wahrheit, als es der „euklidische Geist" der Fakultäten gestatten möchte. „Es gibt Realitäten, deren Wahrheit durch den Mythos voll ausgesprochen wird – ehe das begriffliche Denken auch nur in ihre Nähe kommt", schreibt Karl Kerényi in seinem Buch *Antike Religion*.[31]

Ich hatte Ihnen zu Anfang versprochen, den Veranstaltungstitel nicht nur nach der Seite der größten, sondern auch mit Blick auf die kleinste Allgemeinheit auseinander zu legen. *Wovon wir träumen* soll also nun verstanden werden nicht als ein *Wir*, das die Menschheit, sondern als eines, das die erste Person Singular repräsentiert. Die Antwort fällt diesmal zu Ihrer Erleichterung kürzer, wenngleich nicht weniger komplex aus. Sie stammt von Theodor W. Adorno aus den Jahren 1946/47 und findet sich als Dreizeiler im Aphorismus 122 der *Minima Moralia*, einem Buch, das sich im Untertitel *Reflexionen aus dem beschädigten Leben* nennt. Dort heißt es: „Zwischen ʼes träumte mirʼ und ʼich träumteʼ liegen die Weltalter. Aber was ist wahrer? So wenig die Geister den Traum senden, so wenig ist es das Ich, das träumt."[32]

Diese negative Dialektik ist zu entflechten: Vermittels zweier Traum-Ausdrücke unterscheidet Adorno „die Weltalter". Gemeint ist offenbar einerseits eine mythische Zeit, in der sich die Individuen noch gar nicht zu Subjekten gebildet hatten und Geister für ihre Träume verantwortlich machten: „Es träumte mir" ist ein Ausdruck der Vorwelt, der urzeitlich-magischen Kindheit des Menschen. Davon unterschieden wird andererseits ein „Weltalter", das sich von dem seiner selbst gewissen Ich bereits verabschiedet hat und in dem das Ich auf die alleinige Autorenschaft des Traums keinen Anspruch mehr erheben kann. Bei dieser Interpretation liegen die „Weltalter", von denen Adorno spricht, etwa so weit auseinander wie das Griechenland Homers – dem ersten und eigentlichen abendländischen Epiker und Mythologen – und das Wien im Jahr 1900, als Freuds *Traumdeutung* erschien.

Man kann den Unterschied der „Weltalter" aber auch ins Individuum verlegen, wie es Thomas Mann in seinem Festvortrag von 1936 über *Freud und die Zukunft* tat:

*Denn Mythos ist Lebensgründung; er ist das zeitlose Schema, die fromme Formel, in die das Leben eingeht, indem es aus dem Unbewußten seine Züge reproduziert. Kein Zweifel, die Gewinnung der mythisch-typischen Anschauungsweise macht Epoche im Leben des Erzählers, sie bedeutet eine eigentümliche Erhöhung*

> *seiner künstlerischen Stimmung, eine neue Heiterkeit des Erkennens und Gestaltens, welche späten Lebensjahren vorzubehalten sein pflegt; denn im Leben der Menschheit stellt das Mythische zwar eine frühe und primitive Stufe dar, im Leben des Einzelnen aber eine späte und reife.*[33]

Gleichviel, ob man den Unterschied der „Weltalter", von denen Adorno spricht, gattungsgeschichtlich betrachtet oder individualpsychologisch: in beiden Fällen handelt es sich um Entwicklungsstadien in der Auseinandersetzung mit dem Unbewußten. Diese Auseinandersetzung ist unabdingbar; denn daß wir eine Seele haben, wissen wir erst einmal nur deshalb, weil sie uns Probleme macht, und das unbewußt Bleibende ist der Grund, warum, Freud zufolge, „das Ich nicht Herr im eigenen Haus" ist. „Wo Es war, soll Ich werden. Es ist Kulturarbeit wie etwa die Trockenlegung der Zuydersee", lautet eine berühmte Formel Sigmund Freuds für die Aufgaben der Psychoanalyse.[34] Wenige Jahre vor seinem Tod schreibt er über seinen eigenen, innovativen Beitrag zu dieser „Kulturarbeit" in einem Brief an Albert Einstein:

> *Vielleicht haben Sie den Eindruck, unsere Theorien seien eine Art Mythologie, nicht einmal eine erfreuliche in diesem Fall. Aber läuft nicht jede Naturwissenschaft auf eine solche Art von Mythologie hinaus? Geht es Ihnen heute in der Physik anders?*[36]

„Die Angst ist der Fluch des Menschen." (Dostojewskij)[36]

*Mythoi legein* ist der altgriechische Ausdruck für die Kunst, von Göttern zu erzählen. Wie die Psyche im Traumbild sich objektiviert und so dem *Es*, den unzensierten Wünschen und ungezähmten Triebenergien, eine ideelle Örtlichkeit schafft, worin sie sich bewegen können, so schafft der Mythologe mit der Erzählung eine Form, in der die Angst vor der Naturgewalt archaischer Götter und Dämonen bewältigt werden kann. „Alles, was bewußt ist, nutzt sich ab. Was unbewußt ist, bleibt unveränderlich. Aber wenn es einmal befreit ist, zerfällt es dann nicht seinerseits?" schreibt Freud.[37] Zu dieser Einsicht gibt es eine Entsprechung bei Marx: „Alle Mythologie überwindet und beherrscht und gestaltet die Naturkräfte in der Einbildung und durch die Einbildung; verschwindet also mit der wirklichen Herrschaft über dieselben."[38] Was Marx, der Zeitgenosse Dostojewskijs, hier sagt, ist wahr und falsch zugleich. Wahr daran ist soviel, daß mit der fortschreitenden Naturbeherrschung wenn schon nicht das Verschwinden, so doch ein Formwandel der Kunst, von Göttern zu erzählen, einhergeht. Gezähmte Natur taugt nicht für Göttergeschichten. Und wirklich:

> *Wo bleibt Vulkan gegen Robert et Co., Jupiter gegen den Blitzableiter und Hermes gegen den Crédit mobilier?... Was wird aus der Fama neben Printinghouse square?... Ist Achilles möglich mit Pulver und Blei? Oder überhaupt die Iliade mit der Druckerpresse, und gar Druckmaschine? Hört das Singen und Sagen und die Muse mit dem Preßbengel nicht notwendig auf, also verschwinden nicht notwendige Bedingungen der epischen Poesie?*[39]

## Mythologie und Psychoanalyse – eine Traumreise zu Dostojewskij

Richtig, doch zu kurz gesprungen. Was Marx nämlich in eklatantem Maße vernachlässigt, das ist, daß der Stoff der Mythologie ja nicht bloß von der Furcht vor der äußeren Natur herrührt, sondern sich ebensosehr aus dem Abgrund der inneren, zweiten Natur speist! Vulkan, der griechische Hephaistos, war nicht nur der Gott des Feuers und der Schmiedekunst, sondern auch eine von seiner Mutter Hera verheimlichte Mißgeburt mit nach hinten gerichteten Füßen; und sein Haß gegen die Mutter war groß. Jupiter – oder Zeus – war freilich der Blitzschleuderer; doch Blitz und Donner hatte er als Geschenk für ihre Befreiung von den Kyklopen erhalten, die mit phallischen Urwesen im Bunde standen. Hermes galt nicht nur als Gott der Händler und Diebe, sondern auch als Seelen- und Traumbegleiter usw. usf. Die Götterlehre ist allemal auch eine Menschenlehre. Sie verschwindet nicht mit der Beherrschung der äußeren Natur. Das Gegenteil trifft zu: Wir können heute weit mehr, als wir im emphatischen Sinne wissen; wir haben in eminentem Maße verdrängt, daß die Funktion der Vernunft darin bestehen soll, die Lebenskunst zu fördern; wir haben vergessen, das Wissen im Gewissen zu halten. Das macht uns Heutige bei aller Informationsfülle so erfahrungsarm, wissensblind und gewissenlos. *Meneh meneh tekel*, liest Daniel dem Belsazar die Geisterschrift: gezählt, gewogen und zu leicht befunden.

Denn es ist ja wahr: Seit Marx' und Dostojewskijs Zeiten wurden in der Tat Menschheitsträume realisiert – Reisen zum Mond, Atmen unter Wasser, Siebenmeilenstiefel, Sesam-öffne-Dich, Bilder auf Abruf, Kommunikation über jede Distanz, Information kraft Berührung, Trinkwasser aus der Wand, das Durchblicken fester Körper, Sphärenmusik aus dem Internet. Doch auch die Albträume der Menschheit wurden schreckliche Realität. Die Kulturentwicklung von der Steinschleuder zur Atombombe bildet die dunkel strahlende Rückseite des Fortschrittsenthusiasmus.

Freud, dem unterstellt werden darf, daß er bei der Wahl des Mottos für ein Buch, das er als sein bestes und wichtigstes ansah, besondere Sorgfalt walten ließ, entschied sich für den Mythos des Aeneas in der epischen Fassung Vergils. Freud zitiert die Stelle, an der sich die von Aeneas besiegte Gattin Jupiters fragt, an wen sie, die Göttin Hera, sich nun noch um Hilfe wenden könne: „Flectere si nequeo superos, acheronta movebo". Das läßt sich alltagssprachlich übersetzen mit „Wenn ich die da oben, meine Götterkollegen, nicht erweichen kann, dann schaff' ich die Acheronta herbei." Gemeint sind die Erinyen, greise und unfruchtbare, aber matriarchale Rachegeister, viel älter als die Götter, die mit Jupiter an die Macht kamen. Sie waren die Töchter der Nacht, lebten in der Unterwelt und hießen *Allekto* (die niemals Rastende), *Tisiphone* (Vergeltung), und *Megaira* (neidischer Haß). Dies also sind die mythischen Naturkräfte der Hölle, die Freud herbeizuschaffen gedenkt, wenn „die da oben", die ach so aufgeklärten Wissenschaften, sich weigern sollten, auf ihre verdrängten und unbewußten Anteile sich einzulassen, und fortfahren sollten, so zu tun, als ob es die seelischen Abgründe gar nicht gäbe. Eine ziemlich unverhohlene

Drohung für einen derart diskreten, vorsichtigen und unpathetischen Menschen wie es Freud zur damaligen Zeit war.[40] „Die da oben" haben ihm die Drohung nicht verziehen. Sie haben ihn kaum geehrt und viel geschmäht, obwohl seine *Traumdeutung* ja keineswegs die Einlösung dieser Drohung darstellt und Freud weit mehr an der Funktion der Zensoren und der Stärkung der vernünftigen Ich-Anteile interessiert war als am Aufwühlen des acherontischen Schlammes, der bei ihm *Es* heißt. „Selbstverständlich", schreibt er 1925 in seinen Nachträgen zum Ganzen der *Traumdeutung*, „muß man sich für seine bösen Traumregungen verantwortlich halten. Was will man sonst mit ihnen machen? Wenn der... Trauminhalt nicht die Eingebung fremder Geister ist, so ist es ein Stück von meinem Wesen."[41]

Was meint Freud mit „meinem Wesen"? Sein eigenes, persönliches? Oder den – mehr oder weniger verzerrten – Zusammenhang unserer eigenen Elemente des Seins? Den intelligiblen oder den empirischen Charakter? Folglich das Ich als idealisch-autonomes oder als historisches Subjekt, das ja, Freud zufolge, eben „nicht Herr im eigenen Haus" ist. In diesem scheinbar leicht hingeworfenen Satz steckt eine Unklarheit, vielleicht ein Widerspruch.

Es ist jedenfalls höchst bedauerlich, daß Freud ausgerechnet den `Fall´, der für seine psychoanalytische Methode das umfangreichste Material bereitgehalten und in ihm den denkbar geeignetsten und unbestechlichsten Analytiker gefunden hätte, so zwanghaft vor unseren Augen verborgen hat. Dieser einzigartige `Fall´ heißt *Sigmund Freud*. Nahezu alles, was man über Freuds eigenes Triebleben, sein Unbewußtes und seine Träume weiß, hat die Freudschen Kontrollinstanzen durchlaufen – vernichtete Korrespondenz, Veröffentlichungsverbot, spärliche Auskünfte über die eigene Kindheit, wohldosierte Traumberichte. Daß er für Dostojewskij wenig Sympathie empfand, wird schlüssig erst vor diesem Hintergrund. Die Zensoren sind überwertig. Sie lassen ihn zaudern vor dem Werk, das doch die *Es*-Anteile des menschlichen Wesens am triftigsten beschreibt.

So eröffnet er denn seine Studie über *Dostojewski und der Vatermord*,[42] indem er den Dichter, den Neurotiker, den Ethiker und den Sünder unterscheidet und sofort einschränkend hinzufügt: „Leider muß die Analyse vor dem Problem des Dichters die Waffen strecken." Angesichts des von Freud bevorzugten Zugangs zur Seele – Kinder und Träume, Kranke und Genies – und eingedenk der Tatsache, daß gerade dieses Material bei Dostojewskij so überreich vorhanden ist, scheint mir Freuds Selbstbeschränkung nicht nur inkonsequent, sondern auch verdächtig. *Inkonsequent* ist schon die Einteilung selber – ist doch die Psychoanalyse diejenige Methode, die die Trennung zwischen Werk und Person am entschiedensten verneint. *Verdächtig* erscheint mir Freuds Zurückhaltung, seine reservatio mentalis, weil er zwar (Achtung, Vatermord!) die *Brüder Karamasow*, Sophokles´ *Ödipus* und Shakespeares *Hamlet* als die drei Meisterwerke der Literatur aller Zeiten sieht, von der Person

## Mythologie und Psychoanalyse – eine Traumreise zu Dostojewskij 131

Dostojewskij aber sagt: „Leider hat man Grund, den autobiographischen Mitteilungen der Neurotiker zu mißtrauen."[43] Und er, der mit der Preisgabe persönlicher Details einen geradezu neurotischen Reinlichkeitskult pflegte, bescheinigt einem Dostojewskij-Kenner, der die Veröffentlichung eines mündlich mitgeteilten Gerüchts über Dostojewskijs Jugend diskret zurückhielt: „Biographik und Neurosenforschung können dieser Diskretion nicht zu Dank verpflichtet sein."[44] Kann das sein, daß Freud auf Dostojewskijs Werk kaum sich eingelassen hat, weil die Abgründe des *Es* für seinen an Conrad Ferdinand Meyer geschulten ästhetischen Geschmack zu furchterregend waren und Dostojewskijs Traumdarstellungen allzusehr ins wache Leben ragten? Kinder und Träume sind die Schlüssel zu Dostojewskijs Werk. Wie ist es zu erklären, daß Freud sie unbeachtet liegen ließ und sich stattdessen zu einem groben und holzschnittartigen Statement aufschwang: „Dostoevskij hat es versäumt, ein Lehrer und Befreier der Menschen zu werden, er hat sich zu ihren Kerkermeistern gesellt; die kulturelle Zukunft der Menschen wird ihm wenig zu danken haben"!?[45] Vielleicht hätte Dostojewskij ihm mit Vergil geantwortet.

Zu den oben genannten Gründen, warum wir Dostojewskij brauchen, tritt ein weiterer hinzu: Sein Werk ist mit geschichtlicher Notwendigkeit da; es ist nötig, auch wegen mangelnder Alternativen; wir haben es nötig im Sinne des Verständnisses der „verzerrten Zusammenhänge unsrer eignen Elemente des Seins"; es ist notwendig und – recht verstanden – auch Not wendend, indem es uns begreifen hilft, daß die Widerstände gegen das *Es* nicht von der Art des Habens, sondern des Seins sind. Wir haben die Widersprüche und Widerstände ja *in uns* – folglich *sind* wir sie auch. Und auf diese Einsicht kommt viel an.

Meine sehr verehrten Damen und Herren! Unter dem Motto *Wovon wir träumen* haben wir bisher wesentlich eine Reise *zu* Dostojewskij, nicht *mit* ihm unternommen. Das Studium des Mottos der Veranstaltung und das Kennenlernen der Reisegruppe war einigermaßen aufwändig – aber bei Traumreisen empfiehlt sich eine gewisse Vorsicht gegenüber dem Prospektmaterial und den Mitreisenden durchaus. Bei der Auswahl der Reisebegleiter haben wir uns an das betriebswirtschaftliche Konzept des *benchmarking* gehalten und uns an den Besten ihrer Zunft orientiert: Robert Musil, Theodor W. Adorno, Alfred North Whitehead, Karl Kerényi, Thomas Mann, Karl Marx, Sigmund Freud. Sie alle stehen für bestimmte Aspekte der Werk-Idee Dostojewskijs.

Aus dem europäischen Sprachraum außerhalb Rußlands fehlt Marcel Proust. Er hätte den Aspekt der *mémoire involontaire*, des unwillkürlichen Eingedenkens – im Unterschied zum zweckverhafteten Erinnern – zu repräsentieren gehabt, der von unserem Bewußtsein und Willen unabhängigen Eingebungen, die ja beim Traum im allgemeinen und bei Dostojewskij im besonderen eine Rolle spielen. Des Weiteren könnte Marcel Proust für das Unzulängliche im Praktischen stehen, das man allenthalben auch bei Dostojewskij antrifft. Über die Todesursache des Asthmatikers schrieb Jacques Rivière: „Er ist gestorben aus Weltfremdheit und weil er seine Lebensbedingungen, die für ihn vernichtend geworden waren, nicht zu ändern verstand. Er ist gestorben, weil er nicht wußte, wie man Feuer macht, wie man ein Fenster öffnet."[46] Dostojewskij, der kleine große Mann, starb daran, daß er seine physische Kraft überschätzte und nicht wußte, wie man ein Schrankmöbel verrückt.

Niemand arbeitet bei Dostojewskij. Allenfalls schreibt sich ein kleiner Beamter wortwörtlich um den Verstand, indem er Schriftstücke kopiert. Nur eben schreibt er zuletzt mit trockener Feder, ohne Tinte, und blättert vollkommen unbeschriebene Seiten um. Kafka fehlt bei unserer Reisegruppe; vermutlich ist er, wie Proust, nicht rechtzeitig von seinem Lieblingsmöbel losgekommen. Wie bei Dostojewskij spielt bei Kafka der Zusammenhang von Schönheit, Strafe und Verbrechen eine prominente Rolle. Kafka, mit seiner *Kaiserlichen Botschaft*, hätte zudem das vertrackte Problem des homo religiosus in Dostojewskij zu repräsentieren gehabt; und seine *Prometheus*-Varationen wären die ideale Illustration des Unerklärlichen, das die Mythologie zum Thema hat. In den *Notierten Gedanken* Dostojewskijs aus den Jahren 1880/81 lesen wir unter dem Titel *Christus*: „Die Überzeugung aber der Menschen von der *Berührung mit anderen Welten* – diese unausrottbare Überzeugung ist doch gleichfalls sehr bedeutsam. So etwas läßt sich doch nicht mit einem Federstrich lösen."[47] Eben das meine ich auch.

Rainer Maria Rilke, ein weiterer Großmeister, fehlt. Aus seinen *Erzählungen und Skizzen aus der Frühzeit* hätte ich *Der Apostel* gewählt – eine Variation des Großinquisitors, der einer Honoratiorenversammlung einiges über Nächstenliebe, Mitleid, Erbarmen, Gnade und Nachsicht zu wissen gibt. „Es gibt keine schlimmeren Gifte in unserer Seele", heißt es dort.[48]
All diese Herrschaften, ja es erstaunt mich selbst, es sind alles Männer, hatten erst zu- und dann wieder abgesagt mit der Begründung, sie seien bereits bei anderen Reiseveranstaltern untergekommen. Einzig Walter Benjamin, der mit Dostojewskij die Reisesucht, eine gewisse Spielleidenschaft, die psychischen Zusammenbrüche, den Veröffentlichungsdruck, die Idee eines Buches ganz aus Zitaten sowie viele Aspekte des Scheiterns gemeinsam hat, ließ wissen, er habe zum Thema Traum und Erwachen ganz eigene Gedanken; und außerdem könne er sich die Reise nicht leisten.

Dieser letzte Punkt hätte übrigens fast Dostojewskijs eigene Teilnahme verhindert. Man kann nämlich die beiden Auswahlbände der *Briefe*[49] an einer x-beliebigen Stelle aufschlagen und doch sicher sein, mit einem der Dostojewskijschen Bittrituale konfrontiert zu werden. Immer geht es um Geld, um Kleidung, um die lebensnotwendigsten Dinge; und selbst in dem berühmten Brief vom Februar 1854 an Frau Fonwísina ist ein Bücherwunsch versteckt. Die Pump- und Bettelkorrespondenz

## Mythologie und Psychoanalyse – eine Traumreise zu Dostojewskij 133

Dostojewskijs und sein Traum vom finanziellen Glück wären ausführlich in einen Zusammenhang mit den Romanen *Der Spieler* und dem fünften Kapitel aus *Der Jüngling* zu stellen.

Natürlich kann ich all dies im Rahmen meines heutigen Vortrages nicht aufzeigen; und eine gewisse Beschränkung der Teilnehmerzahl ist ja gerade bei Traumreisen durchaus üblich. Gleichwohl möchte ich Ihnen noch einiges von Dostojewskij selber mitgeben:

Ich sagte ja bereits, daß meines Erachtens Kinder und Träume den Schlüssel zu Dostojewskijs Werk abgeben. Man könnte auch von Traumgestalten sprechen – dann fielen beide in eins. Betrachten wir zum Schluß hin also noch einige Beispiele:

Da ist etwa der senile und schwindsüchtige, aber reiche Fürst, den Marja Alexandrowna mit List und Ränkespiel mit ihrer Tochter Sina verheiraten will. An der Figur des Fürsten K. in *Onkelchens Traum* ist nun interessant, daß Dostojewskij exakt diejenige Frage aufwirft, die wir weiter oben betrachtet haben: Sind es die Geister, die den Traum schicken, oder ist es das Ich, das träumt? Am Schluß des 13. Kapitels, kurz bevor Sina in einer flammenden Rede den ganzen Schwindel auffliegen läßt, zieht sich der Dialog zum Thema Trug und Traum auf zwei Stellen zusammen. Der vollkommen desorientierte Fürst weiß nicht mehr ein noch aus und stottert: „Sehen Sie, vorhin habe ich geträumt, und daher träumte mir, daß ich im Traum..."[50] Vermutlich kann man die abgründige Komik solcher Stellen wirklich erst genießen, wenn man „die saure Arbeit des Begriffs" (Hegel) geleistet hat. Denn bald darauf wird eine der honorablen Megären sagen: „Nehmen Sie sich´s doch nicht so zu Herzen, Marja Alexandrowna! Bedenken Sie, mit Verlaub, Träume sind von Gott gesandt."[50] Wir wissen es inzwischen besser. Denn es ist ein zutiefst desorientiertes, instabiles und von tausenderlei Konventionen bis auf die Knochen vergesellschaftetes Ich, das da träumt; und die Götter, Geister und Dämonen, die Fürst K. seine Trugbilder schicken und ihn an seinem Ich zweifeln lassen, sind höchst areligiöse, profane und trickreiche Gesellschaftswesen. Daß diese „umgekehrte Psychoanalyse" (Leo Löwenthal) überaus effektiv ist, beweist nicht nur der Schluß der Erzählung, an dem berichtet wird, daß sich Mutter und Tochter ihren nagenden Herzenswunsch nach Reichtum und Titel, Macht und gesellschaftlicher Anerkennung in Gestalt eines Generalgouverneurs doch noch erfüllen konnten; die Effektivität wird auch täglich von den Agitatoren und politischen Rattenfängern unserer Zeit demonstriert. Und die Werbeindustrie mit ihren Traumreisen und Traumpreisen steigert ihre Umsätze ja eben dadurch, daß sie den Schlaf der Vernunft fördert und vertieft. *Wunder, Geheimnis* und *Autorität* heißen die Schlaf- und Beruhigungsmittel, die der Großinquisitor, der heute Kommunikations- und Marketingstratege oder Werbepsychologe im Rang eines Chief Executive Officer wäre, verabreicht. Sie schlagen auch deshalb so gut an, weil sie allemal unsere Sehnsucht nach Glück, Freiheit, Bequemlichkeit und Gewißheit bedienen.

*Eine phantastische Erzählung, Eine ungewöhnliche Begebenheit, Eine dumme Geschichte, Ein ungewöhnliches Ereignis* sind Dostojewskijs kürzere Stücke untertitelt. Sie stammen *von einem Unbekannten, von einem Ungenannten, von einem Flaneur, aus den Erinnerungen eines Träumers*. Die Menschen, von denen sie handeln, schreiten nicht göttergleich und heldenhaft von Tat zu Tat, sondern gehen in andere Zustände über. Es sind Übergänger, Überläufer auf das nicht-ratioïde Gebiet,[52] wo die Ausnahmen über die Regel herrschen, der Boden schwankt und die Tatsachen eben so unberechenbar wie die Grade des Bewußtseins unendlich sind. Dieses Zwischenreich und Transit-Land, das man nicht besitzen, von dem man aber sehr wohl besessen sein kann, ist die Heimat des Dichters. Dostojewskij hat fragile Wesen erfunden, Menschen, die viel mehr innen als außen leben. Das Leben dieser Figuren ist ein stetiger Übergang von Tag- in Nachtträume, vom unter- zum übernormalen Ich, vom Überzeugt-Festen ins Zweifelnd-Liquide. Und selbst im Tod bleiben sie ganz nach innen gekehrt – wie Die *Sanfte*, die sich aus dem Fenster stürzt, und wie Nastassja, die von Rogoshin gemeuchelt wird, sterben sie „an innerer Verblutung".

Die Lebensschilderungen strotzen vor Halluzinationen, wirren Zuständen, Ekstasen, Traumgesichten, Fieberträumen, Wachträumen, Ahnungsträumen, Albträumen. Diese wenig heldenhaften Figuren wissen nicht, ob sie noch träumen oder schon wach sind – wie Goljadkin im *Doppelgänger*; sie verbringen Tage im Bett, und ihr Dasein geht vom Traum in fiebriges Phantasieren und von Bewußtlosigkeit in kurzes Erwachen über – wie bei *Prochartschin*, der sich schließlich gar *unter* das Bett, sozusagen in die Unterwelt verkriecht und dort auch zugrunde geht. Die Mitbewohner räsonieren dann darüber, ob er an einem Schock oder an einem Verbrechen gestorben sei, „oder ob ihm etwas Schreckliches geträumt hat".[53] Auch Ordynow aus der Novelle *Die Wirtin* betrachtet die Welt „wie ein *Flaneur*"[54]; auch er geht von einem Zustand der Weltfremdheit – dem „unbewußten Trieb, mehr zu lernen und zu wissen, als ein logisch klarer Anlaß dazu"[55] gegeben war –, in einen anderen, „eine qualvolle, krankhafte Benommenheit",[56] über, bis schließlich „ein sonderbarer Zustand, ein Traumleben, wie es nur Krankheit und Fieber verursachen können",[57] für ihn beginnt.

In solche Geschichten wie hineingesprengt finden sich epileptische Anfälle, Nervenzusammenbrüche sowie die verschiedensten Zustände „innerer Erstarrung", „bleierner Schwere", „krampfhafter Gefühlsausbrüche", „äußerster Empfindsamkeit" – kurz: *die ganze Phänomenologie des verzerrten Zusammenhangs unserer eigenen Elemente des Seins.*

Und wie Goljadkin sind die Protagonisten oftmals doppelt, verdoppelt, ebenbildlich, wie Kern- und Schlagschatten. Sie trauen der Wirklichkeit nicht oder verdoppeln sie selber auf halbbewußte Weise wie *Polsunkow*, der beim Erzählen davon

„tatsächlich in eine Art Ekstase"[58] gerät. Und die von ihnen wenigstens *mit*verschuldete Verdoppelung schlägt als Bann, wie die Entlassung Polsunkows, um die er ja im Scherz selber gebeten hatte, auf die Protagonisten zurück. Auch Wassja Schumkow verdoppelt in *Ein schwaches Herz* die Realität – er kopiert Schriftstücke, stuft Unwichtiges als unaufschiebbar Bedeutsames ein, so daß es eine eigene Dynamik entwickelt; er lebt in Doppel-Loyalitäten, dient der eigenen Verlobten seinen Freund in einer Weise an, als sei der ihr Zukünftiger. So wird Schumkow schließlich zum *borderline case* und konsequenterweise – in Dostojewskijs grandioser Formulierung – „aus Dankbarkeit" verrückt.[59]

Selbst eine Humoreske wie *Die fremde Frau und der Ehemann unter dem Bett* hat durch die Örtlichkeit, die tausend Widersprüche, Mißverständnisse und Verwechslungen wenigstens so viel Traumcharakter, daß das tote Hündchen, das Iwan Andrejewitsch infolge der Händel der beiden Männer unter dem Bett erwürgen mußte, wie der Einbruch der realen Welt zuhause aus seiner Fracktasche fällt.[60] Und wie ein Ansturm der Realität von oben taucht am Schluß des Idiot-Romans in dem Zimmer, in dem die Leiche Nastassjas liegt und das, je länger der Fürst schaute und fühlte, immer toter und stiller wurde, eine Fliege auf: „Plötzlich summte eine erwachte Fliege, flog über das Bett und verstummte am Kopfende. Der Fürst schauderte." Ich wüßte von keinem Todesboten, der erst erwachen muß und seine Nachricht derart leise überbringt. Selbst in Kafkas Fragment *Ein Traum* – und Kafka ist wahrlich ein Meister des Filigranen – ist es doch ein Glöckchen, das erst zur Unzeit, dann nochmals leise und gleich wieder abbrechend, Josef K. verkündet, für wen die Stunde schlägt.

In *Ein kleiner Held* behandelt Dostojewskij eine andere Art des Erwachens und eine weitere Form der Verdoppelung: In dieser schon der seltenen Naturschilderungen wegen ungewöhnlichen Erzählung schildert Dostojewskij die junge und schöne, aber erwachsene und verheiratete Blondine mit dem Vokabular der Adoleszenz, den nicht einmal elfjährigen Ich-Erzähler aber durchweg wie einen Erwachsenen. Auch der Knabe wird neuerdings „von peinigenden Träumen heimgesucht",[61] erlebt bisher nicht gekannte Gefühle wie maßlose Wut, Haß, ernstes Leid und wirkliche Kränkung; und auch hier bricht eine neue Realität in Form eines Halstuches in den Entwicklungsprozeß ein, ein Signum, daß für den kleinen Helden etwas Neues beginnt und die schuldlose Traumwelt der Kindheit zu Ende geht. Zugleich ist auch die alberne Blondine gereift und somit die Verdoppelung aufgehoben: „Mais c'est très serieux, messieurs, ne riez pas!"[62]

*Eine dumme Geschichte* hält eine weitere Traumgestalt bereit: Hier sind es pseudophilanthropisch-narzißtische Träume von Glanz und Größe, und auch hier wollte es das Unglück, daß sich der Held „außerhalb des gewohnten Zustands befand",[63] eine „Spaltung seines Ichs"[64] erlebte und schließlich alle äußeren Zeichen „von der

Vergänglichkeit selbst der besten und beständigsten aller irdischen Hoffnungen und Träume"[65] zeugten. Es folgt ein Satz für all jene, die, wie Iwan Karamasow seinem Bruder Aljoscha vorwirft, „der moderne Realismus bereits dermaßen verzärtelt hat", daß sie „nichts Phantastisches mehr ertragen" können: Der Wirkliche Staatsrat Pralinski erinnert sich der Nacht, die er auf dem Brautbett seines Untergebenen verbracht hatte: „Das waren Höllenqualen. Das Bewußtsein, das sich freilich nur momentweise einstellte, beleuchtete solche Abgründe des Entsetzens, so düstere und widerliche Bilder, daß es für ihn besser war, nicht zu Bewußtsein zu kommen."[66]

Selbstverständlich kann man auch Dostojewskijs groteske Erzählungen wie *Das Krokodil* (1865) und *Bobok* (1873) als Manifestationsformen von Traumgestalten und Verdoppelungen lesen; aber es läßt sich nicht alles glatt in dieses Koordinatensystem eintragen. Eine Sonderform stellt beispielsweise *Die Sanfte* dar, eine Novelle, die von einem eingefleischten Hypochonder erzählt, der – erschüttert von dem Selbstmord seiner Frau, die er doch im Grunde selber in den Tod getrieben hat – die Höllenfahrt der Selbsterkenntnis antritt. Das Interessante ist nun, daß dieser Prozeß in Form eines Selbstgesprächs stattfindet. Auch dieses können wir zu den Spiegel-, Doppel-, Schatten- und Traumbildern rechnen. Das Selbstgespräch ist nämlich gewissermaßen derjenige menschliche Bewußtseinszustand, der einen Unterdruck erzeugt, weil der äußere Druck – sei es die Ereignislosigkeit oder der Einbruch des Realen – zu groß wurde. Damit strudeln in das wache Ich all jene Formen des Eingedenkens hinein, die wir alltagssprachlich meinen, wenn vom Ichvergessenen Singsang, vom gedankenverlorenen Schauen, von Hans-guck-in-die-Luftikussen, Phantasten, Büßern und Betern die Rede ist. Der Tagtraum der Vernunft gebiert Selbstgespräche.

> *Träume sind bekanntlich eine sonderbare Sache: manches sieht man mit erschreckender Deutlichkeit, mit einer Ausarbeitung der Einzelheiten, als wären sie von einem Juwelier ziseliert, andere dagegen überspringt man vollkommen, als wäre es überhaupt nicht vorhanden, zum Beispiel Raum und Zeit. Ich glaube, Träume träumt nicht die Vernunft, sondern der Wunsch, nicht der Kopf, sondern das Herz; aber was für Kunststücke brachte meine Vernunft im Traum manchmal fertig! Dabei waren es für die Vernunft völlig unfaßbare Dinge. Zum Beispiel: Mein Bruder ist vor fünf Jahren gestorben. Ich sehe ihn aber manchmal im Traum: er nimmt Anteil an meinen Angelegenheiten, wir sprechen sehr interessiert miteinander, und dabei weiß ich doch während der ganzen Dauer des Traumes und vergesse es nicht, daß mein Bruder schon gestorben und begraben ist. Warum wundere ich mich nun gar nicht darüber, daß er, der Verstorbene, hier bei mir ist und mit mir spricht? Warum läßt meine Vernunft dies widerspruchslos zu? Doch genug. Ich will jetzt von meinem Traum erzählen. Ja, damals hatte ich jenen Traum, meinen Traum vom dritten November! Jetzt neckt man mich damit, daß es ja nur ein Traum gewesen sei. Aber ist es denn wirklich nicht ganz gleich, ob es ein Traum war oder nicht, wenn dieser Traum mir die Wahrheit offenbart hat? Denn wenn man einmal die Wahrheit erkannt und sie gesehen hat, so weiß man doch, daß sie die einzige Wahrheit ist und es außer ihr eine andere überhaupt nicht geben kann,*

# Mythologie und Psychoanalyse – eine Traumreise zu Dostojewskij 137

> *gleichviel ob man schläft oder lebt. Nun gut, mag's ein Traum gewesen sein, meinetwegen, aber dieses Leben, das ihr so preist, wollte ich durch Selbstmord auslöschen, mein Traum aber, mein Traum – oh, mein Traum hat mir ein neues, großes, erfrischtes, starkes Leben offenbart! Hört zu.*

Dieses Zitat finden Sie im zweiten Abschnitt der phantastischen Erzählung vom *Traum eines lächerlichen Menschen*.[67]

Meine sehr verehrten Damen und Herren, ich komme zum Ende meines Vortrages. Bitte schlagen Sie Ihr Exemplar der *Kritik der reinen Vernunft* von Immanuel Kant auf. In der zweiten Originalausgabe von 1787 finden Sie, versteckt in einer Fußnote, einen Passus, der geeignet ist, Ihnen nochmals aus einer ganz anderen Perspektive deutlich zu machen, warum wir Dostojewskij brauchen. Für diejenigen unter Ihnen, die dieses schwergewichtige Buch nicht dabei haben, lese ich die Stelle vor:

> *Klarheit ist nicht, wie die Logiker sagen, das Bewußtsein einer Vorstellung; denn ein gewisser Grad des Bewußtseins, der aber zur Erinnerung nicht zureicht, muß selbst in manchen dunklen Vorstellungen anzutreffen sein, weil ohne alles Bewußtsein wir in der Verbindung dunkler Vorstellungen keinen Unterschied machen würden, welches wir doch bei den Merkmalen mancher Begriffe (wie der von Recht und Billigkeit, und des Tonkünstlers, wenn er viele Noten im Phantasieren zugleich greift,) zu tun vermögen. Sondern eine Vorstellung ist klar, in der das Bewußtsein zum Bewußtsein des Unterschiedes derselben von andern zureicht. Reicht diese zwar zur Unterscheidung, aber nicht zum Bewußtsein des Unterschiedes zu, so müßte die Vorstellung noch dunkel genannt werden. Also gibt es unendlich viele Grade des Bewußtseins bis zum Verschwinden.*[68]

Verschafft uns der alte Kant denn auch Klarheit über unsere Traumvorstellungen und den Unterschied zwischen „Ich träumte" und „Es träumte mir"? Ja, wenn man Kant liest, wie ich vorhin meinte, daß Dostojewskij zu lesen sei: als Riesen, die uns gestatten, auf ihre Schultern zu steigen. Dann kann uns die Einsicht, daß es „unendlich viele Grade des Bewußtseins bis zum Verschwinden" gibt, dazu veranlassen, die Möglichkeiten unserer Vernunft nicht ständig unterzubewerten und auf Verstandesleistungen zu reduzieren, sondern von unserem Gehirn zu erwarten, daß es jedes Fieber der Kindheit, jeden Albtraum und alle unzensierten Wünsche mit solcher Intensität sich muß vorstellen können, daß erhöhte Temperatur und eine besonders gestimmte Produktivität eintritt.

Dies entspricht ziemlich exakt dem, was sich der siebzehnjährige Dostojewskij für seine literarische Zukunft vorgenommen hatte. An den Bruder schreibt er am 9. August 1838: „Ich habe ein Projekt: Den Verstand zu verlieren."[69] Und an denselben, ein Jahr später: „Ich glaube an mich. Der Mensch ist ein Geheimnis. Man muß es ergründen, und wenn man sein ganzes Leben darauf verwendet, so hat man doch keine Zeit vergeudet; ich gehe diesem Geheimnis nach, weil ich Mensch sein will."[70]

Solche Stellen muß man um so ernster nehmen, als wir über die produktive Seite der Einbildungskraft, dieses phantastische menschliche Vermögen, über die intuitive Seite der Vernunft und die Träume als Erkenntnismotiv noch immer viel zu wenig wissen. Es sollte uns in der Tat zu denken geben, daß selbst bei philosophischen Antipoden, wie es Blaise Pascal und René Descartes waren, der Erkenntnisprozeß vom nicht-ratioïden Gebiet ausging und bei beiden von einem Traum ausgelöst wurde.

Und welcher der beiden Traum-Ausdrücke – „Ich träumte" und „Es träumte mir" – ist nun wahrer? Diese Frage ist wohl nur rhetorisch zu verstehen; denn die „Wahrheit ist eben kein Kristall, den man in die Tasche stecken kann, sondern eine unendliche Flüssigkeit, in die man hineinfällt."[71]

Ich danke Ihnen für Ihre geduldige Aufmerksamkeit!

1   Fjodor M. Dostojewski: *Tagebuch eines Schriftstellers. Notierte Gedanken*, aus dem Russischen von E.K.Rahsin. Mit einem Nachwort von Aleksandar Flaker, Piper Verlag, München 22001 (Im Folgenden *Tagebuch*), S. 196.
2   Robert Musil: *Der Mann ohne Eigenschaften*, hrsg. von Adolf Frisé, Rowohlt Verlag, Hamburg 1965. (Im Folgenden *MoE*). Meine Darstellung des Moosbrugger setzt sich aus den Kapiteln 18 und 59 zusammen.
3   *MoE*, S. 76.
4   *MoE*, S. 67 ff.
5   *MoE*, S. 71.
6   *MoE*, S. 71f.
7   *MoE*, S. 68.
8   *MoE*, S. 73.
9   *MoE*, S. 74.
10  *MoE*, S. 74f.
11  *MoE*, S. 243.
12  *MoE*, S. 235.
13  *MoE*, S. 235f.
14  *MoE*, S. 236.
15  *MoE*, S. 237.
16  *MoE*, S. 238.
17  *MoE*, S. 76.
18  Zitiert nach Karl Corino: *Musil. Leben und Werk in Bildern und Texten*, Rowohlt-Sonderausgabe, Reinbek bei Hamburg, März 1992.
19  *Tagebuch*, S. 619.
20  *Ein Büßer (Wlaß)*, in: *Tagebuch*, S. 45-60.
21  Ebd., S. 59.
22  Ebd., S. 47-49.
23  Dostojewskijs *Tagebuch eines Schriftstellers* erschien zunächst in dieser Wochenschrift, späterhin dann im Selbstverlag.

24  Das größte Kompliment, das man den so genannten *Fallbeschreibungen* der rationalen Psychologie machen könnte, wäre demnach ein literarisch-ästhetisches Urteil der Art: daß sie an Dostojewskij erinnern!
25  Vgl. Walter Benjamin: *„Der Idiot" von Dostojewskij.* In: Ders.: *Gesammelte Schriften,* unter Mitw. von Theodor W. Adorno und Gershom Scholem hrsg. von Rolf Tiedemann und Herman Schweppenhäuser, Suhrkamp Verlag, Frankfurt am Main 1972 ff., Bd. II.1, S. 237.
26  Theodor W. Adorno: *Standort des Erzählers im zeitgenössischen Roman.* In: Ders.: *Noten zur Literatur I,* Suhrkamp Verlag, Frankfurt/Main 1965, S. 64.
27  Immanuel Kant: *Beantwortung der Frage: Was ist Aufklärung?* In: Ders.: *Was ist Aufklärung? Aufsätze zur Geschichte und Philosophie,* hrsg. und eingel. von Jürgen Zehbe, Vandenhoek & Ruprecht, Göttingen 31985, S. 55.
28  Vgl. Immanuel Kant: *Metaphysik der Sitten* (Zweiter Teil, § 14), hrsg. von Karl Vorländer, Meiner Verlag, Hamburg 1966, S. 294.
29  Alfred North Whitehead: *Die Funktion der Vernunft,* aus dem Englischen übersetzt und herausgegeben von Eberhard Bubser, Philipp Reclam jun., Stuttgart 1974, S. 6.
30  Diese Unterscheidung – zwischen *Rechengeist* und *Feingefühl* – geht auf Blaise Pascal zurück (vgl. Blaise Pascal: *Gedanken. Eine Auswahl,* übersetzt, herausgegeben und eingeleitet von Ewald Wasmuth, Philipp Reclam jun., Universal-Bibliothek, Stuttgart 1987, S. 21 ff.). Daß sich der „Verfall der finesse als des qualitativen Moments von Rationalität" bis in die Wasmuthsche Übersetzung des *esprit de finesse* mit „Geist des Feinsinns" zeige, merkt Adorno an. (Vgl. Theodor W. Adorno: *Gesammelte Schriften 8,* hrsg. von Rolf Tiedemann, Suhrkamp Verlag, Frankfurt am Main 1972, S. 335 Fn. 55).
31  Karl Kerényi: *Antike Religion.* Werke in Einzelausgaben, Bd. VII, Wissenschaftliche Buchgesellschaft, Darmstadt 1971, S. 243.
32  Theodor W. Adorno: *Minima Moralia. Reflexionen aus dem beschädigten Leben.* Suhrkamp Verlag, 1970, S. 252. Die Vermutung liegt nahe, daß Adornos Reflexion direkt von Freuds *Traumdeutung* inspiriert wurde. Dort heißt es (Fischer-Ausgabe von 1951, S. 50): „Wir gehen in der wissenschaftlichen Betrachtung des Traumes von der Annahme aus, daß der Traum ein Ergebnis unserer eigenen Seelentätigkeit ist; doch erscheint uns der fertige Traum als etwas Fremdes, zu dessen Urheberschaft zu bekennen es uns so wenig drängt, daß wir ebenso gern sagen: `Mit hat geträumt' wie: `Ich habe geträumt'." (Vgl. auch ebd., S. 71: „Der Glaube der Alten, daß der Traum eine Sendung der Götter sei, um die Handlungen der Menschen zu lenken, war eine vollständige Theorie des Traumes, die über alles am Traum Wissenswerte Auskunft erteilte.")
33  Thomas Mann: *Freud und die Zukunft. Vortrag, gehalten in Wien am 8. Mai 1936 zur Feier von Sigmund Freuds 80. Geburtstag.* In: Sigmund Freud: *Abriß der Psychoanalyse. Das Unbehagen in der Kultur.* Mit einer Rede von Thomas Mann als Nachwort, Fischer-Bücherei, Frankfurt am Main/Hamburg 1953, S. 194-222; das Zitat findet sich auf S. 212f. Einige Seiten später macht Thomas Mann eine interessante Bemerkung: „`Zukunft' – ich habe das Wort in den Titel meines Vortrages aufgenommen, einfach, weil der Begriff der Zukunft derjenige ist, den ich am liebsten und unwillkürlichsten mit dem Namen Freuds verbinde. Aber während ich zu Ihnen sprach, muß ich mich fragen, ob ich mich nicht mit meiner Ankündigung einer Irreführung schuldig gemacht: `Freud und der Mythos', das wäre nach dem, was ich bis jetzt und zum Schluß gesagt, etwa der richtige Titel gewesen." (Ebd., S. 220).
34  Sigmund Freud: *XXXI. Vorlesung. Die Zerlegung der psychischen Persönlichkeit.* In: *Neue Folge der Vorlesungen zur Einführung in die Psychoanalyse.* Fischer Taschenbuch Verlag, Frankfurt am Main 1991, S. 81.
35  Sigmund Freud, September 1932. In: Albert Einstein/Sigmund Freud: *Warum Krieg?* Diogenes Verlag, Zürich 1972, S. 40.
36  Tagesmotto des Lokalteils im *Hamburger Abendblatt* zum 11. September 2002!
37  Zitiert nach Guy Debord: *Die Gesellschaft des Spektakels.* Aus dem Französischen: Projektgruppe Gegengesellschaft, Düsseldorf ² 1974, S. 32.

| | |
|---|---|
| 38 | Karl Marx: *Grundrisse der Kritik der Politischen Ökonomie (Rohentwurf)*. Dietz Verlag, Berlin 1974, S. 30. |
| 39 | Ebd., S. 29f. |
| 40 | Wo Freud auf sein Vergil-Zitat zurückkommt, gegen Ende der *Traumdeutung*, argumentiert er freilich psychoanalytisch-immanent: „Das seelisch Unterdrückte, welches im Wachleben durch die gegensätzliche Erledigung der Widersprüche am Ausdruck gehindert und von der inneren Wahrnehmung abgeschnitten wurde, findet im Nachtleben und unter der Herrschaft der Kompromißbildungen Mittel und Wege, sich dem Bewußtsein aufzudrängen. Flectere si nequeo Superos, Acheronta movebo. Die Traumdeutung aber ist die Via regia zur Kenntnis des Unbewußten im Seelenleben." (Vgl. *Die Traumdeutung*. Fischer-Ausgabe, Frankfurt am Main und Hamburg 1961, S. 494). Das Motto der *Traumdeutung* ist gleichwohl eine Drohung, nämlich von der Art, wie die berühmte „dritte und empfindlichste Kränkung... durch die heutige psychologische Forschung..., welche dem Ich nachweisen will, daß es nicht einmal Herr ist im eigenen Hause," weniger kränkend für „die Menschheit" und viel mehr eine wirkliche Kränkung für die zeitgenössisch akkreditierten Wissenschaftler war – und ist. (Vgl. Sigmund Freud: *Vorlesungen zur Einführung in die Psychoanalyse, XVIII. Die Fixierung an das Trauma. Das Unbewußte*. Fischer-Sonderausgabe, Frankfurt am Main 1992, S. 273). |
| 41 | Sigmund Freud, *Schriften über Träume und Traumdeutungen*, Fischer Taschenbuch Verlag, Frankfurt am Main 1994, S. 175. |
| 42 | Sigmund Freud: *Dostoevskij und der Vatermord*. In: Ders.: *Gesammelte Werke*, Band 14, S. 399-418. |
| 43 | Ebd., S. 405 Fn. 1. |
| 44 | Ebd., S. 404f. Fn. 1. |
| 45 | Ebd., S. 418. |
| 46 | Zitiert nach: Walter Benjamin: *Zum Bilde Prousts*. In: Ders.: *Illuminationen. Ausgewählte Schriften*. suhrkamp taschenbuch, Frankfurt am Main 1977, S. 346. |
| 47 | Vgl. *Tagebuch*, S. 620. Dostojewskijs Hervorhebung! |
| 48 | Rainer Maria Rilke: *Der Apostel*. In: Ders.: *Erzählungen und Skizzen aus der Frühzeit*. Insel-Verlag, Leipzig 1928, S. 351. |
| 49 | Fjodor Dostojewski: *Briefe*, 2 Bde., aus dem Russischen von Waltraud Schroeder, Wolfram Schroeder und Andreas Pham. Ausgewählt, hrsg. und mit einem Nachwort versehen von Ralf Schröder, Insel Verlag, Frankfurt am Main 1990. |
| 50 | Fjodor Dostojewski, *Onkelchens Traum. Das Gut Stepantschikowo und seine Bewohner*, übersetzt von Günter Dalitz, herausgegeben von Gerhard Dudek, Aufbau-Verlag, Berlin und Weimar 21989, S. 149. |
| 51 | Ebd., S. 152. |
| 52 | Der Ausdruck stammt von Robert Musil. Vgl. dessen *Skizze der Erkenntnis des Dichters*. In: SUMMA. Eine Vierteljahresschrift, Hellerauer Verlag Jakob Hegner, Hellerau 1918 (viertes Viertel), S. 164-168. |
| 53 | *Herr Prochartschin. Eine Erzählung (1846)*, in: *Sämtliche Erzählungen* (im Folgenden: *Erz.*), übertragen von E.K.Rahsin. Piper Verlag, München 1964, S. 51. |
| 54 | Ebd., S. 61. |
| 55 | Ebd., S. 60. |
| 56 | Ebd., S. 75. |
| 57 | Ebd., S. 79. |
| 58 | Ebd., S. 158. |
| 59 | Ebd., S. 208. |
| 60 | Ebd., S. 259. |
| 61 | Ebd., S. 303. |
| 62 | Ebd., S. 316. |
| 63 | Ebd., S. 344. |

64 Ebd., S. 365.
65 Ebd., S. 382.
66 Ebd., S. 383.
67 Ebd., S. 505f.
68 Immanuel Kant: *Kritik der reinen Vernunft*. Nach der ersten und zweiten Original-Ausgabe neu hrsg. von Raymund Schmidt, Felix Meiner Verlag, Hamburg 1956, S. 398f. (Fußnote B 415); Kants Hervorhebung!
69 *Briefe*, a.a.O., 1. Bd., S. 7.
70 Ebd., S. 17.
71 *MoE*, S. 533f.

Thomas Blume

# Im Zeichen Dostojewskijs

Einige unzeitgemäße Annotationen über Dostojewskij-Literatur

> „Es hat wohl wenig Sinn, Dostojewskij verfilmen zu wollen. Über Fjodor Michailowitsch selbst müßte man einen Film drehen... über seinen Charakter, seinen Gott, seine Dämonen, über sein Schaffen... Jetzt muß ich zuerst einmal alles lesen, was Dostojewskij selbst geschrieben, und auch alles, was man über ihn geschrieben hat..."
>
> Andrej Tarkowski

Nichts – keine einschlägige Monographie oder Biographie – ersetzt die eigene Lektüre Dostojewskijs. Das Lesen des Originaltextes, ich schäme mich fast, es hier zu erwähnen, muß stets im Vordergrund eines jeden Lesers sein, der sich ernsthaft mit Literatur beschäftigt, ob aus wissenschaftlichen oder rein privaten Gründen ist in allen Fällen zweitrangig.

Die Werke und das Leben Dostojewskijs sind vielfach durchforscht, dargestellt und in großen Monographien, Sammlungen und Anthologien gedruckt worden. Sie gänzlich zu erfassen, scheint ein schwieriges Unterfangen zu sein. Die Literaturwissenschaft produziert sich laufend aufeinanderfolgend wieder, was ich ihr nicht als Makel vorwerfe, sondern als banale Tatsache verstanden wissen möchte. Manche Untersuchungen geraten dabei in Vergessenheit, obwohl sie gebetsmühlenartig in jeder angehängten Bibliographie aufgezählt werden. Aber was enthalten sie, wie sind sie gegliedert, welchen Schwerpunkt behandeln sie? Dieser Frage habe ich mich im folgenden ein wenig unorthodox, d.h. nicht mit dem Auge des Wissenschaftlers, ausgesetzt. Nicht um Vollständigkeit ging es mir dabei, sondern einzig und allein um das Lebendige – um das Leserbedürfnis. Daß meine Urteile subjektiv sind, versteht sich von allein, und doch sei es hier wiederholt. Beweise gibt es schon gar nicht, aber vielleicht regen meine Eindrücke ja jemanden an, sich den einen oder andern Titel im Antiquariat zu besorgen.

Die Annotationen spiegeln einen Zeitraum von 1919 bis in die Gegenwart. Sie enthalten neben einer kurzen Inhaltsangabe auch Zitate der betreffenden Autoren über Dostojewskij. Anregen ließ ich mich dabei von der bedeutenden Arbeit von Horst-Jürgen Gerigk über Dostojewskijs Wirkung im deutschen Sprachraum (s.u.). Erwähnt sei noch, daß nicht genannte Monographien keine Wertung darstellen. Mir ist bewußt, daß bedeutende Untersuchungen fehlen. Dennoch hoffe ich, daß meine Eindrücke auf den Leser übergehen und dadurch in einen neuen Strom der Wirkung.

Besonders möchte ich andere Mitglieder dazu aufrufen, diese Annotationsliste in den nächsten Jahrbüchern zu ergänzen. So erhalten wir im Abstand von einigen Jahren eine detaillierte Biobibliographie unseres hoch geschätzten Dichters.

*Stefan Zweig: Drei Meister (1919)*

Zweigs Aufsatz über Dostojewskij ist der längste und ausführlichste seines Bandes, in dem er außerdem noch Honoré de Balzac und Charles Dickens porträtiert. Zweig stellt seinem Dostojewskij-Essay ein Wort aus Goethes *Westöstlichem Divan* voran: „Daß du nicht enden kannst, / das macht dich groß." Daß Zweig diesen Aphorismus wählt, verweist wohl auf seine unbedingte Bewunderung für Dostojewskij. In zehn Unterkapiteln schreibt Zweig glühend und begeistert über den russischen Dichter. Er spricht vieles an, was nachfolgende Autoren in wissenschaftlichen Abhandlungen, Studien und Monographien später einzeln behandeln, so die „Tragödie seines Lebens", „Die Menschen Dostojewskis" oder seine „Gottesqual". Insgesamt eignet sich dieser Essay noch heute recht gut als Einleitung in das Werk des russischen Autors: „Ohne ihn, den großen Überschreiter alles Maßes, wüßte die Menschheit weniger um ihr eingeborenes Geheimnis, weiter als je blicken wir von der Höhe seines Werkes in das Zukünftige hinein."

Zweig, Stefan: Drei Meister: Balzac. Dickens. Dostojewski. Leipzig: Insel, 1919

*André Suarès: Dostojewski (1922)*

Ein kleines, persönlich gehaltenes Bändchen, in dem der französische Autor uns von seinen Leseerfahrungen berichtet. Die mit Impressionen angereicherte Biographie gleicht eher einem Essay als einer ernst zunehmenden Monographie. Von Franz Blei wurde der Text in pathetischer Sprache ins Deutsche übersetzt. Das Büchlein schließt mit den Worten: „Dostojewski ist, erliege ich keiner Täuschung, das Gegengift der rationalistischen Tyrannei und alles unmenschlichen Giftes. Er ist das tiefste Herz, das größte Gewissen der heutigen Welt."

Suarès, André: Dostojewski. München: Kurt Wolff, 1922. 138 S.

*Eduard Thurneysen: Dostojewski (1921)*

Eine kleine, ideologisch inspirierte Studie, die vor allem näher auf die Personengestaltung Dostojewskis eingeht. Neben Raskolnikow und den Brüdern Karamasow beschäftigt sich Thurneysen in einem längeren Abschnitt mit dem Fürsten Myschkin aus dem Idiot, den er „die vielleicht tiefsinnigste Schöpfung" im Werk Dostojewskijs nennt. Wenn der Autor vom Fürsten spricht, gerät er manchmal richtig ins Schwärmen: „Ständig zwar ist er umgeben von Menschen, die sich trotz alles Widerstrebens wunderbar von ihm angezogen fühlen, merkwürdige Wendungen und Wandlungen vollziehen sich in seiner Nähe, als ob ein Kraftfeld um ihn her läge ..." Obwohl Karl Nötzel in seiner Biographie Thurneysens Studie voller Lob erwähnt, erscheint sie heute doch ein wenig veraltet. Mann achte auf den recht ungewöhnlichen Anfang des Büchleins!

Thurneysen, Eduard: Dostojewski. München: Chr. Kaiser, 1921. 77 S.

*Paul Natorp:*
*Fjedor Dostojewskis Bedeutung für die gegenwärtige Kulturkrisis (1923)*

Eine deutlich vom Expressionismus inspirierte Studie des berühmten Marburger Philosophen, die heute verhältnismäßig schwer zu lesen ist. Natorp stimmt ein in den Choral einer radikalen Modernekritik: „Den allzu getrosten Glauben an den sicheren Aufstieg der Menschheit dank dem unaufhaltsamen Siegeszuge der Wissenschaft und Technik der Naturbeherrschung und der damit notwendig zugleich wachsenden Weisheit wirtschaftlich-politischer wie volkserzieherischer Organisation – diesen stolzen Glauben hat Dostojewski nicht gehegt", so Natorp. Als Beweis für das eben Zitierte interpretiert er Dostojewskijs kleine Dichtung *Traum eines lächerlichen Menschen.* In Auszügen gedeutet werden neben dieser Erzählung auch noch die beiden Romane *Der Jüngling* und *Die Brüder Karamasow.*

Natorp, Paul: Fjedor Dostojewskis Bedeutung für die gegenwärtige Kulturkrisis. Mit einem Anhang zur geistlichen Krisis der Gegenwart. Jena: Eugen Diederichs, 1923. 41 S.

*Karl Nötzel: Das Leben Dostojewskis (1925)*

Eine der ersten deutschen Dostojewskij-Biographien überhaupt. Nötzels Lebensbeschreibung gründet sich „auf einen fast zwanzigjährigen Aufenthalt in Rußland", und sie entstand „vorwiegend noch vor dem Kriege, als es noch nicht so schwer war, sich das russische Material zu verschaffen." Obwohl Nötzel sich in knapp 850 Seiten für Dostojewskij mächtig ins Zeug legt, beansprucht seine Arbeit „durchaus nicht, die abschließende Biographie Dostojewskis zu sein, sie stellt vielmehr nur einen Versuch dar, dessen Unvollkommenheit durch die Dringlichkeit der Aufgabe gerechtfertigt erscheint", so der Slawist in seinem Vorwort. Warum damals schon so bescheiden? Selten ist ein Buch seinem Gegenstand so angemessen gewesen wie Nötzels gewichtige und bedeutende Dostojewskij-Monographie. Bewundernswert ist die Harmonie von Gegenstand und Darstellung, der anzumerken ist, daß der Interpret seine kritische Distanz und Unbestechlichkeit gegenüber dem Werk Dostojewskijs durchaus wahrt. Nötzel teilt das Leben Dostojewskijs in drei Phasen ein, die er als „Jugend- und Prüfungszeit" (1821-1854), als „Die Wanderjahre" (1854-1871) und „Die Heimkehr" (1871-1881) überschreibt. Allein aus dem ausführlichen, weitläufigen Inhaltsverzeichnis, das in mehrere Unterabteilungen gegliedert ist, läßt sich ein Bild Dostojewskijs gewinnen. Ein Klassiker der deutschen Dostojewskij-Forschung, der in keinem Bücherschrank fehlen sollte!

Nötzel, Karl: Das Leben Dostojewskis. Leipzig: H. Haessel, 1925. 846 S.

*Julius Meier-Graefe: Dostojewski der Dichter (1926)*

Keine klassische Biographie als Lebensbeschreibung, sondern eine literaturwissenschaftliche Gesamtdarstellung von hohem Rang. In fünfzehn Kapiteln nähert sich Meier-Graefe vor allem dem Dichter Dostojewskij, weniger dem Menschen. Auch wenn der Autor die kleineren Arbeiten Dostojewskijs nicht unterschlägt, so konzentriert er sich doch im wesentlichen auf die fünf großen Romane des russischen Meisters. Meier-Graefe fragt nach der Wirkung der Literatur Dostojewskijs und hebt die Psychologie in seinen Schriften an vorderste Stelle: „Mit ihrer Hilfe werden die Mordgeschichten von gemeinen Erzeugnissen getrennt, deshalb aber noch keinesfalls der Dichtung zugeführt... Kommt es auf Seelenkunde an, so könnte man sagen, ein einziges Buch Dostojewskis stehe höher als die ganze europäische Romanliteratur seit Diderot. Warum ein Buch? Ein Kapitel, ein paar Seiten genügen." Eine literaturwissenschaftliche Meisterleistung!

Meier-Graefe, Julius: Dostojewski der Dichter. Berlin: Rowohlt, 1926. 531 S.

*Wjatscheslaw Iwanow: Dostojewskij: Tragödie – Mythos – Mystik (1932)*

Eine wegweisende Studie, in der der Autor zum Ergebnis kommt, „daß Dostojewskijs Dichtungen der inneren Struktur nach Tragödien in epischer Einkleidung sind, wie die Ilias eine war." In drei Teilen, die als „Tragodumena", „Mythologumena" und „Theologumena" überschrieben sind, die an Dantes *Göttliche Komödie* angelehnt sind, entschlüsselt Iwanow uns Dostojewskij nach dessen Wirkung als Mythenbildner und untersucht seine Religionsauffassung. „Der Roman Dostojewskijs ist in seiner ganzen Anlage auf eine tragische Katastrophe hin gerichtet. Von dem, was wir in der Dichtkunst Tragödie nennen, unterscheidet er sich – sofern wir von der erzählenden äußeren Form absehen und bloß die innere Struktur des Erzählten ins Auge fassen –, nur dadurch, daß wir hier anstatt der wenigen einfachen Linien einer Handlung gleichsam eine potenzierte Tragödie vor uns haben. Es ist, als sähen wir die Tragödie durch ein Vergrößerungsglas ..."

Iwanow, Wjatscheslaw: Dostojewskij. Tragödie-Mythos-Mystik. Tübingen: J. C. B. Mohr, 1932. 142 S.

### Romano Guardini: Religiöse Gestalten in Dostojewskijs Werk (1933)

Der Dichter aus gänzlich theologischer Sicht: schon längst ein Klassiker der Dostojewskij- Forschung! In sieben Kapiteln nähert sich der Theologe Guardini den religiösen Gestalten Dostojewskijs, zu denen er natürlich auch die „Gottlosen" Kirillow und Stawrogin zählt, ebenso den „Empörer" Iwan Karamasow. Besonders gelungen ist Guardinis Abhandlung über die „Stillen" bei Dostojewskij. Als Beispiele für diese Personengruppe stehen Sofia Andrejewna, die Gattin Makar Dolgorukis aus dem *Jüngling*, sowie die Prostituierte Sonja Semjonowna aus *Schuld und Sühne*.

Guardini, Romano: Religiöse Gestalten in Dostojewskijs Werk. München: Kösel, 1933. 290 S.

### Walter Schubart: Dostojewski und Nietzsche. Symbolik ihres Lebens (1939)

Ein kleines, aber durchaus gewichtiges, sehr leserfreundliches Bändchen. Schubart arbeitet in zehn Kapiteln die konträren Positionen beider Autoren heraus und erkennt, daß „durch Nietzsches Werk ein nihilistischer, durch das Dostojewskis ein messianischer Zug geht." Bedauerlicherweise hängt Schubart an seine Studie keine Bibliografie an, so daß der Leser gar nicht erfährt, auf welche Quellen sich der Autor bezieht. Über Dostojewski schreibt Schubart, daß dieser „kommende Revolutionen des Geistes fühlt und verkündet, von denen seine Zeitgenossen nichts ahnen. Er spürte, daß das Verhältnis des Menschen zu Gott und folglich auch das Verhältnis der Menschen untereinander im Begriffe stand, katastrophale Veränderungen zu erleiden." Eine Untersuchung, die mit Bewunderung und Liebe zugunsten Dostojewskijs geschrieben worden ist, aber Nietzsche nicht verunglimpft.

Schubart, Walter: Dostojewski und Nietzsche. Symbolik ihres Lebens. Luzern: Vita Nova Verlag, 1939. 117 S.

### Thomas Mann: Dostojewski – mit Maßen (1946)

Thomas Mann war zeitlebens kein ausgesprochener Dostojewskij-Freund. Das macht schon der Zusatz seines Aufsatzes – „mit Maßen" ganz deutlich. Sein Essay war eine Einleitung zu einem amerikanischen Auswahlband Dostojewskijscher Erzählungen. Erstmals erschien er in *Die Neue Rundschau*. Das, was Thomas Mann an Dostojewskij schätzt, „ist ein Eindringen in ein fremdes Gewissen. Wir begegnen bei ihm unseren eigenen geheimen Gedanken, die man nicht nur einem Freunde, sondern auch sich selbst niemals eingestehen würde." Trotz aller Kälte gegenüber Dostojewskij hat Thomas Mann große Worte über ihn gesagt. So bezeichnete er den *Raskolnikow (Schuld und Sühne)* als den „größten Kriminal-Roman aller Zeiten". Bekannt ist auch sein Ausspruch über den Herrenmenschen Stawrogin in den *Dämonen*, den er als die „vielleicht unheimlich anziehendste Figur der Weltliteratur" bezeichnete. Insgesamt stießen einige Motive und Gestalten von Dostojewskij bei Thomas Mann auf Unverständnis. So lehnte er die Figur der Sonja Marmeladowa in *Schuld und Sühne* als gänzlich unglaubwürdig ab. Dostojewskij kommt auch in Manns großem Aufsatz *Goethe und Tolstoi* (1922) einige Male vor. Auch darin äußerte er sich häufig mit Vorbehalt über „den großen Kranken".

Thomas Mann: Dostojewski – mit Maßen. In: Thomas Mann: Gesammelte Werke, Band 10. Berlin 1955.

### Theodor Steinbüchel:
### F. M. Dostojewski: Sein Bild vom Menschen und vom Christen (1947)

Dieses Buch enthält fünf Vorträge, die in der Karwoche 1945 in Tübingen vor einem kleinen Kreis von Zuhörern gehalten wurden. Steinbüchel arbeitet darin „die anthropologischen Grundanschauungen Dostojewskis" heraus und verknüpft diese mit christlichen Aspekten aus dem Werk des russischen Literaten, den er einen „genuin metaphysischen Denker" nennt. Die fünf Vorträge sind überschrieben mit

> *Die Grenzen der Humanität, Das Dämonische im Menschen, Versuchung und Entscheidung, Das Gegenbild echter Christlichkeit im Entwurf Karamasowscher Niedertracht, Östliche und westliche Christlichkeit in Berührung und Gegensatz* sowie *Die Geborgenheit in Gott und die Allverbundenheit der Kreatur in der Liebe.*

Noch immer sehr lesbar und aufschlußreich!

Steinbüchel, Theodor: F. M. Dostojewski: Sein Bild vom Menschen und vom Christen. Fünf Vorträge. Düsseldorf: Schwann, 1947. 284 S.

### Zenta Maurina: Dostojewskij: Menschengestalter und Gottsucher (1952)

Ohne Frage mein persönliches Lieblingsbuch über Dostojewskij! Ich wähle hier ausnahmsweise die zweite Auflage dieses wertvollen und bedeutenden Buches, da Zenta Maurina im Gegensatz zur Erstauflage von 1952 noch einmal neueste Ergebnisse der Forschung berücksichtigte. In diesem Buch ist alles enthalten, was ein Dostojewskij-Leser sucht: Behandelt werden Fragen der Philosophie- und Religionsgeschichte, Dostojewskijs Gottsuchertum und seine gewaltige Leistung als Menschengestalter. Im letzten Abschnitt ihres Buches, *Dostojewskij und Europa*, untersucht Maurina den russischen Dichter im Spiegel der Kritik – von Belinski bis Alf Ahlberg. In ihrem Vorwort zur zweiten Auflage faßte die lettische Autorin ihr Bild des russischen Dichters so zusammen: „Dostojewskij hilft uns, die zu allen Zeiten und bei allen Völkern gleichen Probleme entwirren, er beunruhigt uns durch die Fragen: Wer bin ich als Mensch an sich, losgelöst von Eltern, Nation und Geschichte? Warum lebe ich? Welch ein Recht habe ich zu leben? Welche Verantwortung trage ich dem Ich und dem Du gegenüber? Er bedrängt und bestürzt den Leser, er macht es ihm unmöglich, in der gewohnten Gleichgültigkeit weiterzuvegetieren." Ein anerkannter, unverzichtbarer Klassiker der Dostojewskij-Forschung!

Maurina, Zenta: Dostojewskij: Menschengestalter und Gottsucher. Memmingen: Dietrich, 1952. 414 S.

## *André Gide: Dostojewski: Aufsätze und Vorträge (1952)*

In insgesamt fünf Aufsätzen und Vorträgen bemüht sich Gide, uns ein Bild von dem großen russischen Romancier zu vermitteln, was ihm ausgezeichnet gelingt. Ein bereits 1908 verfaßter Aufsatz beschäftigt sich mit *Dostojewski nach seinen Briefen*. In diesem Essay finden sich die wunderbaren Sätze: „Man ist darauf gefaßt, einem Gott zu begegnen, und findet einen Menschen, – einen kranken, armen, sich unablässig mühenden Menschen, dem jene fragwürdige Tugend, die er dem Franzosen so sehr zum Vorwurf machte: die Beredsamkeit, in besonderem Maße abgeht." Gide bemerkt ganz richtig: „Jeder seiner Briefe ist ein Schrei... Was sage ich: ein Schrei... es ist ein endloses, eintöniges Stöhnen der Not." Ein Schlüssel zum Verständnis Dostojewskijs!

Gide, André: Dostojewski: Aufsätze und Vorträge. Deutsch von Erich Ploog. Stuttgart: Deutsche Verlags- Anstalt, 1952. 224 S.

## *Leo Alexander Zander:*
## *Vom Geheimnis des Guten: Eine Dostojewskij-Interpretation (1956)*

In vier Kapiteln versucht Zander das Problem des Guten bei Dostojewskij zu enträtseln. Als Zeugen dafür dienen ihm nicht nur Arkadi Dolgoruki, Fürst Myschkin und Aljoscha Karamasow, sondern vor allem die „unauffälligen" Personen in den Romanen Dostojewskijs: so der Pilger Makar Iwanowitsch oder die vielen weiblichen Gestalten, die den Namen der Weisheit tragen. So spricht Zander denn auch von der „Sophianität", d.h. von dem uranfänglich Schönen und Guten der menschlichen Natur. Und tatsächlich: Er findet einige in den Romanen mit diesem Vornamen: Sofia Semjonowna (Marmeladowa), Sofia Andrejewna (Dolgorukaja, Mutter des Jünglings), Sofia Iwanowna (zweite Frau Fjodor Pawlowitsch Karamasows, Mutter Aljoschas), Sofia Matwejewna (Ulitina, Schutzengel Stepan Trofimowitschs in seinen letzten Lebenstagen in den Dämonen). Insgesamt eine schwierig zu lesende Abhandlung, die einiges beim Leser voraussetzt.

Zander, Leo Alexander: Vom Geheimnis des Guten: Eine Dostojewskij-Interpretation. Deutsch von Roman Rössler. Stuttgart: Vorwerk, 1956. 169 S.

*Fedor Stepun:*
*Dostojewskij und Tolstoj: Christentum und soziale Revolution (1961)*

Ein weiteres Buch, das die Großen der russischen Literatur im Doppelpack abhandelt. In drei Essays untersucht der Autor die Eigenart der beiden Dichter und wagt eine Deutung der russischen Geschichte vor dem Hintergrund des zu Ende gehenden Jahrhunderts und der russischen Revolution. Dostojewskij hebt Stepun gegenüber Tolstoj unter anderem deshalb hervor, weil dieser mit den Dämonen die „prophetische Analyse der bolschewistischen Revolution" vorweg genommen hat, die Stepun „zweifellos die tiefste Deutung der tragischen Ereignisse im europäischen Osten" nennt. Ein erhellendes Buch für fortgeschrittene Dostojewskij-Leser.

Stepun, Fedor: Dostojewskij und Tolstoj. Christentum und soziale Revolution. Drei Essays. München: Hanser, 1961. 156 S.

*Janko Lavrin: Dostojewskij (1963)*

Sicher die noch immer am meisten gelesene biografische Darstellung von Dostojewskij in deutscher Sprache, die einen schnellen Überblick über Leben und Werk erlaubt. Am Anfang seines Buches stellt Lavrin Dostojewskij neben Shakespeare, am Ende spürt er einen dauerhaften Widerspruch Dostojewskijs auf: „Mehr noch, wie früher schon gesagt wurde, verkörpert die ‚Legende vom Großinquisitor' nicht nur Dostojewskijs skeptische Gesinnung, sondern auch seine halbunterdrückte Verachtung gegenüber den realen Menschen (worin auch ein gut Teil heimlicher Verachtung seiner selbst besteht). Lange vor Nietzsche stellte er fest, daß es nur möglich ist, die Fernsten zu lieben, nicht die Nächsten." Immer noch empfehlens- und lesenswert!

Lavrin, Janko: Fjodor M. Dostojevskij in Selbstzeugnissen und Bilddokumenten. Deutsch von Rolf-Dietrich Keil. Reinbek: Rowohlt, 1963. 176 S. (= rowohlt monographien; 88)

*Anna Seghers: Über Tolstoi. Über Dostojewskij (1963)*

Dieser kleine Band versammelt insgesamt vier Essays der streitbaren und sicher bedeutendsten deutschen sozialistischen Epikerin der ersten Hälfte des vergangenen Jahrhunderts. Zwei gelten dem Autor von *Krieg und Frieden*, Lew Tolstoi, einer explizit Dostojewskij, ein Essay vermischt „die Idee von der napoleonischen Macht" in den Romanen beider russischer Großautoren. Wegweisend und sehr bedeutend ist der Essay zu Dostojewskij, überschrieben mit dem Titel: *Woher sie kommen, wohin sie gehen*. Darin zieht Anna Seghers eine direkte Linie von Schiller zu Dostojewskij. Gewidmet ist diese Abhandlung „Jorge und Celia Amado". Verfaßt auf einer Seereise „zwischen Brasilien und Europa": Ein wegweisender Essay!

Seghers, Anna: Über Tolstoi. Über Dostojewskij. Berlin: Aufbau, 1963. 121 S.

*George Steiner:*
*Tolstoj oder Dostojewskij: Analyse des abendländischen Romans (1964)*

Eine literaturwissenschaftliche Abhandlung, in der Steiner die beiden russischen Dichter als „die beiden größten Romanciers" des Abendlandes bezeichnet: „Wir können in einem Atemzug von der *Ilias* und von *Krieg und Frieden*, von *King Lear* und den *Brüdern Karamasow* reden. So einfach und so verwickelt ist die Sache", so der amerikanische Literaturwissenschaftler. Besonders gelungen ist Steiner meiner Meinung nach eine Inhaltsanalyse des *Idioten*, dessen größter Teil in nur vierundzwanzig Stunden abläuft. Den Fürsten Myschkin nennt Steiner „eine zusammengesetzte Gestalt; wir erkennen in ihm Teile Christi, des Don Quichotte, des Pickwick und der heiligen Narren der orthodoxen Überlieferung." Ein wichtiges, literarische Urteile nicht scheuendes Buch, in dem man nebenher einiges erhellendes über den abendländischen Roman erfährt.

Steiner, George: Tolstoj oder Dostojewskij. Analyse des abendländischen Romans. München, Wien: Langen/Müller, 1964. 319 S.

*Henri Troyat: Dostojewsky (1964)*

Eine lebendig skizzierte Lebensbeschreibung, die manchmal allzu nachdrücklich Dostojewskijs Mühsal im Leben behandelt. Troyat, damals Mitglied der Französischen Akademie und Verfasser einer Biographie über Puschkin, reklamierte für sich selber nicht „den Anspruch, Neues zu sagen", da es seiner Meinung nach keine endgültige Biografie Dostojewskijs geben könne. Dennoch ist sein Buch mit Verve und mit Liebe zum russischen Dichter geschrieben.

Troyat, Henri: Dostojewsky. Deutsch von Alfred Borchardt. Colmar u.a.: Alsatia, 1964. 427 S.

*Martin Doerne: Tolstoj und Dostojewskij: Zwei christliche Utopien (1969)*

Ein schmales Bändchen, das die beiden russischen Meister so nebeneinander stellt, „daß dabei nicht nur die offen zutage liegenden Unterschiede und Gegensätze belichtet werden, sondern daß hinter ihnen auch ein verborgenes Gemeinsames sichtbar wird." Ein gewagtes Unterfangen, das dem in Sachsen geborenen protestantischen Theologen allerdings gut gelingt.

Doerne, Martin: Tolstoj und Dostojewskij. Zwei christliche Utopien. Göttingen: Vandenhoeck & Ruprecht, 1969. 197 S. (= Kleine Vandenhoeck-Reihe; 304)

*Maximilian Braun:*
*Dostojewskij: Das Gesamtwerk als Vielfalt und Einheit (1976)*

Eine literarische Biografie, die den Werdegang des Dichters als eines „denkenden Künstlers" zum Gegenstand hat. Ein exzellentes Studienbuch, das Einführungen und Interpretationen zu nahezu allen Werken Dostojewskijs bietet und darüber hinaus auch Hintergründe der russischen Literaturgeschichte mitliefert: „Dostojewskijs Spezialgebiet ist zweifellos der ‚Ideenroman', d.h. ein umfangreiches erzählendes Werk, in dem ein bestimmter Ideengehalt – meistens ein Komplex von mehreren zusammenhängenden Problemen – in menschlichen Charakteren und Schicksalen veranschaulicht wird." Ein wichtiges Buch der neueren Dostojewskij-Forschung.

Braun, Maximilian: Dostojewskij. Das Gesamtwerk als Vielfalt und Einheit. Göttingen: Vandenhoeck & Ruprecht, 1976. 278 S.

*Ludolf Müller: Dostojewskij: Sein Leben, sein Werk, sein Vermächtnis (1982)*

Eine Einführung, die vor allem auf die fünf großen Romane des russischen Dichters näher eingeht. In einer längeren Interpretation am Schluß seines Bandes beschäftigt sich Müller mit Dostojewskijs Poem des „Großinquisitors" aus den *Brüdern Karamasow*: „Nicht ‚der Katholizismus' und ‚der Sozialismus' werden im ‚Großinquisitor' dargestellt und angeklagt, sondern das Prinzip der Erniedrigung, der Entmenschlichung des Menschen. Dieses Prinzip beginnt mit einer falschen, einer niedrigen Auffassung vom Menschen..." Leicht zu lesendes Buch, daß zum ersten Verständnis für das Werk Dostojewskijs sehr geeignet ist.

Müller, Ludolf: Dostojewskij. Sein Leben, sein Werk, sein Vermächtnis. München: Wewel, 1982. 125 S.

*Geir Kjetsaa: Dostojewskij: Sträfling, Spieler, Dichterfürst (1986)*

Leicht zu lesende, fundierte Biografie, die sich nahezu ausschließlich Dostojewskijs Leben widmet. Kjetsaas Buch stützt sich auf mehrjährige Studien in der damaligen Sowjetunion und schildert Dostojewskijs Leben ohne jede Pathetik. Schön sind die Kapitel, in denen uns der Autor davon erzählt, wie heiter und ausgelassen der russische Dichter manchmal war. Während der Arbeit an *Schuld und Sühne* mimte Dostojewskij in Ljublino, wo er den Sommer bei seinem Schwager verbrachte, „einen eindrucksvollen König im ‚Hamlet', den Kopf in ein Laken gehüllt". Eine umfangreiche, international ausgerichtete Bibliographie beschließt den Band.

Kjetsaa, Geir: Dostojewskij: Sträfling, Spieler, Dichterfürst. Gernsbach: Katz, 1986. 499 S.

*Dragan Stojanović Dostojewski und Thomas Mann lesen:*
*Von der Notwendigkeit und Fragwürdigkeit des Deutens (1987)*

Diese Untersuchung beschäftigt sich mit dem Verhältnis zur Tradition (bei Thomas Mann) und der Nihilismusfrage (bei Dostojewskij), wobei vor allem den *Dämonen* und hieraus der Gestalt Stawrogins großer Platz eingeräumt wird: Dieser „starke, selbstständige und unerschrockene Stawrogin" gibt dem Werk „einen wahrhaft künstlerischen Wert, und einzig von ihm ausgehend kann dieser Roman wirklich verstanden werden", so der in Belgrad lehrende Komparatistikprofessor. Stojanovi? kommt zu dem Ergebnis, daß das, was „Dostojewski als Ankunft der ‚Dämonen' bezeichnet, eigentlich die Entstehung einer neuen ‚nicht-metaphysischen' bzw. das Verschwinden der alten, auf spezifische Weise aufgefaßten, ‚metaphysischen' Welt" ist. Ein schwieriger Text, der Stojanović als intimen Kenner der *Dämonen* ausweist.

Stojanović, Dragan: Dostojewski und Thomas Mann lesen: Von der Notwendigkeit und Fragwürdigkeit des Deutens. Frankfurt am Main u. a.: Peter Lang, 1987. 188 S. (= Bochumer Schriften zur deutschen Literatur; 2)

*Rolf Vollmann: Die wunderbaren Falschmünzer (1987)*

Der Essayist und Publizist Rolf Vollmann erweist sich in seinem grandiosen Romanführer als ausgesprochen feindselig gegenüber der Prosa und den Romanen Dostojewskijs. Warum er keinen Draht zu ihm bekommt, schreibt er leider nicht. Gut weg kommen bei ihm lediglich die ersten Arbeiten des russischen Dichters, so die *Armen Leute* und *Der Doppelgänger*, die er „zwei glänzende Stücke" nennt. Bei *Das Gut Stepantschikowo und seine Bewohner* dampft ihm „alles von aufgekochten kleinen Hysterien", die *Erniedrigten und Beleidigten* nennt er „ein sonderbares Gemisch, weil Dostojewski offenbar stark an ein Publikum denkt, das Spannung will, aber Spannung jener äußeren Art, die Dostojewski zweifellos ein bißchen verachtet: und nun müssen seine Figuren die gewaltigen Dämpfe ihrer leidenden Seelen in einer Handlung verpuffen, die auch ohne diesen ganzen Aufwand auskäme". Zu *Schuld und Sühne* fällt ihm nur Nabokovs böser Kommentar aus seinen amerikanischen Vorlesungen ein, und in einer direkt daran anschließenden Anmerkung zu Dostojewskij zitiert er ellenlang Virginia Woolf und widerspricht ihr in ihrem positiven Urteil zu Dostojewskij. Merkwürdigerweise nennt er dann den *Spieler* „die erste große Monographie in Romanform", um sich anschließend über den *Idiot* lustig zu machen, den er „die Beschreibung eines lächerlichen Menschen, eines Kranken" nennt. An die kleine Erzählung des *Ewigen Gatten* will er ohne Begründung „nicht näher heran". Lob bringt er für *Die Dämonen* auf, er nennt das Buch „einen ungemein raffiniert erzählten, einen sarkastischen, witzigen und doch sehr leidenschaftlichen Politthriller aus der russischen Provinz". Bei Dostojewskijs letztem Roman, den „Brüdern Karamasow", fällt ihm nichts Intelligenteres ein, als daß dieser „die berühmte Kindereinschüchterungslegende vom *Großinquisitor*" enthält. Wie wir sehen, ist nicht jeder für die Töne des russischen Dichters empfänglich.

Vollmann, Rolf: Die wunderbaren Falschmünzer: ein Roman-Verführer: 1800 bis 1930. Frankfurt am Main: Eichborn, 1997. 1081 S.

*Natalie Reber: Dostojewkij's „Brüder Karamasow" (1991)*

Ein Wegweiser zu Dostojewskijs letztem großen Roman sowie ein umfassendes Kompendium zum Weltbild des genialen Russen. In achtzehn Unterpunkten analysiert und seziert die aus Petersburg stammende Lektorin die *Familie Karamasow* und die weiteren wichtigen Personen des Romans. Eine sensible und intelligente Einführung in den vielleicht bedeutendsten russischen Roman des 19. Jahrhunderts.

Reber, Natalie: Dostojewskij's „Brüder Karamasow". Einführung und Kommentar. München: Kyrill & Method Verlag, 1991. 234 S.

*Christiane Schulz:*
*Aspekte der Schillerschen Kunsttheorie im Literaturkonzept Dostoevskijs (1992)*

Eine interessante Habilitationsschrift, die „aus Interesse an deutsch-russischen Literaturbeziehungen" Mitte der achtziger Jahre an der Leipziger Universität entstand. Schulz greift darin unmittelbar auf den wegweisenden Essay Anna Seghers zurück. Großen Stellenwert räumt die Autorin dem Bild des Goldenen Zeitalters bei Dostojewskij ein, „dem eine Schlüsselstellung für die künstlerische Weltsicht und Methode Dostoevskijs zukommt."

Schulz, Christiane: Aspekte der Schillerschen Kunsttheorie im Literaturkonzept Dostoevskijs. München: Verlag Otto Sager, 1992. 258 S. (= Vorträge und Abhandlungen zur Slavistik; 20)

*Birgit Harreß: Mensch und Welt in Dostoevskijs Werk (1993)*

Einen Beitrag zur poetischen Anthropologie nennt die Slawistin Birgit Harreß ihre bedeutende Arbeit, in der sie Dostojewskijs psychologische Typen zu klassifizieren versucht. Dabei kommt sie zu der Erkenntnis, daß in Dostojewskijs Werk „grundsätzlich zwei verschiedene Lebensformen festzustellen" sind: Da sind die einen, die sich nach irdischen Gütern verzehren – die Diesseitsgierigen. Diese bilden den Großteil der Weltbevölkerung. Und da sind die anderen, die „mit dem Weltgesetz auf irgendeine Weise kollidieren und es somit überhaupt zur Ansicht bringen". Jene bezeichnet Harreß als die Helden, da sie „den Verlauf einer Handlung bestimmen". Harreß unterteilt Dostojewskijs Werk in drei Abschnitte: Früh-, Übergangs- und Spätwerk. Ersteres stellt für sie „die modernste Phase in Dostojevskijs Schaffen dar. Die Welt ist gottverlassen und absurd". Das Übergangswerk wird vom Bösen durchdrungen. Im Spätwerk hingegen ist „Gott der Ursprung alles Seienden". Eine wichtige, sehr lebhafte Untersuchung, die die Autorin selber „bei aller Geschlossenheit der Methode ... nicht als abgeschlossen" ansieht.

Harreß, Birgit: Mensch und Welt in Dostoevskijs Werk. Ein Beitrag zur poetischen Anthropologie. Köln u.a.: Böhlau, 1993. 389 S.

*Wolfgang Kasack: Dostojewski: Leben und Werk (1998)*

Ein kleines Dostojewski-Brevier, das sich nach den Worten des Kölner Slawisten „ebenso an Freunde seines Werkes wie an solche" wendet, „die erstmals etwas von ihm erfahren wollen." Versehen mit einigen sehr schönen Illustrationen von Oleg Januschewski und Photographien der Russisch-Orthodoxen Kirche in Bad Ems, eignet sich dieses schmale Bändchen ideal als Einführung in das Werk des russischen Meisters.

Kasack, Wolfgang: Dostojewski: Leben und Werk. Mit zahlreichen Abbildungen. Frankfurt am Main: Insel-Verlag, 1998. 169 S. (= Insel-Taschenbuch, 2267)

*Eugen Drewermann: Daß auch der Allerniedrigste mein Bruder sei (1998)*

Basierend auf fünf Betrachtungen, von denen Drewermann zwei auf Veranstaltungen der Deutschen Dostojewskij-Gesellschaft gehalten hat, kreist der Theologe und Psychotherapeut vor allem um die Themen Armut, Schuld und Tod bei Dostojewskij. Der sicher bedeutendste Beitrag des Buches ist der in Wiesbaden gehaltene Vortrag Freunde mit dem ungerechten Mammon? – Dostojewski, das Geld und die Liebe. Darin liefert Drewermann glänzende Kurzbeschreibungen zu fast jedem Roman Dostojewskis ab, sofern dies überhaupt möglich ist. Insbesondere geht er auf die Erniedrigten und Beleidigten ein. Im Vorwort kommt Drewermann zu der Erkenntnis, daß „je länger man Dostojewski liest, desto spürbarer wird die Gewißheit, überhaupt nur als ‚Christ' ein Mensch sein zu können." Ein lesenswertes Buch, das ungemein tröstet!

Drewermann, Eugen: Daß auch der Allerniedrigste mein Bruder sei. Dostojewski – Dichter der Menschlichkeit. Fünf Betrachtungen. Zürich, Düsseldorf: Walter, 1998. 208 S.

*Karla Hielscher: Dostojewski in Deutschland (1999)*

Schönes Insel-Taschenbuch, das eine Übersicht über das Verhältnis Dostojewskijs zu Deutschland bietet. Nach einer Einleitung über Dostojewskijs Reisen nach Westeuropa schildert uns Karla Hielscher die wichtigsten Stationen von Aufenthalten des russischen Dichters in Deutschland: Wiesbaden, Bad Homburg, Baden-Baden, Dresden und Bad Ems. Durch Zitate aus Briefen und Tagebuchaufzeichnungen seiner Frau entsteht ein komplexes Bild Dostojewskijs im Ausland mit manchmal erschütternden Auszügen über die Not des russischen Romanciers. Die zahlreichen Illustrationen machen Lust, den Aufenthalten Dostojewskijs in Deutschland selber nachzureisen.

Hielscher, Karla: Dostojewski in Deutschland. Frankfurt am Main: Insel-Verlag, 1999. 290 S. (= Insel-Taschenbuch, 2576)

*Horst-Jürgen Gerigk: Dostojewskij, der „vertrackte Russe"* (2000)

Dieses Bändchen beschäftigt sich mit der Wirkungsgeschichte Dostojewskijs im deutschen Sprachraum. Gerigk untersucht, welche Wirkung Dostojewskijs Werke auf deutschsprachige Schriftsteller, Philologen, Psychologen, Kultur- und Literaturwissenschaftler, Slawisten und Essayisten ausgeübt haben. In einem kleineren Kapitel geht Gerigk auch der Frage nach, wie die Bildende Kunst, der Film, das Drama und die Oper die Schriften des russischen Dichters verarbeitet haben. Eine ungemein kluge, wichtige Monographie, die jeder lesen sollte, der sich mit Dostojewskij ernsthaft auseinander setzen möchte.

Gerigk, Horst-Jürgen: Dostojewskij, der „vertrackte Russe". Die Geschichte seiner Wirkung im deutschen Sprachraum vom Fin de siècle bis heute. Tübingen: Attempto, 2000. 93 S.

*Roland Opitz: Fedor Dostoevskij – Weltsicht und Werkstruktur (2000)*

Nach einem kurzen, sehr lebendig gehaltenen autobiographischen Exkurs „auf dem Weg zu Dostoevskij" untersucht Opitz hier die Kompositionsprinzipien des russischen Meisters. Behandelt werden dabei die Romane *Schuld und Sühne, Der Idiot, Die Dämonen* und *Die Brüder Karamasow.* Ausgangspunkt der wissenschaftlichen Betrachtung „ist eine Überlegung, die bedeutenden Schriftstellern geläufig ist: daß man die Weltsicht eines Autors weniger an eingestreuten zitierfähigen Sätzen zu zeitgenössischen Sachverhalten erkennt als an der Art, wie sich die literarischen Gestalten zueinander verhalten, wie sich im Verlaufe des Buches diese Beziehungen verändern." Der Band versammelt insgesamt neun Abhandlungen, die in der Zeit von 1980 bis 1999 entstanden sind.

Opitz, Roland: Fedor Dostoevskij – Weltsicht und Werkstruktur. Frankfurt am Main u. a.: Peter Lang, 2000. 133 S. (= Vergleichende Studien zu den slavischen Sprachen und Literaturen; 4)

*Carl Hegemann (Hrsg.): Erniedrigung geniessen (2001)*

Ein ungewöhnliches Bändchen, das als Begleitbuch zu Frank Castorfs Inszenierung von *Erniedrigte und Beleidigte* bei den Wiener Festwochen erschien. Der Sammelband enthält u.a. ein Interview Frank Castorfs mit Alexander Kluge über *Böse Geister,* einen klugen Essay von Orhan Pamuk, der darüber nachdenkt, wie Dostojewskij unser Selbstbild verändert hat, sowie ein Porträt über Dostojewskijs Urenkelin Tatjana Wyssogorez, die in Petersburg unterhalb des Existenzminimums lebt.

Hegemann, Carl (Hrsg.): Kapitalismus und Depression III: Erniedrigung geniessen. Berlin: Alexander Verlag, 2001. 180 S.

## Ziele der Gesellschaft

Die Deutsche Dostojewskij-Gesellschaft wurde am 13. Mai 1990 im Landhaus Klein Rüde bei Flensburg gegründet.

Sie ist einem Dichter gewidmet, der wie kein anderer Russe auf die deutsche Literatur und das gesamte deutsche Geistesleben des 20. Jahrhunderts gewirkt hat.

Die Deutsche Dostojewskij-Gesellschaft hat sich zum Ziel gesetzt,
- die Kenntnis der Persönlichkeit und des Werkes Dostojewskijs in Deutschland zu verbreiten,
- das Studium seiner Werke zu vertiefen,
- die Auseinanderstzung mit seiner Gedankenwelt zu fördern
- und im Geist seiner positiven Ideen an der Vertiefung der kulturellen Beziehungen zwischen den Völkern, besonders zwischen dem russischen und dem deutschen Volk, zu vermitteln.

Zur Erreichung dieser Ziele werden Seminare, Lesungen, Vorträge, Kunstausstellungen und Reisen organisiert und durchgeführt. Jährlich wird eine Jahrestagung mit einer Jahreshauptversammlung gehalten. Ein jährlicher Höhepunkt ist der Festakt zum Geburtstag des Dichters im November im Schloß Gottorf / Schleswig. Ein weiterer Schwerpunkt ist die Zusammenführung von deutschen und russischen Lehrkräften aus Schulen und Hochschulen zum gemeinsamen Studium und Gedankenaustausch.

Die Gesellschaft gibt ein Jahrbuch heraus, in dem unter anderem wissenschaftliche Beiträge zu den genannten Veranstaltungen sowie eine Bibliographie der deutschsprachigen Dostojewskij-Literatur seit 1990 veröffentlicht werden. Die Mitglieder erhalten das Jahrbuch kostenlos.

Die Deutsche Dostojewskij-Gesellschaft unterstützt die Bildung regionaler Arbeitskreise ihrer Mitglieder. Sie will auf diese Weise dazu beitragen, möglichst vielen Menschen, die sich vom Werk Dostojewskijs angesprochen fühlen, die Möglichkeit zu Begegnungen und zum Gedankenaustausch zu geben.

Die Deutsche Dostojewskij-Gesellschaft ist gemäß ihrer Satzung eine gemeinnütziger Verein mit Sitz in Flensburg.

Die Mitgliedschaft kann von Einzelpersonen, Vereinen, Institutionen und Firmen erworben werden.

Der Jahresbeitrag beträgt zur Zeit für Einzelpersonen Euro 30, für Ehepaare Euro 35, für Studenten u.a. ermäßigter Beitrag Euro 15. Jahresbeiträge und Spenden sind steuerlich abzugsfähig.

Wir würden uns freuen, wenn auch Sie die Ziele und die Arbeit der Deutschen Dostojewskij-Gesellschaft unterstützen würden und sich entschließen könnten, Mitglied der Gesellschaft zu werden.

gez.

Die Vorsitzende
Ellen Lackner

Im Juni 2003

# Autorenverzeichnis

Thomas Blume
Gaußstraße 16, 60316 Frankfurt am Main

Prof. Dr. Birgit Harreß
Martin-Luther-Straße 31, 63150 Heusenstamm

Dr. Martin Herz
Pilatuspool 1, 20355 Hamburg

Ellen Lackner
Landhaus Klein Rüde, 24986 Satrup

Prof. Dr. Dr. Ludolf Müller
Denzenbergstraße 38/1, 72074 Tübingen

Dr. Natalie Reber
Grüntal 30, 81925 München

Maike Schult A.M.
Frankeplatz 1, Haus 30, 06110 Halle/S.

Prof. Dr. Klaus Schwarzwäller
St.-Laurentius-Weg 16, 24960 Munkbrarup

**Deutsche Dostojewskij-Gesellschaft
Jahrbuch**

Herausgegeben von Ellen Lackner

Frühere Bände sind von der Deutschen Dostojewskij-Gesellschaft direkt publiziert worden: Band 1 (1992), Band 2 (1994), Band 3 (1996), Band 4 (1997) und Band 5 (1998). Die Bände 4 und 5 sind noch lieferbar; Bestellungen sind zu richten an: Deutsche Dostojewskij-Gesellschaft e.V., Ellen Lackner, Klein-Rüde, 24986 Satrup, Fax 04633 - 1268

Band 6    Roland Opitz / Ellen Lackner (Hrsg.): Deutsche Dostojewskij-Gesellschaft. Jahrbuch 1999.

Band 7    Roland Opitz / Ellen Lackner (Hrsg.): Deutsche Dostojewskij-Gesellschaft. Jahrbuch 2000.

Band 8    Roland Opitz / Ellen Lackner (Hrsg.): Deutsche Dostojewskij-Gesellschaft. Jahrbuch 2001.

Band 9    Roland Opitz / Ellen Lackner (Hrsg.): Deutsche Dostojewskij-Gesellschaft. Jahrbuch 2002.

Band 10   Ellen Lackner (Hrsg.): Deutsche Dostojewskij-Gesellschaft. Jahrbuch 2003.